V&R

Klaus von Mering

# „Vom Aufgang der Sonne“

Andachten zu den Kernliedern
des Evangelischen Gesangbuchs

Vandenhoeck & Ruprecht

*Meinen Enkeln David, Jonathan, Caroline, Tobias, Laura, Rebecca, Alexander, Julius, Tom, James Jeremy …*

Bibliografische Information der Deutschen Nationalbibliothek

Die Deutsche Nationalbibliothek verzeichnet diese Publikation in der Deutschen Nationalbibliografie; detaillierte bibliografische Daten sind im Internet über http://dnb.d-nb.de abrufbar.

ISBN 978-3-525-62006-9
ISBN 978-3-647-62006-0 (E-Book)

Umschlagabbildung: „Januar 2010" © Josef Roßmaier



Satz: textformart, Göttingen
Druck und Bindung: ⊕ Hubert & Co, Göttingen

Gedruckt auf alterungsbeständigem Papier.

# Inhalt



## Die Lieder

# Einleitung

KIRCHENLIEDER haben in der Regel eine zweifache Wirkung: Sie rufen, wenn wir sie hören oder singen, Erinnerungen und Gefühle bei uns wach, oft ganz unbestimmte, die sich gar nicht genauer zuordnen lassen. Und: Sie werfen Fragen auf, Fragen nach der Bedeutung eines Wortes oder Satzes oder auch Fragen nach der Geschichte, dies vor allem, wenn man auf die Angaben über Dichter und Komponist unter dem Lied schaut. Beides zusammen bewirkt, dass sich Choräle besonders gut dazu eignen, über den Glauben nachzudenken.

Manchmal haben die Spuren, auf die ich in meinem Gedächtnis stoße, gar nicht unmittelbar mit dem Text und der Melodie selbst zu tun; sie können mich auch an Begebenheiten erinnern, bei denen das Lied eine Rolle spielte. Dadurch wird mir vielleicht bewusst, was ich schon lange vermisse oder mir wünsche. Aber das geschieht natürlich auch, ja erst recht, wenn ich über das Lied selbst nachdenke. So haben diese Choräle immer schon irgendwie mit Gott zu tun, auch wenn ich ihren Text vielleicht noch gar nicht genauer bedacht habe: Mit Gott, über den ich mich freue, nach dem ich suche, dem ich danke, der mir Rätsel aufgibt und zugleich die Lösung aller Rätsel ist.

Aber gerade weil das so ist, sollten Predigten und Andachten über Lieder sich auch nicht damit begnügen, ihren Text nur mit eigenen Worten nachzuerzählen. Sie bleiben dann nämlich leicht hinter dem Gewicht der Spuren zurück, an die sie anknüpfen. So wie ich von einer Predigt über einen Bibeltext erwarte, dass der oder die Redende sich wirklich mit diesem Text auseinandergesetzt und also auch seine Hintergründe und seine Überlieferungsgeschichte durchleuchtet hat, so möchte ich auch in einer Liedandacht nicht nur hören, wie schön der Dichter das alles gesagt und wie eindrücklich der Komponist es in Töne umgesetzt hat. Ich möchte am Ende mehr wissen über dieses Lied, aber zugleich auch mehr über meinen Glauben. Mit dieser Erwartung habe ich mich an die Arbeit an diesen Liedern gemacht und ich habe viel dabei erlebt und gelernt. Ich würde mich freuen, wenn meine LeserInnen am Ende Ähnliches sagen könnten.

Der Untertitel des Buches deutet es schon an: Die Auswahl der bearbeiteten Lieder stammt nicht von mir. Ich habe sie mir von der Initiative „Kernliederliste“ vorgeben lassen. Über ihre Entstehung berichtet Bernhard Leube, Pfarrer im Amt für Kirchenmusik der Evangelischen Landeskirche in Württemberg, in einem Flyer: „Die Kirchenleitungen der badischen und württembergischen Landeskirche haben sich im Jahr 2006 auf eine Kernlieder-Liste mit 33 Liedern verständigt. Der Anstoß dazu kam aus dem Stuttgarter Pädagogisch-Theologischen Zentrum, nachdem bei der Erarbeitung der neuen Lehrpläne für das Fach Evangelische Religion in den baden-württembergischen Grundschulen Lieder nicht wirklich eine Rolle gespielt haben. Daraus entwickelte sich eine konzertierte Aktion mehrerer Arbeitsbereiche: am Tisch der Arbeitsgruppe, die den Vorschlag für die Kernlieder-Liste erarbeitet hat, saßen prominente Vertreter und Vertreterinnen der Tageseinrichtungen für Kinder, aus Kindergottesdienst, aus Konfirmandenarbeit und Religionsunterricht, aus der Jugendarbeit, der Frauenarbeit, aus der Kirchenmusiker-und der Pfarrerschaft.“

Diese Vorgabe nahm mir nicht nur die Entscheidung ab, mit welchen Liedern ich mich beschäftigen wollte, sie zwang mich auch, über solche nachzudenken, die ich mir nie ausgesucht hätte. Das war anstrengend, aber auch Gewinn bringend; denn ich wurde dadurch vor Erfahrungen und Aussagen gestellt, mit denen ich mich noch nie auseinandergesetzt hatte, und war so der Gefahr enthoben, immer nur in dem Vertrauten und sattsam Bekannten zu kreisen.

Die beiden Kirchen in Baden-Württemberg haben ihre Idee vor einigen Jahren an die Evangelische Kirche in Deutschland weitergereicht, die mit dem EKD-Impulspapier „Kirche der

Freiheit" zur Verständigung über einen Grundbestand zentraler evangelischer Glaubenstexte (dort das erste „Leuchtfeuer") aufruft. „Im Prinzip gelten damit die Lieder der Kernliederliste in allen deutschen Landeskirchen als Orientierung beim langfristigen Neuaufbau eines die Generationen verbindenden gemeinsamen Liederrepertoires." (65, S. 64).

Freilich ist festzustellen, dass die Idee auch Fragen aufwirft. Was bedeutet ein Kernliederkanon für den Gottesdienst? Dass diese Lieder verstärkt gesungen werden? Oder gar ausschließlich? Bischofsrat und Landeskirchenamt der Landeskirche Hannovers etwa werben zwar für die Idee des Kernliederkanons, betonen aber, in Gottesdiensten und bei Kasualien werden man sich „gewiss nicht auf diese … Lieder beschränken" „Der Reichtum, die Weite und die Weiterentwicklung des Liedbestandes sollen ja nicht verloren gehen." Da klingt eine gewisse Skepsis an und so wirkt die abschließende Feststellung wie ein zögerndes Zugeständnis: „Aber auch im Gottesdienst hat die Pflege eines gemeinsamen Kernbestandes an Liedern ihren Ort, gerade auch angesichts veränderter Gewohnheiten beim Gottesdienstbesuch."

Leube gibt zu, dass diese Zurückhaltung aus der Perspektive derer, die mit dem Gesangbuch leben, nachvollziehbar sei. Aber angesichts der dramatischen Entkirchlichung in unserer Gesellschaft müsse es um „Elementarisierung" gehen, „also darum, Menschen zum Singen zu bringen, denen das Gesangbuch vollkommen fremd ist, und ihnen über die Kernlieder das Gesangbuch zu erschließen."

Wer sich die Auswahl anschaut, merkt schnell: Einige Lieder hat man in dieser Liste erwartet, andere bestimmt nicht. Und von denen, die da nach eigener Meinung unbedingt hinein gehören, fehlt eine ganze Reihe. So fällt es auch bei längerem Nachdenken schwer, einen Maßstab zu benennen, nach dem hier seinerzeit vorgegangen wurde. Die bekanntesten und beliebtesten Lieder sind es, aufs Ganze gesehen, jedenfalls nicht. – Was also dann?

Bernhard Leube berichtet im o.g. Flyer, bei der Auswahl der zunächst 25 Lieder, die dann auf 33 erweitert wurde, hätten in der von ihm geleiteten Arbeitsgruppe in Stuttgart ganz verschiedene Gesichtspunkte eine Rolle gespielt: „der Tageslauf, das Kirchenjahr, die Kasualien, der Sonntagsgottesdienst, die Verbindung über die Generationengrenzen hinweg, Gemeinschaft, emotionale Ansprache, die Ökumene, protestantisches Profil, die Mischung aus Traditionellem und Neuem, sowie sprachliche und musikalische Qualität." Zusammenfassend könnte man sagen: Es ging den Initiatoren mit ihrer Liedauswahl vor allem darum, den Menschen einen ersten Zugang zum Gesangbuch und zum Glauben zu eröffnen, die ihn bisher noch nicht gefunden haben. Eine eng begrenzte Auswahl soll Mut dazu machen und zugleich die Vielfalt unseres Liederschatzes beispielhaft vor Augen führen. Menschen, die sich im Gesangbuch besser auskennen, müssen also nicht um die Zukunft ihrer Lieblingslieder fürchten. Sie sollen vielmehr durch die Beschäftigung mit den Kernliedern helfen, dass andere auf Kirchenlieder neugierig werden und sich mit ihnen anfreunden.

So mögen die einen in diesen Kernliedern eine Einladung finden, tiefer in altbekannte oder auch befremdlich neue Lieder einzudringen und ihren Glauben davon befragen zu lassen. Und den anderen mögen sie eine Hilfe sein, auf das Gesangbuch und seine Schätze aufmerksam zu werden und sich so ganz ohne Zwang von den Glaubenserfahrungen anderer helfen zu lassen. Menschen, die in einem Chor mitsingen, werden vielleicht die Erfahrung machen, „dass das Singen sich wie von selbst verändert, klangvoller wird und an Intensität gewinnt, wenn die Singenden über ein Lied etwas wissen." (65, S. 64) Andere werden wieder oder ganz neu entdecken, dass „die Kirche als Bewahrerin und Vermittlerin von Mut machender Dichtung und tröstender Musik durch die Jahrhunderte einen wichtigen, ja einzigartigen Dienst am Glauben und an der Kultur der Menschheit verrichtet. Wo gibt es sonst neben der christlichen Kirche einen Ort oder eine Institution, wo so viele Menschen aus verschiedenen Lebensphasen und sozialen Milieus so regelmäßig miteinander singen, Heutiges und Zeitbezogenes, aber auch Vergangenes in den Atem der Gegenwart hinein nehmen und dadurch wieder lebendig werden lassen." (16, S. 32)

Dank sagen möchte ich zahlreichen Kolleginnen und Kollegen, Professoren und DozentInnen, MitarbeiterInnen von Archiven und Pfarrämtern u.a., die mir bereitwillig und kostenfrei sachdienliche Noten und Texte zur Verfügung gestellt, biografische Informationen zugeleitet, bei Übersetzungen geholfen oder wichtige Tipps gegeben haben. Mein besonderer Dank gilt den LiedautorInnen und -komponisten, die mir für die Auslegung ihrer Lieder hilfreiche Auskünfte erteilt haben: Fritz Baltruweit und Eckart Bücken (EG 432), Colette Chans-Gobert (für Claude Fraysse …) und Gitta Leuschner (EG 272) sowie Diethard Zils, Jo Akepsimas und Michel Scouarnec (EG W 656).

Klaus von Mering
zum Jahreswechsel 2012/13

# Die Lieder

# 1 Macht hoch die Tür (EG 1)

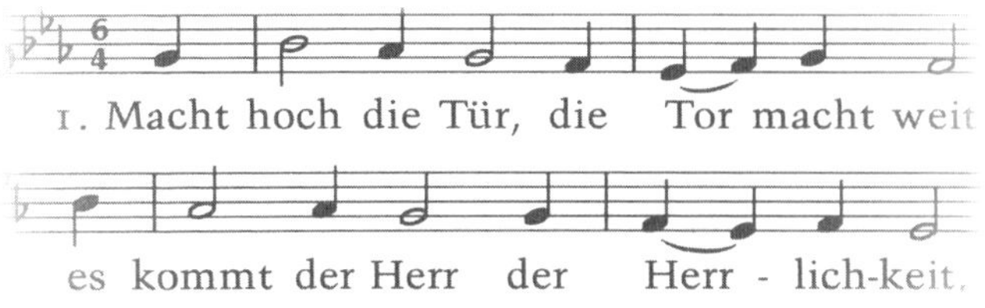


Beim Singen des Liedes „Macht hoch die Tür“ fällt mir immer als Erstes das große vierteilige Hoftor des niedersächsischen Bauernhauses meiner Kindheit ein. Wir wohnten gegenüber, aber dieses Haus war für uns das Paradies. Drei unverheiratete Geschwister lebten hinter diesem Tor mit all den Tieren, die damals, in den ersten Jahren nach dem Krieg, zu einem richtigen Bauernhof gehörten. Das große Tor war in der Regel geschlossen, schon um der Tiere willen, die dahinter rechts und links ihre Boxen hatten. Aber wir Kinder wussten, wie man hineinkam. Man musste nur einen kleinen Riegel etwas anheben und schon öffnete sich das linke untere Viertel des Tors. Mit eingezogenem Kopf schlüpften wir hinein in unser Paradies.

## Willkommen sein tut gut

Warum ich das mit „Macht hoch die Tür“ in Verbindung bringe, habe ich bis heute nicht so richtig herausgefunden. Es muss in meinem Unterbewusstsein eine Verbindung geben zwischen dem großen Tor zu unserem Spielparadies und den vorweihnachtlichen Erwartungen, die das Singen dieses Liedes am Beginn der Adventszeit bei uns Kindern auslöste. Anderen werden andere Türen oder Einlässe dabei einfallen. Georg Weißel spielt bei seinem Texteinstieg ja ganz bewusst mit der Erfahrung, dass jeder die Wohltat kennt, durch eine anfangs geschlossene Tür eintreten zu dürfen, vor allem dann, wenn es draußen kalt und stürmisch ist oder wenn dieses Eintreten mit besonderen Erwartungen verbunden ist. Ich spüre nicht nur die Befreiung von den Unannehmlichkeiten, die hinter mir liegen, sondern auch die Wärme, die mir entgegenströmt:

Nicht nur äußerlich, so dass ich den Mantel, den ich zum Schutz gegen Frost und Nässe übergezogen habe, ablegen kann. Die Wärme betrifft auch die wohltuende Atmosphäre, willkommen zu sein. Man hat sich auf mich gefreut, ich muss mich nicht verkleiden oder verstellen, ich darf genießen, was da ist. Und mein Gastgeber freut sich, wenn es mir gut geht.

Nicht zufällig verbinden sich mit dem Lied „Macht hoch die Tür“ allerhand Legenden, in denen die aufgerufenen Gefühle in Bildern ausgemalt werden. Bei der Vermittlung an Kinder mögen sie hilfreich sein. Aber für meinen Geschmack haben sie eine unangenehme Tendenz zum Rührseligen und ich frage mich überhaupt, ob solche Happy-End-Geschichten wirklich etwas beitragen können, unsere Glaubenserfahrungen zu durchdringen und zu festigen. Deshalb wähle ich lieber diesen etwas sperrigen Einstieg, der dazu anregen soll, eigenen Gefühlen, Erinnerungen und Gedanken nachzugehen.

„Macht hoch die Tür“ ist ein so populäres Lied für die Adventszeit geworden, dass die meisten eigentlich nur noch das technische Problem damit haben, in den Schlusszeilen der Strophen eins bis drei jeweils die richtige Person aus der göttlichen Trinität aufzurufen: „mein Schöpfer, reich von Rat“ (1), „mein Heiland groß von Tat“ (2) und „mein Tröster früh und spat“ (3). Aber dieses „Problem“ kann auch ein nützlicher Stolperstein sein, der Botschaft des Liedes genauer nachzuspüren.

Georg Weißel war Pfarrer in Königsberg. Das Lied dichtete er nach allem, was wir wissen, 1623 zur Einweihung der Altrossgärter Kirche, an der er tätig war. Zu dieser Zeit gehörten der 24. Psalm in der Übersetzung Martin Luthers: „Machet die Tore weit und die Türen in der Welt hoch, dass der König der Ehre einziehe!“ und das Evangelium vom Einzug Jesu in Jerusalem (Mt 21,1–9) im Bewusstsein der evangelischen Kirche längst zum festen Bestand des Gottesdienstes am 1. Advent. Wir denken also bei dem Aufruf, die Tore weit zu öffnen, an den Eselreiter, der, von einer jubelnden Pilgerschar begleitet, in Jerusalem einzieht. Und ehe dieses leuchtende Bild von der finsteren Wolkenwand verdunkelt wird, aus der statt des „Hosianna, gelobt sei, der da kommt“ auf einmal das „Kreuzige, kreuzige ihn!“ erklingt, sind wir in Gedanken schon bei der Krippe in Bethlehem angelangt und die Tür, die wir öffnen, ist nun die des weihnachtlichen Stalles und wir begrüßen mit den Hirten den Heiland in Windeln, der allem Volk große Freude bringt.

Wir spüren, wenn wir uns so unsere Gefühlslage beim Singen klar machen: Das geht in Wahrheit gar nicht so harmonisch zusammen, wie es zunächst schien. Und deshalb ist es gut, den einzelnen Kulissenteilen des Bühnenbildes, die das Lied in unserer Fantasie aufbaut, noch ein wenig genauer nachzugehen.

## Die uralte Vorlage: Psalm 24

Da ist zunächst der alte Psalm 24, der schon im Israel der Davidzeit einen Einzug ausmalte: Damals den festlichen Einzug der „Lade“, des heiligen Schreins mit den Gebotstafeln, in die neue Hauptstadt Jerusalem. Dieses Fest wurde jährlich in Israel wiederholt. Man feierte, nachdem in Jerusalem der Tempel fertig gestellt war, mit einer großen Prozession den Einzug Gottes in sein Haus. Die Liturgie sah einen Wechselgesang zwischen den wartenden Priestern drinnen und den Pilgern draußen vor, die den auf einem „mächtigen Wagen mit Silber beschlagenen Rädern“ (59, S. 19) unsichtbar thronenden Gott Israels begleiteten: „Erhebt, ihr Tore, eure Häupter, erhebt euch, ihr uralten Pforten, dass einziehe der König der Herrlichkeit“, rief die Menge von draußen, wenn man den hebräischen Bibeltext wörtlich übersetzt. Von drinnen klang es zurück: „Wer ist der König der Herrlichkeit?" Und die Menge antwortet: „Der HERR, der Starke und Held, der HERR, der Held im Kampf." Und bei der Wiederholung: „Der HERR der Heerscharen, er ist der König der Herrlichkeit."

Im Laufe der Jahre, vor allem, nachdem es keinen Tempel und damit auch kein Einzugsfest mehr gab, rückte Psalm 24 an eine wichtige Stelle im wöchentlichen Gebetsrhythmus des Einzelnen und der Synagogengemeinde. An jedem ersten Tag der Woche wurde er fortan von jedem frommen Juden gebetet. Das war auch zur Zeit Jesu so. Und wenn man bedenkt, dass die JesusjüngerInnen auch nach Karfreitag und Ostern noch regelmäßig am jüdischen Gottesdienst teilnahmen (Apg 2,46), lud diese Verbindung von Psalm 24 und dem ersten Wochentag – und das ist für die Christen der Sonntag, der Gedenktag der Auferstehung – geradezu dazu ein, den Auferstandenen mit dem im Psalm gepriesenen Herrn gleichzusetzen. Die Gemeinde las die „uralten Pforten" als „Tor der Welt" und vor allem in der Ostkirche verstand man das als Christi Niederfahrt ins Totenreich und seinen Sieg über Tod und Hölle. Mit dem Psalm lobte die Gemeinde also ihren Herrn dafür, dass er auch den Tod in seinen Herrschaftsbereich aufgenommen hatte und man sich vor dem Sterben deshalb nicht mehr fürchten musste.

In der römischen (westlichen) Kirche dachte man bei diesen „uralten Toren" mehr an die Türen zur zukünftigen Welt, die Christus in seiner Himmelfahrt durchschritten hat. In Georg Friedrich Händels Messias begegnen wir dieser Vorstellung noch: „Hoch tut euch auf und öffnet euch weit, ihr Tore der Welt." Erst in der Neuzeit verdrängte der 24. den 25. Psalm vom 1. Advent und die Kirche feiert Christus nun als den, der in seiner Menschwerdung die Tür zwischen Himmel und Erde durchschritten hat und zu uns gekommen ist bzw. wieder kommt.

Ob Georg Weißel sein Gedicht noch als Lied der Gemeinde erlebt hat, ist unsicher. Er starb bereits 1635, mit gerade 45 Jahren. Eine erste Drucklegung von „Macht hoch die Tür" erfolgte 1642 durch Weißels Freund, den Königsberger Kantor und Hofkapellmeister Johann Stobäus, allerdings mit einem vierstimmigen Chorsatz, dessen Melodie sich nicht durchsetzte. Erst 1704 wurde unser Lied im Freylinghausenschen Gesangbuch mit der heutigen Melodie unterlegt. Diese unterstrich mit ihrer volkstümlichen Melodik und ihrem schwungvollen 6/4-Takt die durchweg fröhliche Ausdrucksweise Weißels.

## Eine Insel des Friedens

Man hat gefragt, warum in diesem Lied keine Spur von der Niedrigkeit des sanftmütigen Königs auf dem Esel zu hören ist, erst recht nichts von seinem bevorstehenden Leidensweg. Das einzige negativ gefärbte Wort im ganzen Lied ist die „Not" in der 2. Strophe. Aber dort heißt es ja sogleich „all unsre Not zum End er bringt". Statt Schmerz und Leid immer wieder Begriffe wie „jauchzen", „Freude", „Lust", „Heil" und „Leben". Vier Strophen enden mit „Gelobet sei mein Gott" und die letzte mit „sei ewig Preis und Ehr. „Wie die Welt aussieht, in die der König einzieht, ist kein Thema. Man mag das kritisieren, und man mag seine Fragen dazu haben. Aber dieses Lied beantwortet keine Fragen. Es blickt auf den, der kommt, und freut sich auf sein Kommen und sehnt sich zugleich danach." (34, S. 58) Ob wir uns dieser Blickrichtung anschließen können?

Ein Grund für die freudige Gestimmtheit des Liedes könnte darin liegen, dass Königsberg zur Zeit Weißels als eine glückliche Insel des Friedens in Mitteleuropa erschien. Wie kaum eine andere Stadt in Deutschland blieb es vom Dreißigjährigen Krieg vollkommen verschont. Während in andern Teilen die verschiedenen Heere mordend und brandschatzend durchs Land zogen und die Menschen, die diesem Unheil entfliehen konnten, wenig später von der Pest dahingerafft wurden, blühten in Königsberg Wirtschaft und Kulturbetrieb. Die Universität, erst 1544 gegründet, zählte zu Weißels Zeiten bereits mehr als 1500 Studenten. Ein erlauchter Kreis von Literaturfreunden und Poeten, der Königsberger Dichterkreis, traf sich regelmäßig zum Gedankenaustausch. Georg Weißel war einer seiner frühen Mitglieder.

Dazu kommt natürlich der lokale Termin: die Einweihung der neuen Kirche, Weißels erstes Pfarramt. Da hieß es auch: Türen auf, an diesem zweiten Adventssonntag in Königsberg! Und eine festlich gestimmte Gemeinde wird mit ihrem Pfarrer eingezogen sein.

Von hier wird es verständlicher, dass jemand ein Adventslied dichtet, dass sich ganz vorbehaltlos dem fröhlichen Jubel der Pilger hingab, die den Einzug Jesu nach Jerusalem singend und Palmen schwenkend feierten. Und der von dort einen großen Bogen schlägt zu dem Lobgesang der himmlischen Heerscharen auf den Feldern bei Bethlehem: „Ehre sei Gott in der Höhe und Friede auf Erden und den Menschen ein Wohlgefallen" (Lk 2,14). Gerade wir Deutschen haben, wenn wir auf die heutige Weltlage schauen, allen Grund, uns diesen Hintergrund von „Macht hoch die Tür" bewusst zu machen und uns zu fragen, ob unsere adventliche Freude nicht einladender ausfallen müsste. Natürlich wollen und dürfen wir nicht verdrängen, was es an Not und Elend in der Welt und vielleicht auch ganz in unserer Nähe gibt. Aber das darf uns die Freude nicht verdunkeln; denn der, dessen Einzug wir feiern, ist ja nicht trotz seines Kreuzes unser Heiland, sondern gerade dadurch, dass er es bereitwillig auf sich nahm. Ihm die Tür unseres Herzens zu öffnen (Str. 5), bedeutet seine „Gnade" bei uns einlassen, also sein Erbarmen mit allem und allen, die von sich aus keinen Anlass zum Feiern verspüren.

## Vom Himmel hoch, da komm ich her (EG 24)

Die Melodie, in der das Lied „Vom Himmel hoch“ zu Luthers Lebzeiten gesungen wurde, finden wir in unserm Gesangbuch noch bei dem anderen Engellied Luthers: „Vom Himmel kam der Engel Schar“ (EG 25). Sie war, wie man schon von außen sieht, der uns vertrauten, die Luther später selbst dazu komponierte, zwar nicht unähnlich. Aber man erkennt in ihr beim Hören noch den „Gassenhauer“, der sie damals war: „Ich komm aus fremden Landen her und bring euch viel der neuen Mär“, begann das Lied und erzählte in der Regel irgendeine aufregende oder zu Herzen gehende Geschichte, wie man sie heute auf den „bunten Seiten“ unserer Zeitungen findet. Wer sie auf dem Marktplatz oder auf dem Festanger unter der Dorflinde vortrug, ließ sie meist in einer Frage ausmünden, die von den Zuhörern zu beantworten war und damit den nächsten Tanz eröffnete.

Auch im Weihnachtsgottesdienst wurde damals getanzt. Vor dem Altar war eine Krippe aufgestellt, neben der Josef und Maria ihren Platz fanden. Zwischen diesen beiden erhob sich dann ein Wechselgesang, das „Kindelwiegen“. Der Chor oder Einzelstimmen führten weiter in die Weihnachtsgeschichte ein und während die Gemeinde sich an dem Singen beteiligte, umtanzten die kleineren Kinder die Krippe mit dem heiligen Paar.

Als Luther sein Lied 1534 dichtete, hatte er diese alte Tradition vor Augen und die Melodie jenes Bänkelliedes im Ohr. In Str. 14 klingt der Krippentanz noch an: „zu singen, springen immer frei das rechte Susannine schön". Und mit der Melodie des bekannten Gassenhauers wollte Luther die Weihnachtsbotschaft aus dem heiligen Buch, das auf dem Altar liegt, herausholen und auf den Markt bringen. Der Text der Bibel als Gottes Wort ist „ein lebendig Wort und eine Stimm, die da in die ganze Welt erschallet und öffentlich wird ausgeschrieen", wusste Luther (WA 12,259). Die Menschen konnten das Evangelium aber nicht mehr verstehen, war sein Eindruck, auch die nicht, die sonntags in die Kirche gingen; denn dort wurde lateinisch gesprochen und in den Predigten war mehr vom Höllenfeuer zu hören als von Gottes Wort.

Solche Bänkellieder ersetzten damals in gewisser Weise die Zeitung. Luther erkannte das und hat 1523 selber einmal ein solches „Zeitungslied" geschrieben und unter die Leute gebracht. Es berichtete von der Hinrichtung zweier Augustinermönche in Antwerpen und der Reformator wollte die beiden Ordensleute auf diese Weise als die ersten Märtyrer der Reformation bekannt machen. Aber zu Weihnachten geht es nicht um irgendeine Nachricht. Luther erkannte die Entsprechung zwischen den Märkten, auf denen sich zu seiner Zeit die Leute um Neuigkeiten drängten und den nächtlichen „Hürden" von Bethlehem, auf denen den Hirten Gottes neues Lied gesungen wurde. Schließlich wird im Weihnachtsgottesdienst traditionell auch der 98. Psalm gebetet: „Singet dem Herrn ein neues Lied … Der Herr lässt sein Heil kund werden."

Im Zeitalter von Facebook und Twitter müssen wir uns fragen: Warum hören heute viele Menschen Gottes Wort nicht? Nur, weil sie keine Lust haben, dorthin zu gehen, wo es gesagt und gesungen wird? Oder liegt es daran, dass das Evangelium auch heute wieder weithin in einer Form und Sprache ausgerichtet wird, die die Menschen nicht verstehen können?

Luther ging es darum, die Sängerinnen und Zuhörer seines Liedes von der Christgeburt in die Situation der Hirten bei Bethlehem zu versetzen, die mit einer Nachricht überrascht werden. „Mär" bezeichnete damals nicht das Märchen – dazu ist bei uns Weihnachten ja allzu oft geworden –, sondern eine Nachricht, ein Geschehen, über das gesprochen wird und gesprochen werden muss. Mär hieß im Griechischen „angelon", die gute Mär des Himmelsboten ist also ein „eu angelon", d. h. lateinisch-deutsch: „Evangelium bzw. gute Nachricht".

Der Überraschungseffekt, den Luther mit seinem Lied nachstellte, ist heute natürlich ungleich schwerer zu erzielen als im Zeitalter der Reformation. Schließlich ist das Weihnachtsevangelium bei uns bereits seit Wochen in vielfacher Verzerrung auf allen Straßen und Plätzen breitgetreten und -gefahren worden. Und viele Zeitgenossen meinen, eher zu viel davon gehört zu haben als zu wenig. Aber wir müssen es trotzdem immer wieder versuchen, die überraschende Seite der guten Nachricht aufzudecken, dass uns, ausgerechnet uns, der Heiland geboren ist. Und wir sollten uns dabei von Luthers Mut, mit seinem Lied in die Alltagswelt der Menschen zu gehen und Bilder aus der allgemeinen Erfahrung sowie Musik von der Straße aufzunehmen, anstecken lassen.

## Wegwerfwindeln für das Christkind

Dabei bleibt Luther sich der Schwierigkeit bewusst, dass unsere unbeholfenen Menschenworte in jedem Fall nur mäßig geeignete Mittel sind, Gottes Wort weiterzusagen. Aber das hat Gott so gewollt, weiß er. Krippe und Windeln sind schließlich das Zeichen, das den Hirten vom Engel mitgegeben wird, damit sie den Retter der Welt finden und erkennen. „Hier wirst du die Windeln und die Krippe finden, da Christus innen liegt, dahin auch der Engel die Hirten weist, schlecht und geringe Windeln sind es, aber teuer ist dieser Schatz, Christus, der darinnen liegt." (88,

S. 308) Damit spielt Luther auf das Pauluswort an, dass wir Gottes Wort, „diesen Schatz in irdenen Gefäßen" haben (2 Kor 4,7).

Das Evangelium in unsere Alltagssprache zu übersetzen, bedeutet freilich nicht, es billig zu machen. Ob der Reformator, als er sein Lied als „ein Kinder lied auff die Weihnacht Christi" kennzeichnete, wieder einmal seiner Lust an ironischen Untertreibungen frönte oder ob hier nur der Herr Professor spricht, der sich mit Kindern nicht auskennt, weil unter seinem Katheder nur lernbegierige Studenten sitzen, muss dahingestellt bleiben. Jedenfalls ist die Überlieferung, das Lied habe als Krippenspiel im Hause Luther gedient, wohl nur eine fromme Legende. Vermutlich verdankt sie ihren Ursprung einem im Bürgertum des 19. Jahrhunderts sehr beliebten Bild: „Martin Luther am Weihnachtsabend 1536 zu Wittenberg. Stahlstich von Carl August Schwerdgeburth (1843)". Das Bild zeigt den Reformator mit Laute im Arm singend mit seiner Frau und seinen damals fünf Kindern, die Jüngste, Magdalena, eben geboren, in der Weihnachtsstube. (29 S. 79) Das passte gut zu der Tradition des Krippenspiels in den evangelischen Christvespern. Und es passte vor allem zu dem deutschen Supermann, zu dem man Luther inzwischen gemacht hatte: Vorbild für alle bürgerlichen Familienväter und Inbegriff des Deutschen überhaupt. Die letzten schrecklichen Ausläufer erlebte diese Ideologie im „deutschen Christentum" der Nazis, als man versuchte, aus Luther und seinem Lied von der festen Burg ein Bollwerk gegen alles „Undeutsche" und gegen alle „Untermenschen" zu machen.

## Nicht allein im Elend der Gottesferne

Aber es passt eben überhaupt nicht zu „Vom Himmel hoch", weder inhaltlich noch formal. Man muss das Lied schon sehr oberflächlich lesen, um es als geeignete Vorlage für ein Krippenspiel in der Familie anzusprechen. Maria und Josef kommen darin nicht vor und die Hirten werden nur am Rande als

Wegbegleiter erwähnt. Zwischen den Strophen gibt es zwar öfter einen Wechsel der Rederichtung, aber das dürfte eher der Vorlage des Bänkelliedes nachempfunden sein als der Idee eines kindlichen Laienspiels. Vor allem aber hat der Reformator inhaltlich seinem „Kinderlied“ die ganze schwere schöne Frucht des wiederentdeckten Evangeliums aufgebürdet, die sich aus Kindermund sehr künstlich anhören würde: „Er will euer Heiland selber sein, von allen Sünden machen rein.“ (Str. 3) „Und kommst ins Elend her zu mir; wie soll ich immer danken dir?“ (Str. 8). Freilich, Luther tut das nicht in der Form trockener dogmatischer Formeln, sondern als lebendiges Wechselgespräch, anschaulich und mit einer gehörigen Prise volkstümlicher Gesellschaftskritik. Da können sich die Weihnachtsprediger heute gern ein Stück abschneiden und sollten das Etikett „links“ nicht scheuen, das ihnen bei solchen Sätzen heuer in mancher Citykirche sicher umgehängt wird. „Und wär die Welt vielmal so weit, von Edelstein und Gold bereit, so wär sie doch dir viel zu klein, zu sein ein enges Wiegelein.“ Gold und Edelsteine mögen eine wertsichere Geldanlage sein unterm Weihnachtsbaum; aber den Blick auf dic Mitte von Weihnachten verstellen sie eher, als dass sie ihn zum Leuchten bringen. „Luthers *Kinderlied* entreißt Weihnachten der Gefühlsseligkeit, in der sich die Menschen an ihrer eigenen Feier um Idee und Abbild *des Kindes* oder der *Mütterlichkeit* oder des *Familienglücks* berauschen und sich mit der Betrachtung und Darstellung schließlich nur noch der Attribute von Stall und Krippe, Wiege und Windeln, Kind und Esel begnügen. Die ganz menschliche und kindliche Freude am liebenden Umgang mit dem Jesuskinde ist erst die Frucht, die dem Aufmerken auf die neue, unerhörte, fremde Botschaft vom Himmel folgt.“ (102,1 S. 161).

Beim Weitersingen wird ja schnell deutlich: Hier geht es nicht nur um ein paar sozialkritische Spitzen, hier geht es um den Kern des Evangeliums: „Der Sammet und die Seide dein, das ist grob Heu und Windelein.“ Indem Gott diese widersprüchlichen Zeichen seiner Gegenwart wählt, zeigt er an, „wie aller Welt Macht, Ehr und Gut vor dir nichts gilt, nichts hilft noch tut." Die Krippe als Predigerin der sola gratia, allein aus Gnaden. Gerade an dem Fest, das wir gern mit so viel Komfort ausstaffieren, um uns von dem Stress des Alltags zu erholen, geht es um unsere Armut und um unsere leeren Hände, wenn die Frage geklärt wird, was wirklich Wert hat. Der Friede, der uns Zukunft eröffnet, kommt zwar „vom Himmel hoch", aber nicht als Sahnehäubchen auf unsere mühsam erwirtschaftete Selbstzufriedenheit. Er muss „von oben" kommen, weil auch die höchsten Türme, die wir von unten aufbauen, ins Leere gehen und auf tönernen Füßen stehen. Das kleinste Erdbeben unseres Glücks bringt sie zum Einsturz. Es geht darum, dass wir beim Anblick dieses Kindes nicht von rührseligen Gefühlen überwältigt werden, sondern erkennen, dass es „ins Elend her zu mir" kommt, also nicht in sein, sondern in mein Elend, ein altes Wort für die Gottesferne.

Das unterstreicht dann die neue Melodie, die Luther einige Jahre später für sein Lied komponiert und nach der wir „Vom Himmel hoch" seitdem singen. Die gleichbleibenden Töne des Gassenhauers in den Zeilen 1, 2 und 4 der alten Melodie, die noch die Trommelschläge oder die Fanfare des Bänkelsängers atmen, werden durch ab und aufsteigende Tonleitern ersetzt. „Dabei fällt es unserer Melodie offensichtlich schwer, von dem königlichen Oktavton Abschied zu nehmen: Schon nach den ersten vier Tönen abwärts kehrt sie wie selbstverständlich zu ihm zurück. Dann aber wird der Absturz in kräftigen Sprüngen in Angriff genommen, doch kurz vor dem Ziel noch einmal aufgefangen (Z. 2). Dieser gewaltsame Zug nach unten hat aber die Sehnsucht nach der verlorenen Oktav erst recht gesteigert: Sie wird in kräftiger Gegenbewegung aufs Neue erreicht (Z. 3). Und erst in der letzten Zeile, die ohne Gewaltsamkeit in gelassenen Sekundschritten die ganze Tonleiter durchmisst, findet die Melodie ihre Erfüllung." (102,1 S. 163 f.). So zeichnet die Melodie eindrucksvoll nach: Der Himmel kommt in dem Gottessohn zu uns auf die Erde und wir durch ihn in den Himmel.

## 3 O du fröhliche (EG 44)

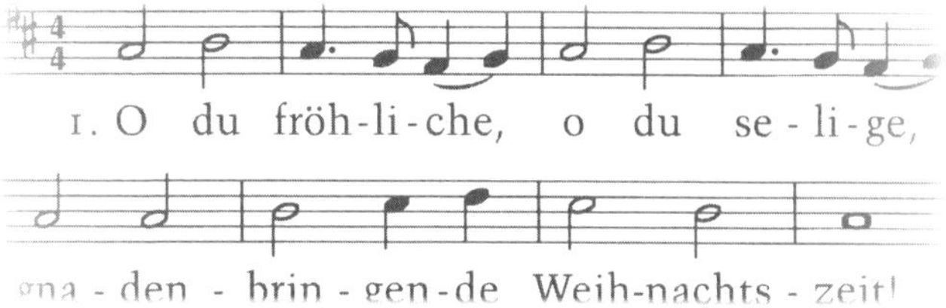


„O du fröhliche“ gehört bei uns so selbstverständlich zu Weihnachten wie der Tannenbaum oder die Geschenke. Und wie diese ist das Lied in der Gefahr, ein selbstverständlicher Gebrauchsgegenstand zu werden, über den man nicht weiter nachdenkt. Man singt es, vielleicht sogar mit Inbrunst, man hört es, vielleicht sogar mit innerer Bewegung, aber es transportiert nicht mehr als einen Schwall unbestimmter Gefühle.

Verstehen Sie mich nicht falsch: Ich will Gefühle nicht schlecht machen. Für viele von uns sind die Gelegenheiten selten geworden, bei denen sie ihren Gefühlen freien Lauf lassen können. Normalerweise müssen wir auf der Hut sein, wenn wir Verletzungen vermeiden oder verhindern wollen, dass andere uns ihren Willen aufzwingen. Dabei bleibt dann leicht auf der Strecke, dass ich mitfühle, wie es anderen geht, oder spüre, ob mein Verhalten der Erde wirklich gut tut oder nicht. Weihnachten erscheint da als eine Art Auszeit. Da ist Zeit für Gefühle, manchmal jedenfalls, so wie es für manche Zeit zum Singen ist, die sonst das ganze Jahr nicht singen.

„O du fröhliche“ kommt dem ein gutes Stück entgegen. Es hat einen Text, der durch seine Wiederholungen das Mitsingen erleichtert. Und seine Melodie ist wie eine Hängematte, in die man sich gern und mit Genuss hineinlegt. Und weil man das Lied schon so oft gesungen oder gehört hat, stellen sich dabei wie von selbst Erinnerungen und Gefühle ein, die man gern willkommen heißt. Aber genügt das zu Weihnachten? Und was ist, wenn diese Erinnerungen und Gefühle nicht willkommen, sondern im Gegenteil sehr traurig sind? Wenn sie einen unvermutet aus der gewissen Beruhigung, in die man sich im Laufe der Zeit durch Gewöhnung und Vergessen gerettet hat, wieder herauszureißen drohen, zurück in einen ohnmächtigen und quälenden Schmerz, der kein Entkommen kennt?

## Eine Melodie wie eine Hängematte

Treten wir, um solchen Fragen standhalten zu können, vielleicht sogar eine Antwort darauf zu finden, zunächst noch einmal ein paar Schritte zurück und fragen uns: Wie wurde das Lied „O du fröhliche“ zu dem, was es heute ist?

Im Jahre 1788 erlebt der Pfarrer und Sprachwissenschaftler Johann Gottfried Herder in Palermo auf Sizilien eine Fischerhochzeit mit. Herder hatte sich zur Aufgabe gemacht, in ganz Europa Volkslieder zu sammeln, und achtete deshalb auf seinen Reisen auf alle Gelegenheiten, bei denen überkommenes Brauchtum eine Rolle spielte. Bei dieser Hochzeitsfeier sangen die sizilianischen Fischer ein Marienlied: „O sanctissima, o purissima“. Auch wenn man kein Italienisch versteht, ahnt man schon bei diesen Silben etwas von der tiefen Sehnsucht dieser einfachen Männer, aus dem Dreck und der ständigen Lebensgefahr ihres ärmlichen Alltags befreit zu werden (deutsch: „O heiligste, o reinste“). Herder war von der Melodie begeistert und stellte sie bei nächster Gelegenheit zu Hause in Weimar im Kreis der Männer vor, die sich regelmäßig zur Sichtung seiner Materialsammlung trafen.

Zu ihnen gehörte auch Johannes Daniel Falk, der in Weimar den Kontakt zu Goethe und Herder gesucht hatte, um seinen eigenen Versuchen als Dichter und Schriftsteller mehr Erfolg zu verschaffen. Seit längerem bemühte er sich als Satiriker und überzog die Menschen, die er in seinen Kommentaren aufspießte, mit beißendem Spott. Das machte ihm manchen zum Feind und die andern fanden es in der Mehrheit auch nicht besonders lustig. Die ständige Geldnot, in der er und seine Familie sich wegen seiner Erfolglosigkeit befanden, veranlasste ihn schließlich, sein Auskommen im Staatsdienst zu suchen.

In diesen Übergang zu gesicherteren Verhältnissen platzten die napoleonischen Kriege. Mit den mordenden und brandschatzenden Soldaten kam auch eine Scharlachepidemie nach Weimar, die der Familie Falk in wenigen Tagen ihre vier Kinder nahm. Auch der Vater erkrankte schwer und schwebte wochenlang zwischen Tod und Leben. Als es schließlich besser ging, „merkte ich“ – so schreibt er später – „daß Gott mir etwas zu sagen hatte. Er wollte, daß mein ganzes Leben ihm gehören sollte, … weil er mit mir einen bestimmten Plan hatte. Ich merkte: Gott schenkt dir das Leben, weil er weiß, daß du ein Herz voll Liebe für deine Mitmenschen hast; das sollst du den armen Kindern zuwenden, die ihre Eltern verloren haben.“ (77, S. 8 f.)

## Die Straßenkinder von Weimar

Seit der verheerenden Völkerschlacht bei Leipzig 1813 findet man überall auf den Straßen elternlose Kinder, die sich auf ihre Weise durchzuschlagen suchen. Den staatlichen Verwaltungen fällt nichts Besseres ein als Schläge und Gefängnis. Legationsrat Falk nimmt einige von diesen Waisen in sein Haus auf, Kleidung und Spielsachen hat er ja noch genug. Gleichzeitig gründet er mit Gleichgesinnten die „Gesellschaft der Freunde in der Not“, die ein Flugblatt herausgibt, in dem es heißt: „Die Verwilderung und Not dieser Zeit hat viele Kinder auf gefährliche und böse Abwege gebracht. Eine Gesellschaft edler Menschenfreunde hat sich in Weimar gefunden, die sich dieser armen verirrten, oft verwaisten, oft heimatlosen Kreaturen nach dem Beispiel unseres göttlichen Erlösers mit Liebe, Langmut und Erbarmen angenommen (hat).“ Und als die Familienplätze im Hause Falk und bei den Freunden nicht mehr ausreichen, wird ein heruntergekommenes Schloss zum „Lutherhof“ umgebaut und hergerichtet, in dem die Kinder und Jugendlichen von ausgebildeten Erziehern betreut und beschult werden. Zur Unterstützung ihrer religiösen Erziehung dichtet Falk ein kleines Lied, mit dem er den Kindern das Fundament des Kirchenjahres vermitteln will. Das sichtbare Elend seiner Zöglinge mag ihn an die sehnsuchtsvolle Melodie aus Palermo erinnert haben – (die Vermittlung eines italienischen Findelkindes Pietro Granucci in dieser Sache scheint mir genauso einer rührenden Legenden zu entstammen wie die Kirchenmäuse im Lied „Stille Nacht“, die vor der Heiligen Nacht die Bälge der Dorforgel zerknabbert haben sollen.) Und aus seiner satirischen Schriftstellerei hat Falk sich die Gabe bewahrt, Wichtiges in äußerster Knappheit auf den Punkt zu bringen. Seine Schüler waren natürlich mehrheitlich Kinder mit einem sehr bescheidenen Sprachschatz. So dichtet er zu den drei christlichen Hochfesten Weihnachten, Ostern und Pfingsten:

O du fröhliche, / o du selige / gnadenbringende Weihnachtszeit. / Welt ging verloren, / Christ ward geboren. / Freue, freue dich, o Christenheit.

O du fröhliche, / o du selige / gnadenbringende Osterzeit. / Welt liegt in Banden, / Christ ist erstanden. / Freue, freue dich, o Christenheit.

O du fröhliche, / o du selige / gnadenbringende Pfingstenzeit. / Christ, unser Meister, / heiligt die Geister. / Freue, freue dich, o Christenheit.

Im Laufe der Jahre wurde aber auch schon im Lutherhof das Bedürfnis immer größer, gerade zu Weihnachten einen besonderen Akzent zu setzen. Deshalb dichtet der Erzieher Heinrich Holzschuher das „Allerdreifeiertagslied“ von 1816 dreizehn Jahre später zu einem reinen Weihnachtslied um. Dabei behält er die knappe, geradezu telegrammartige Sprache der Vorlage bei. So besingt nun die 2. Strophe die Gnade Gottes, dass er in Christus die verlorene Welt mit sich „versühnt“. Und die 3. Strophe gestaltet aus dem Lobgesang der himmlischen Heerscharen von Bethlehem den doxologischen Schluss: „Himmlische Heere jauchzen dir Ehre“. (In verschiedenen Liederbüchern finden sich immer noch sowohl unser Lied wie zwei dreistrophige Lieder zu Ostern und Pfingsten mit der falschen Autorenangabe Johannes Daniel Falk. Ich habe leider nicht klären können, wer für die Erweiterungen der Oster- und der Pfingstfassung auf jeweils drei Strophen verantwortlich ist.)

Man mag sich fragen, warum gerade dieses Lied, das so sparsam von der Theologie der Menschwerdung Gottes spricht und keinen besonderen Anspruch auf modische Deutung der Weihnachtsgeschichte erhebt, in unserer Zeit so sehr die Herzen die Menschen erreicht. Eine wie auch immer geartete Ähnlichkeit zwischen unserer bundesdeutschen Lage und der in Weimar zu Beginn des 19. Jahrhunderts kann es doch nicht sein. Dass jemand wie Helmut Gollwitzer eine Brücke zu seinen Erfahrungen in russischer Kriegsgefangenschaft schlägt, kann zumindest der verstehen, der noch eine Beziehung zu jenen schrecklichen Jahren hat. Gollwitzer schreibt: „Auf Erden war keine Macht, die uns helfen konnte oder auch nur wollte. Von Urwäldern umgeben, waren wir verschollen und preisgegeben. Dass es jemals wieder anders werden würde, wagten wir kaum zu hoffen und konnten doch von der Hoffnung nicht lassen. War es, dass Einer an uns dachte und von uns wusste, Einer, der mehr Macht hatte als Stalin? … Beraubt waren wir all dessen, was das Leben lebenswert macht. – Manchmal hatten wir früher etwas verächtlich über die üblichen Weihnachtslieder gesprochen, über ihre Süßlichkeit und Gefühlhaftigkeit … Aber jene Lieder brachten doch nicht nur Stimmung, sondern enthielten auch große Verkündigung: *Christ, der Retter, ist da! … da uns schlägt die rettende Stund', Christ, in deiner Geburt* – uns, auch hier in dieser Baracke." (77, S. 3 f.)

## Die Angst tief in uns drin

Aber heute? Mitten in behaglichem Wohlstand und politischer Freiheit? Vielleicht kann uns eine musikalische Beobachtung weiter helfen. Das Lied der schwarzen Sklaven und entrechteten Farbigen in den USA, „We shall overcome", folgt in seiner Melodie einem ähnlichen Sehnsuchtsbogen wie „O du fröhliche". Und auch dieses Lied erfreut sich seit Jahrzehnten nicht nur bei Protesten unterdrückter Minderheiten, sondern auch bei Festen unangefochtener Mehrheiten großer Beliebtheit. Es muss etwas mit dieser tiefen Sehnsucht zu tun haben, mit der sich damals vor rund 250 Jahren die sizilianischen Fischer in das Herz Johann Gottfried Herders gesungen haben. Und das ist eben nicht nur eine Frage der sentimentalen Melodie.

Dazu gehören auch Worte, die etwas in uns anrühren, was auf Befreiung und Licht wartet. In „We shall overcome" ist es der durch Martin Luther King und andere geweckte und gestützte Glaube, dass verachtete und gedemütigte Menschen erleben werden, dass ihre Entrechtung eines Tages zu Ende ist und sie so leben können, wie es ihnen zusteht. Und in „O du fröhliche" ist es die von Martin Luther neu wieder freigelegte Zusage Gottes, dass alles, was in der Tiefe unserer Seele zu unserem Unfrieden beiträgt – Angst und Schuldgefühle, Lieblosigkeit Vereinsamung – dass all das eines Tages so sichtbar überwunden sein wird, wie es jetzt schon unübersehbar als Evangelium von Jesus Christus in der Bibel steht. In der Verkündigung Jesu hieß das „Reich Gottes". Dieses Reich Gottes ist nahe herbei gekommen, ja es ist mitten unter euch. (Lk 17,21) Aber es ist eben noch nicht einfach da, so dass Schmerzen und Tränen schlicht als Einbildung abgetan werden könnten.

Weihnachten feiern wir die Geburt dessen, der das alles im Namen und Auftrag seines Vaters für uns angefangen hat und heraufführen wird. Ein Neugeborenes führt uns vor Augen: Er ist da, der neue Mensch. Aber was aus ihm wird, steht noch aus. Deshalb macht sich diese Sehnsucht unseres Glaubens besonders gern an Weihnachten fest. Und das Lied „O du fröhliche" hilft uns, sie zuzulassen und ihr nach zu denken.

## Von guten Mächten wunderbar geborgen (EG 65)

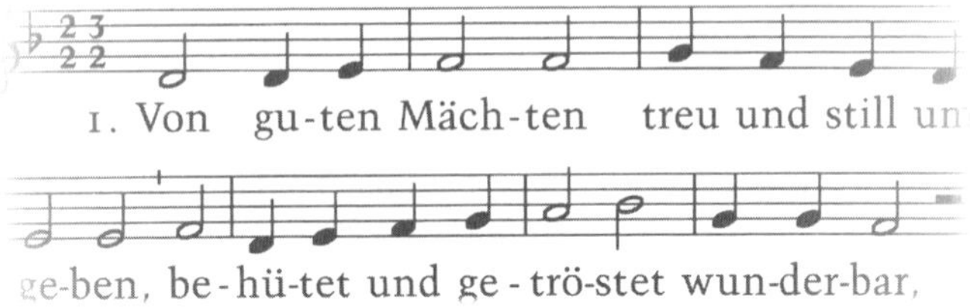


VERDANKT das Lied „Von guten Mächten wunderbar geborgen“ eigentlich seine große Popularität nur der Tatsache, dass wir ein besonderes Vergnügen dabei empfinden, in die Intimsphäre anderer Leute zu schauen? Oder lag dieses Gedicht damals, 1944, nur deshalb als handschriftlicher Zettel einem Brief Dietrich Bonhoeffers an seine junge Verlobte Maria von Wedemeyer bei, weil er nur noch so die Welt außerhalb seiner Zelle erreichen konnte? Der Dichter selbst bezeichnet das Gedicht als „ein paar Verse, die mir in den letzten Abenden einfielen. Sie sind der Weihnachtsgruß für Dich und die Eltern und Geschwister.“ Geschrieben wurde der Brief am 19. Dezember 1944 im Gefängnis des Reichssicherheitshauptamtes, Prinz-Albrecht-Straße, Berlin. Und er beginnt mit den Worten: „Meine liebste Maria! Ich bin so froh, dass ich Dir zu Weihnachten schreiben kann …“ (37, S. 265). Wenige Wochen später wurde der Schreiber wie ein gemeiner Mörder hingerichtet.

Kurz zuvor hatte er noch bewusst auf einen aussichtsreichen Fluchtweg aus der Gestapohaft verzichtet, auf den er lange hingearbeitet hatte; denn er wollte nicht, dass seine Verwandten und Freunde, die als Mitverschwörer inzwischen ebenfalls verhaftet waren, unter der Rache der Nazischergen für sein Verschwinden leiden sollten.

Wissen das die Menschen, die heute dieses Lied singen oder sich Zeilen daraus über eine Anzeige setzen? Müssten sie es nicht wissen, damit sie angemessen mit dem Sinn dieser Worte umgehen?

Bonhoeffers vorletztes Gedicht in der Haft einige Monate früher ist nicht zufällig eine Meditation über die alttestamentliche Jona-Geschichte. Nicht mehr fliehen – das ist der gemeinsame Nenner der neuen Situation im Gefängnis und der Erzählung in Jona 1. Bonhoeffer stellt sich der von ihm selbst getroffenen Entscheidung, die Flucht zu unterlassen. Und er gibt dem, was möglicherweise daraus folgt, die eigene Deutung. Sollte er das Leben hingeben müssen, so nicht wie ein stolzer Märtyrer oder ein ungebrochener Revolutionär, auch nicht als Fatalist, der sich in das unvermeidbare Verhängnis ergibt. Er, Dietrich Bonhoeffer, würde wie Jona als Schuldiger sterben (37, S. 257).

Ein früher Beleg für Bonhoeffers Überzeugung, dass wir uns bei der Suche nach Schuldigen immer auch selbst stellen müssen, ist seine Predigt über Lukas 13,1–5, gehalten in London kurz nach dem sogenannten Röhm-Putsch im Sommer 1934. Bonhoeffer sagte damals: „Es gibt angesichts furchtbarer menschlicher Katastrophen für den Christen nicht mehr die hochmütige zuschauerische Haltung des Richters und Besserwissers – sondern es gilt hier allein die Erkenntnis: Das ist meine Welt, in der das geschehen ist; die Welt, in der ich lebe, in der ich sündige, in der ich Hass und Lieblosigkeit säe Tag um Tag; das ist die Frucht dessen, was ich und meine Brüder gesät haben – und diese Betroffenen, die Galiläer und Pilatus, sie sind meine Brüder in der Sünde, im Hass, in der Bosheit, in der Lieblosigkeit, meine Brüder in der Schuld. Was sie trifft, sollte mich treffen. Sie sind nur der Fingerzeig des Zornes Gottes, der auch über mir steht. Darum lasst uns Buße tun und unsere Schuld erkennen und nicht richten." (37, S.255)

Menschlich gesehen blieb Silvester 1944 allerdings noch der winzige Hoffnungsschimmer, dass die Kriegsgegner Deutschlands ein schnelles Ende der NS-Diktatur herbeiführen und Bonhoeffer und seine Leidensgenossen befreien würden. Bonhoeffer blieb insofern seiner Linie treu, dass Theologie nie zur Ideologie werden darf. Wirklichkeit geht vor Deutung. Aber das wahrscheinliche Ende wird anders sein, wusste er.

Können wir Heutigen seine Worte von damals auf unseren ungefährdeten und gut beheizten Kirchenbänken singen und damit nach einem Halt für unser schwankendes Vertrauen suchen, ohne diese unverwechselbare Lage seines Verfassers damit zu missbrauchen? Ich denke, um diese Frage dürfen wir uns nicht herumdrücken, wenn wir „Von guten Mächten" singen wollen. Bonhoeffer selbst hat einmal unmissverständlich ausgesprochen, dass seine Texte aus der Haft nur unter den Bedingungen zu lesen seien, unter denen sie entstanden sind. „Es ist … alles so unbesprochen, dass es oft zu klotzig heraus kommt", schreibt er am 23.8.1944 an seinen Freund Eberhard Bethge. „Na, drucken kann man es jetzt ja sowieso nicht. Und später muss es erst noch durch die *Kläranlage*!" (18, S. 212). Diese „Klärung" wurde Bonhoeffer unmöglich gemacht. Können wir seine Texte trotzdem „drucken"?

## Taugt ein Gefängnisgedicht als Kirchenlied?

In den deutsch-schweizerischen Gesangbüchern wird diese Frage so beantwortet, dass man Bonhoeffers Gedicht nur als Meditationstext abdruckt und an anderer Stelle lediglich die letzte Strophe mit einer Melodie unterlegt und so zum Singen frei gibt. Der von Calvin und Zwingli geprägte Protestantismus verfügt ja stärker als das Luthertum über ein besonderes Fingerspitzengefühl für die politischen Auswirkungen des Glaubens. Außerdem gehört bei unseren Nachbarn der Schutz der Intimsphäre noch stärker als bei uns zum allgemeinen Umgangston.

Aber abgesehen von der Frage, ob sich ein gemeinsames Singen des gesamten Textes nach allem, was inzwischen durch die Veröffentlichung geschehen ist, überhaupt noch vermeiden ließe, sprechen doch gewichtige Gründe aus dem Text selbst für die Entscheidung, das ganze Lied in die Gesangbücher aufzunehmen – in einigen landeskirchlichen Anhängen findet sich sogar eine zweite Fassung (Siegfried Fietz), die aus der letzten Strophe einen Refrain macht und dadurch alle Strophen unter den Leitgedanken der letzten stellt.

Der Anspruch des Gedichts, über den familiären Bereich hinaus die Öffentlichkeit anzusprechen, beginnt schon mit den für das Gedicht so wichtigen Worten von den „guten Mächten" (Str. 1 und 7). Gerade Christen, die sich in Bonhoeffers Sprache und Theologie gut auskannten, waren beim ersten Lesen erstaunt, hier nicht das Wort Christus oder Gott zu lesen. Schließlich hatte Bonhoeffer in all den Jahren als Prediger und theologischer Lehrer Christus stets in die Mitte seines Denkens gestellt. So heißt es z. B. in „Gemeinsames Leben", dem Buch, in dem Bonhoeffer 1939 seine Erfahrungen aus der Zeit als Leiter des Predigerseminars der Bekennenden Kirche bedenkt und zusammenfasst, im Zusammenhang mit dem täglichen Singen, das ihm immer wichtig war: „Unser irdisches Lied ist gebunden an Gottes Offenbarungswort in Jesus Christus. Es ist das schlichte Lied der Kinder dieser Erde, die zu Gottes Kindern gerufen sind …"(37, S.58). Und nun auf einmal: „Von guten Mächten treu und still umgeben".

„Ein Beginn etwa mit den Worten *Von Gottes Güte treu und still umgeben* wäre ja metrisch passend und gedanklich vertretbar. Dennoch hätte das Gedicht damit sein Gesicht verloren", stellt Jürgen Henkys fest (37, S. 264), einer, der sich mehr als andere sowohl in gegenwärtiger geistlicher Dichtung wie in Bonhoeffers theologischer Sprache auskennt. Dazu kommt eine fundamentale Feststellung: Bonhoeffer hat in den Monaten seiner Haft entdeckt, dass wir in einer Zeit leben, in der die „Frage nach dem persönlichen Seelenheil uns allen fast völlig entschwunden“ ist … „Nicht um das Jenseits, sondern um diese Welt, wie sie geschaffen, erhalten, in Gesetze gefasst, versöhnt und erneuert wird, geht es doch.“ (18, S. 143).

In den „guten Mächten“ schwingen für Bonhoeffer sowohl Gottes Allmacht wie die Menschen mit, mit denen er sich verbunden fühlt, Lebende und schon Verstorbene. Da er selbst schon auf der Grenze zwischen Leben und Tod lebt, fühlt er sich von ihnen allen umgeben und dadurch geborgen. Und Gott ist die Macht, die alles kraft der Auferstehung Christi umschließt und vor der Vereinzelung und der Erniedrigung zu einer Nummer bewahrt, obwohl die Gefängniswirklichkeit tagtäglich das Gegenteil zu beweisen scheint. Deshalb kann Bonhoeffer von „Stille“ reden, obwohl um ihn herum ständig geschrien wird, im rüden Befehlston oder als Ausdruck von Schmerz und Verzweiflung. (18, S. 85).

## Anspruch auf Öffentlichkeit im Gewand des Intimen

„Es werden sehr stille Tage in unseren Häusern sein“, heißt es im begleitenden Brief an Maria. „Aber ich habe immer wieder die Erfahrung gemacht, je stiller es um mich herum geworden ist, desto deutlicher habe ich die Verbindung mit Euch gespürt. Es ist, als ob die Seele in der Einsamkeit Organe ausbildet, die wir im Alltag kaum kennen. So habe ich mich noch keinen Augenblick allein und verlassen gefühlt. Du, die Eltern, Ihr alle, die Freunde und Schüler im Feld, Ihr seid mir immer ganz gegenwärtig. Eure Gebete und guten Gedanken, Bibelworte … bekommen Leben und Wirklichkeit wie nie zuvor. Es ist ein großes unsichtbares Reich, in dem man lebt und an dessen Realität man keinen Zweifel hat. Wenn es im alten Kinderlied von den Engeln heißt: *zweie die mich decken, zweie die mich wecken*, so ist diese Bewahrung am Abend und am Morgen durch gute, unsichtbare Mächte etwas, was wir Erwachsenen heute nicht weniger brauchen als die Kinder. Du darfst also nicht denken, ich sei unglücklich.“ (37, S. 266)

Das seelsorgliche Bemühen Bonhoeffers ist nicht zu überhören. Er möchte, dass seine Braut und die Eltern sich nicht in Sorgen verzehren. Aber dazu gehört auch Wahrhaftigkeit. Er will die Ängste seiner Angehörigen nicht wegreden. Deshalb spricht er in der zweiten Strophe das alte Jahr an, das noch mit der Last seiner bösen Tage drückt. Bewusst ist hier nicht von „bösen Mächten“ die Rede, die den guten vom Anfang gleichgewichtig gegenüber ständen. Das entspräche nicht biblischer Theologie und auch nicht Bonhoeffers Denken. Das Böse hat, wie der Tod, nur noch eine begrenzte Macht, dem Menschen zu schaden. Aber darüber stehen die guten Mächte Gottes, bei denen wir Geborgenheit finden. Wie die Tage des alten Jahres unweigerlich ihrem Ende entgegengehen, so ist über die Herrschaft des Bösen längst entschieden. Das sollen Maria und seine Eltern wissen und sich darum nicht ängstigen.

Der Dichter weiß allerdings nur zu genau: Ein „alles wird gut“ ist damit nicht gemeint. Hier stoßen auch seine eigenen Fähigkeiten zu trösten, an ihre Grenzen. Deshalb springt die Rederichtung unversehens vom „Ihr“ zum „Du“, ins Gebet. „Ach Herr, gib unsern aufgeschreckten Seelen, das Heil, für das du uns bereitet hast.“ In einem früheren Gedicht aus der Haft hat Bonhoeffer das Gebet Jesu in Gethsemane als zentralen Aufhänger für seine neue nicht-religiöse Redeweise vom Glauben herangezogen: „Christen stehen bei Gott in seinem Leiden“, heißt der entscheidende Satz in „Christen und Heiden“. An diesen Gedanken wird auch hier angeknüpft: „Und reichst du uns den schweren Kelch, den bittern …“ – die Empfänger des Briefs sollen wissen, dass der Gefangene nicht mit der Todesangst kämpft. Dankbarkeit erfüllt ihn, nicht Sorge. Aber in der dritten Strophe kommt auch zum Ausdruck, dass er die Hoffnung auf eine gute Wendung noch nicht aufgegeben hat.

Immer wieder hat Bonhoeffer uns Christen dazu aufgerufen, über dem Letzten das Vorletzte nicht zu vergessen. Ein Glaube, der erst redselig wird, wenn es um den Himmel geht, aber im Alltag und vom Alltag schweigt, verrät die Menschwerdung Gottes in Jesus Christus. Konkret wird das im Dank für Erlebtes; wieder schlägt der Dichter eine Brücke zu einem früheren Gedicht aus der Haft: „Vergangenes kehrt dir zurück / als deines Lebens lebendigstes Stück / durch Dank und durch Reue. Fass im Vergangenen Gottes Vergebung und Güte, bete, dass Gott dich heute und morgen behüte“, lautete da ein zentraler Satz. („Vergangenheit“, s.38, S. 93 ff). Hieran knüpft Bonhoeffer jetzt an.

In den Strophen 5 und 6 wird beinahe mit jedem wichtigen Wort auf Briefe von Maria von Wedemeyer aus dem zurückliegenden Jahr Bezug genommen. Sollte Gott ihm noch einmal Freude schenken, kann sich Bonhoeffer diese nur als endlich vollzogene Gemeinschaft mit seiner Braut vorstellen. Aber dabei stehen nicht Gefühle und Intimitäten im Vordergrund, sondern das gemeinsame Ringen um die Wahrheit des Glaubens, das bereits jetzt ihren Briefwechsel bestimmt.

Man kann sich gewiss auch in weniger dramatischen Situationen, als die Familie Bonhoeffer sie damals durchmachen musste, in solche Gedanken hineinfühlen und -denken. Ja vielleicht hat das Lied heutzutage geradezu die Aufgabe, Menschen sensibel zu machen für Lebenssituationen, die andere vielleicht unerkannt durchleiden. Aber damit es dies leisten kann und seine Worte nicht nur billigem Selbstmitleid Vorschub leisten, muss dafür Sorge getragen werden, dass die Entstehungssituation des Liedtextes beim Singen gegenwärtig bleibt, z. B. durch einen entsprechenden mündlichen oder schriftlichen Hinweis auf Bonhoeffer.

In der siebten Strophe mündet das Gesagte in eine Zusammenfassung, die betont an die erste Strophe anknüpft und zugleich durch eine erneute Änderung der Sprechrichtung vom Du und Wir (Str. 2-6) zum Wir und Gott das persönliche Bekennen in ein allgemeines Bekenntnis überführt. Wollte Bonhoeffer mit diesem Abschluss das z. T. sehr persönliche Gedicht für einen größeren Personenkreis öffnen? Das führt direkt zu der anderen Frage: Wollte er überhaupt ein Lied schreiben?

Die Bezifferung der Strophen in der Handschrift könnte dafür sprechen. Andererseits gibt es in der gesamten Überlieferung kein einziges Kirchenlied, auf das sich die Verse Bonhoeffers hätten singen lassen. Das metrische Muster von vier jambischen Fünfhebern mit gekreuztem Reim und alternierendem weiblichen und männlichen Ausgang ist zwar in der Lyrik des 20. Jahrhundert sehr beliebt, hatte aber in der Kirchenmusik bis dahin noch kein Vorbild. Henkys hat deshalb in früheren Veröffentlichungen die Meinung vertreten, Bonhoeffer habe bei der Abfassung seines Gedichtes nicht an ein Lied gedacht. In seiner jüngsten Behandlung des Themas gibt er zu: „Inzwischen kann ich es nicht mehr ausschließen, dass der Gedanke an ein Lied Bonhoeffer wenigstens gestreift hat". (37, S. 287)

Heute existieren im In- und Ausland zahlreiche Melodien für unser Lied, in Deutschland hat sich die älteste durchsetzt, die Otto Abel auf Bitten aus der Jungen Gemeinde in der damaligen DDR entwarf, damals allerdings nur für die siebte Strophe. Die übrigen Strophen sollten auch nach seiner Auffassung nur gelesen werden.

## 5 O Haupt voll Blut und Wunden (EG 85)

Am Kreuz Jesu Christi führt kein Weg vorbei, wenn man zum christlichen Glauben unterwegs ist. Man kann darüber streiten, ob in unsern Schulklassen ein Kruzifix an der Wand hängen soll oder nicht. Aber wer es mit Jesus zu tun haben will, hat es unweigerlich auch mit seinem Kreuz zu tun. Das gilt schon deshalb, weil seine Kreuzigung unter Pontius Pilatus auf Golgatha die historisch sicherste Aussage ist, die man über Jesus aus Nazareth machen kann. Aber es gilt auch darum, weil wir nicht die Wahrheit über Jesus sagen würden, wenn wir sein Kreuz verschwiegen.

Unser Lied ist eine wichtige Hilfe, dieser Wahrheit standzuhalten. Denn es malt – nach mittelalterlichem Vorbild – das gefolterte und geschändete Gesicht des Gekreuzigten aus. Es zwingt uns jedoch nicht, der im Christentum am meisten verbreiteten Lehre über den Sinn seines Leidens zuzustimmen: der Sühnopferlehre. Im Mittelpunkt des Liedes steht nicht die schon in der Bibel aufgeworfene und dann immer wiederholte Frage: Warum musste Jesus sterben? Sondern das Lied Paul Gerhardts kreist in immer neuen Bewegungen um das Bemühen, es in der Nähe des am Kreuz Sterbenden auszuhalten, damit wir, die Sängerinnen und Sänger, den Gedanken an das eigene Sterben aushalten können.

## Die Wurzeln der Sühnopfer-Theorie

Paulus hat, soviel wir wissen, als Erster die Theorie vertreten, dass Jesus „für unsere Sünde" sterben musste (Röm 3,25f. u.ö.). Paulus war jüdischer Theologe, besaß aber das römische Bürgerrecht (Apg 16,37). Aus seiner Kenntnis des Alten Testaments leitete er den Gedanken ab, dass der verheißene Messias „viel leiden" müsse – und Jesus habe eben diese Erwartung erfüllt (Ps 22, Jes 53,4–12 u.ö.). Aus seiner Kenntnis des römischen Rechts war ihm andererseits der Gedanke der Sühne vertraut. Als weltweite Besatzungsmacht sahen sich die Römer immer wieder vor die Notwendigkeit gestellt, mit Gewalt für „Ordnung" und „Frieden" zu sorgen. Die Fragen, die sich daraus ergaben, lauteten: Wie gehen wir mit Anführern des Widerstandes um? Und wie rechtfertigen wir unsere Gewalt gegen diese Menschen? Beides ließ sich mit der Sühnopfertheorie beantworten. Der Grund der Aufstände, das Leiden der Bevölkerung, wurde zur Nebensache. Dieses Konzept war „täterfixiert und opfervergessen" (98, S. 34).

Dieser Gedankengang – einer wird für viele geopfert – bestimmte in der Folgezeit die von Rom dominierte westliche Kirche; und auch die Reformation hat daran nichts Wesentliches geändert. Aber unser Lied zeigt: Die Sühnopfervorstellung war nie die einzige Erklärung für das Kreuz Jesu (vgl. 23, S. 24). Paul Gerhardt kannte sie; in der vierten Strophe heißt es: „Nun, was du, Herr, erduldet, ist alles meine Last; ich hab es selbst verschuldet, was du getragen hast." Aber diese Überlegung steht nicht im Vordergrund seiner Dichtung. Sie wird in das eigentliche Thema des Liedes verwoben: Wie kann ich das Bild des Gekreuzigten aushalten? „Schau her, hier steh ich Armer, der Zorn verdienet hat. Gib mir, o mein Erbarmer, den Anblick deiner Gnad."

Lass mich nicht davon laufen, auch nicht wegen meiner Schuldgefühle, sondern lass mich standhalten, damit dein Bild bei mir bleibt, auch in der letzten Not. „Da will ich nach dir blicken, da will ich glaubensvoll dich fest an mein Herz drücken. Wer so stirbt, der stirbt wohl." Christus erlöst nicht nur von dem Bösen, das ich tue, sondern auch von dem Bösen, das ich erleide. Wer so von der Passion Jesu redet, bleibt nicht – wie im römischen Recht – auf die Täter fixiert, sondern hat die vielen Opfer im Blick. Er muss sich auch nicht selbst ständig nach bösen Taten durchsuchen, sondern kann alles, was er getan hat und was ihn schmerzt, durch das Kreuz in die Nähe Gottes bringen.

### Vor dem Leiden nicht die Augen verschließen

Auf diese Weise wird auch der falschen Vorstellung gewehrt, Karfreitag sei der höchste Feiertag der Christen. So kann man nur reden, wenn man meint, dass der Sühnopfergedanke alle Probleme erledige. Dann braucht man in der Tat kein Ostern. Wenn es aber um den Trost geht, dass Jesus in seiner Passion Gott mit unserm menschlichen Leiden zusammengebracht hat, dann muss Gottes Antwort, die Auferweckung des am Kreuz Gestorbenen, mit gedacht werden. Nur so ist es ja tröstlich, Gott leiden zu sehen. Wenn wir fürchten müssten, mit Jesu Kreuz sei Gott mit seinem Latein am Ende gewesen, bliebe uns nichts als die Verzweiflung.

Paul Gerhardt wird dieser unauflöslichen Verbindung von Kreuz und Auferstehung gerecht, indem er dem Gekreuzigten das Bild des Auferstandenen und gen Himmel Gefahrenen unterlegt: „sonst schön gezieret mit höchster Ehr und Zier" heißt es von dem mit einer Dornenkrone Verspotteten. „Davor sonst schrickt und scheut das große Weltgewichte" kontrastiert den Weltherrscher mit dem bespuckten Gesicht des Leidenden. Das „große Weltgewichte" – in der lateinischen Vorlage Paul Gerhardts von Arnulf von Löwen: *quem coeli tremit curia* – meint die himmlischen Heerscharen, zu denen man im Mittelalter auch die Erlösten zählte. Der Sinn ist also: Der, bei dessen Geburt die himmlischen Heere das *Ehre sei Gott in der Höhe* über der Welt anstimmten, darf jetzt so zugerichtet werden („Dem sonst kein Licht nicht gleichet“, dessen Augenlicht ist jetzt „schändlich zugericht“, heißt es in Str. 2). Indem der Glaubende beim Anblick des am Kreuz Gestorbenen schon dessen Auferweckung mit sieht, nimmt er diese Hoffnung in die eigene künftige Sterbestunde mit.

Der Anblick des Kreuzes leitet den Christen allerdings auch dazu an, sich selbst zu „erkennen“ und zu „finden“. „Von dir, Quell aller Güter, ist mir viel Guts getan.“ Was alles dazu gehört, kann man in Paul Gerhardts zahlreichen Lob- und Dankliedern nachlesen. Aber wer sich diese Gaben vor Augen führt, wird auch nicht übersehen, bei welchen Gelegenheiten er sie ungenutzt ließ oder missbraucht hat.

## Gott braucht kein Opfer

Das Vertrauen auf Gottes Vergebung ist mit der Zurückweisung einer einseitigen Sühnopfervorstellung also keineswegs beiseite gewischt. Es ist nur seiner Gewalttätigkeit entkleidet, die Gottes Bild verdunkelt und den Blick auf die unschuldig Leidenden verstellt. „Es dient zu meinen Freuden und tut mir herzlich wohl, wenn ich in deinem Leiden, mein Heil, mich finden soll.“ Wer in Jesus die Nähe des leidenden Gottes erkennt, findet sich selbst in diesem Leiden wieder, nämlich als den, der auch in der äußersten Not und selbst im Sterben nicht von Gott getrennt ist.

Es spricht einiges dafür, dass Paul Gerhardt, ein profunder Lutherkenner, bei diesen Gedanken Luthers Schrift „Sermon von der Bereitung zum Sterben“ von 1519 vor Augen hatte. Luther schreibt dort: Der Mensch soll „den Tod … ansehen nur … in Christo“. Dann „wird dir der Tod nicht schrecklich noch greulich“ sein, denn „Christus ist nichts denn eitel (= nur) Leben“ (WA 2,689).

Als „liebster Freund“, wie der Dichter Jesus in der achten Strophe anredet, ist Christus beides: Der nahe Vertraute, der den Tod selbst erlitten hat, und zugleich der, der über den Tod Macht hat und mich im Tode beschützen kann. Der mich hindurch reißt durch die enge Pforte des Todes, die Angst auslöst, wie Luther in der Einleitung zum „Sermon" das Sterben beschreibt. Der Ruf, *„So reiß mich aus den Ängsten kraft deiner Angst und Pein* bittet nicht um psychische Linderung der Angstgefühle, sondern um die *Geburtshilfe* beim Durchbruch aus dieser (dem Mutterleib vergleichbaren) engen Welt in die Weite des Himmels." (3, S. 201).

Zusätzlich kann man in der Anrede Jesu als „Freund" auch eine Anspielung auf Joh 15,13 f. sehen: „ Es gibt keine größere Liebe, als wenn einer sein Leben für seine Freunde hingibt. Ihr seid meine Freunde." Dann klänge hier eine weitere Form der Kreuzesdeutung an: Jesus stirbt stellvertretend für seine Jüngerinnen und Jünger. Die Beschreibung seiner Gefangennahme im Johannesevangelium liefert dafür einen anschaulichen Beleg: Jesus sagt zu den Soldaten, die ihn ergreifen wollen: „Wen sucht ihr?" und fügt hinzu: „Sucht ihr mich, so lasst diese gehen!" (Joh 18,1–11).

Auf die österliche Vollmacht des „Freundes" verweist auch das „Erscheine mir zum Schilde" in Str. 10. Das Verb, lateinisch *apparere*, ist der biblische Fachbegriff für die Erscheinungen des Auferstandenen in den biblischen Ostererzählungen. Paul Gerhardt bittet also Christus, ihm in der Todesstunde so zu erscheinen, wie er den Jüngern zu Ostern erschienen ist: als der Lebendige mit den Nägelmalen. „Wenn ich einmal soll scheiden, so scheide nicht von mir." Das Wortspiel mit dem doppelten Sinn von „scheiden" unterstreicht einerseits die Nähe zwischen Christus und mir; auch er musste, wie jeder Mensch, sterben, das heißt: aus dem Leben scheiden. Aber als der Sohn Gottes, der mir zu gut gestorben ist, lässt er sich nicht von mir „scheiden", was immer meinen Tod verschuldet und verursacht hat. Dieser Doppelsinn deutet sich bereits in der ersten Strophe an, die von der Spannung der Vokalklänge lebt: In den ersten Zeilen dunkle Laute, viel o, au und u, in der zweiten dagegen helle: ö, i, und e. Es lohnt sich, den Text unter diesem Gesichtspunkt einmal laut aufzusagen, um dem nachspüren zu können.

## Ein Freund, der mir treu bleibt

Im Beginn der zehnte Strophe hört, wer sich im Evangelischen Gesangbuch auskennt, einen Anklang an den älteren Choral von Valerius Herberger: „Erschein mir in dem Bilde, zu Trost in meiner Not, wie du, Herr Christ, so milde, dich hast geblut' zu Tod." (EG 523,3). Und der Schlusssatz „wer so stirbt, der stirbt wohl" ist ganz offensichtlich eine Erinnerung an ein Wort Martin Luthers, der 1542 nach der Beerdigung seiner Tochter Magdalene („Lenchen") zu seinem Freund Philipp Melanchthon sagte: „Wenn das Kind sollte wieder lebendig werden und sollte mir das türkische Reich mitbringen, so wollt ich's nicht annehmen. O, wer so stirbt, der stirbt wohl." (102,1 S. 296).

Aufs Ganze gesehen dreht Gerhardt damit die Sichtweise seiner mittelalterlichen Vorlage letztlich um. Stand dort im Vordergrund: *Ich stehe bei dir, Jesus, mein Freund, in deinem Sterben,* so wird daraus am Ende unseres Liedes: *Du stehst bei mir in meinem Sterben.* Die Wende vollzieht sich sprachlich zwischen der Gegenwart in Strophe 6 – „Ich will *hier* bei dir stehen" – und der Zukunft in Str. 9: „Wenn ich *einmal* soll scheiden." Wer ein wenig geübt ist im Nachdenken über sich selbst, kann diesen Zeitsprung sicher nachvollziehen: Da ist mir eine erlebte oder vorgestellte Erfahrung einmal ganz gegenwärtig und wenig später schon wieder mehr oder weniger weit weg. Wenn wir unser Leben im Glauben vor Gott bringen, spüren wir, wie unser Leben als Ganzes von ihm zusammengehalten wird. So gesehen vertritt unser Lied – neben dem Kanon „Ausgang und Eingang" (EG 175) – auch die in der Auswahl der 33 Kernlieder ansonsten fehlende Gesangbuch-Rubrik „Sterben und ewiges Lebens".

Dass wir die Melodie von Hans Leo Hassler heute wie selbstverständlich mit unserm Lied verbinden, spricht dafür, dass Johann Crüger, der Kirchenmusiker und Freund Paul Gerhardts, sie damals für sein Gesangbuch „Praxis pietatis melica“ nicht nur dem Text des Gerhardt-Gedichts unterlegt, sondern vielleicht sogar seinen Freund aufgefordert hat, ein Passionslied auf diese ihm bereits bekannte Melodie zu dichten. Ursprünglich komponierte Hassler sie für ein klagendes Liebeslied „Mein G'müt ist mir verwirret, das macht ein Jungfrau zart; bin ganz und gar verirret, mein Herz das kränkt sich hart…“ Aber weder in diesem noch in einem Choral, der kurz darauf die Melodie für sich übernahm, schwingen Text und Ton so vollkommen zusammen wie in „O Haupt voll Blut und Wunden“. Das sollte allerdings heute dazu anhalten, wirklich die Originalmelodie mit dem typischen Wechsel von langen und kurzen Tönen zu singen und nicht die „spätere Form“, die sich aus der extrem langsamen Singweise im 17. und 18. Jahrhundert entwickelte und einer ganzen Reihe von Liedern unterlegt wurde (vgl. z. B. „Wie soll ich dich empfangen“ in Bachs Weihnachtsoratorium).

# 6 Korn, das in die Erde, in den Tod versinkt (EG 98)

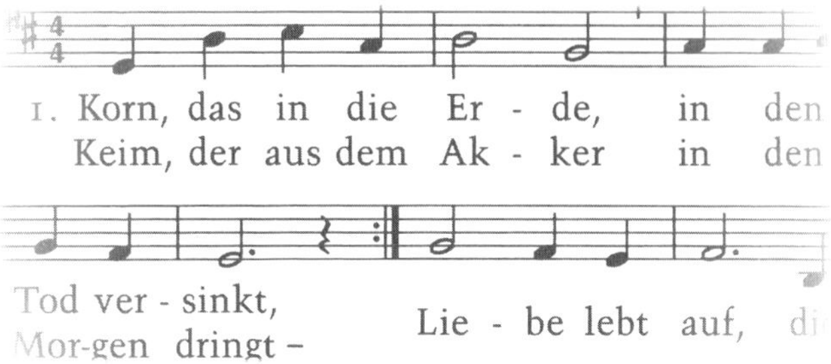


Wir hatten die Wohnung unserer Kinder im letzten März noch kaum betreten, da bedrängte mich meine Enkelin schon mit großem Nachdruck, mit ihr ins Kinderzimmer zu kommen. Voller Stolz präsentierte sie mir dort auf der Fensterbank einen Blumentopf mit einer kleinen Tomatenpflanze darin. Der Religionslehrer hatte mit den Grundschülern im Winter ein paar Tomaten zerschnitten, erfuhr ich nach und nach. Die Kerne hatten sie anschließend eine Woche lang getrocknet. Dann durfte jeder Schüler zwei oder drei von ihnen in einen Blumentopf pflanzen und mit nach Hause nehmen. Die ganze Aktion war ein Teil des Themas „Passion und Ostern".

Ich glaube, es ist vor allem diese Anschaulichkeit, die dem Lied „Korn, das in die Erde, in den Tod versinkt" ihre rasche Akzeptanz in unsern Gottesdiensten gesichert hat. Dass der Lehrer in diesem Fall zu einem Tomatenkorn gegriffen hat, dürfte praktische Gründe haben. Zum einen war es für Stadtkinder einfacher, an Tomaten zu kommen als an eine Ähre. Und zum andern ist die Pflanze, wenn sie aus der Erde kommt, eher als Tomatenpflanze zu erkennen, schon am Geruch. Wenn der Weizen im Frühjahr aus der Erde kommt, ist er für Nicht-Fachleute von gewöhnlichem Gras nicht zu unterscheiden.

Der Dichter Jürgen Henkys weiß allerdings auch diese Tatsache für die Botschaft seines Liedes zu nutzen. Auch unsere menschliche Liebe ist immer nur so ein zweideutiges Zeichen für Gottes Liebe. Sie kann nicht mehr sein als der grüne Halm. An dem ist noch nichts zu sehen von einer Ähre oder gar von Weizenkörnern, die Brot werden und uns am Leben erhalten. Aber das kann sie sein für jeden, der es sehen will: ein Zeichen, ein Hinweis auf die ungleich größere Wirklichkeit der Liebe Gottes, die weder an unserer Schuld noch an unserm Sterben zerbricht.

## Gras oder junger Weizen?

Und sie kann helfen, Menschen aus Trauer, Angst und seelischer Finsternis zu befreien. Auch davon lesen und hören wir ja immer wieder: Da hat jemand alles verloren, was sein Leben bisher sinnvoll machte. Er oder sie fühlt sich wie lebendig begraben – bis sie dem grünen Halm begegnet, der Liebe eines Menschen, die sie nicht aufgibt, sondern ihr neues Vertrauen vermittelt. Es gibt keine Sicherheit, dass das Leben wieder Sinn bekommt, da ist nur ein grüner Halm. Das könnte auch ordinäres Gras sein und nie Früchte tragen. Aber der grüne Halm ist da, Hoffnung ist möglich und die Hoffnung kann sich auswachsen zum Weizen, der Frucht trägt.

In der dritten Strophe ist von „Gestrüpp und Dorn“ die Rede, in dem unser Herz zuweilen „gefangen“ ist. Der Autor spielt damit auf das Gleichnis Jesu vom Sämann an (Mk 4,3–9). Da streut ein Landwirt seinen Samen aus, aber nicht alles erreicht die vorbereiteten Furchen. Einiges fällt auf den Weg und wird zertreten. Und einiges fällt unter die Dornen. Und „die Dornen gehen mit auf und ersticken es.“

Seit ich einmal in Burkina Faso in Westafrika war, um dort Projekte von „Brot-für-die-Welt“ zu besuchen, an deren Finanzierung wir beteiligt waren, habe ich ein solches Feld, wie es das

Neue Testament beschreibt, sehr lebendig vor Augen. Wir fuhren mit einem geländetauglichen Auto durch die weite, savannenähnliche Landschaft. Unser Fahrer – „Sag einfach Bongo", hatte er sich vorgestellt – kannte sich aus. Er verließ auf einmal die Straße, die auch nur eine festgefahrene Piste war, und fuhr für mein Gefühl einfach querfeldein weiter. Plötzlich tauchten einige niedrige Lehmhütten auf. Rechts arbeiteten einige Frauen auf ihren Gemüsebeeten. „Dies hier ist ein Hirsefeld", erklärte uns Bongo mit einer weit ausholenden Armbewegung. „Es ist jetzt abgeerntet, deshalb können wir hier lang fahren." Nie wäre ich auf die Idee gekommen, dass dieses für meine Augen öde Gelände ein Feld ist. Überall lagen kleine und größere Steinhaufen herum. Und an vielen Stellen wucherte niedriges dorniges Gestrüpp. „Unsere Bauern haben nicht die Mittel, ihre Felder so zu pflügen, wie ihr das aus Deutschland kennt", erklärte Bongo. „Sie haben lediglich kleine Holzpflüge, die den harten Boden nur oberflächlich aufritzen können. Um die Steine und Sträucher lenken sie ihren Esel dabei einfach herum. Richtige Wege gibt es auch nicht. Weil die Häuser eines Dorfes weit auseinander liegen, nimmt jeder nach Möglichkeit die Vogelfluglinie, wenn er irgendwo hin will."

## Vorindustrielle Landwirtschaft

Da fiel mir der Sämann aus dem Gleichnis Jesu ein. Im damaligen Palästina waren die Verhältnisse ähnlich wie hier. Kein Wunder, wenn bei seinem Säen „einiges auf den Weg" und „einiges unter die Dornen" fiel und manche Pflanze verdorrte, weil unter ihr ein Stein lag, der den Wurzeln keinen Platz ließ. Die Gefahr, dass mein Herz „gefangen" ist „in Gestrüpp und Dorn", ist von hier aus gesehen viel größer, als uns unsere riesigen gleichmäßig durchgepflügten schwarz-braunen Felder weismachen wollen.

Aber ist die Lebenswirklichkeit, die in dem Gleichnis angedeutet wird, bei uns deshalb anders? Lesen und hören wir nicht täglich von Menschen, die so „gefangen“ sind, die keine Luft mehr kriegen und verkümmern. „Unterirdische Erfahrungen“, hat jemand das mal genannt.

Die Deutung der Passion Jesu als Weizenkorn, das in die Erde fallen muss, wenn neues Leben entstehen soll, stammt aus der Bibel (Joh 12,24). Sie ist dort eine von mehreren Versuchen, uns das Kreuz verständlich zu machen. Anders als die Bilder aus der blutigen Opferpraxis damaliger Religionen und Gesetze können wir diesen Vergleich auch heute gut nachvollziehen. Die Landwirtschaft hat sich zwar in vielem gewandelt, aber es geht immer noch um Säen und Ernten.

Manche Theologen kritisieren zwar eine kleine Ungenauigkeit in diesem Bild: Das Korn stirbt nicht in der Erde, es verwandelt sich nur, wenn es zu einer neuen Pflanze wird. Jesus aber ist wirklich gestorben am Karfreitag und wurde von Gott auferweckt am dritten Tag. Daran müssen wir festhalten; denn daran hängt unsere Hoffnung, dass auch wir um Christi willen nach unserem Tod von Gott auferweckt werden ins ewige Leben.

Aber wenn wir die biochemische Wissenschaft einmal beiseitelassen und das Bild so naiv auf uns wirken lassen, wie es gemeint ist, dann sehen wir: Das Korn stirbt in der Erde, es ist am Ende nicht mehr da. Wir können es nicht nach einem Jahr wieder ausgraben wie einen Stein oder ein Stück Metall. Das Weizenkorn muss sterben, wenn eine neue Pflanze entstehen soll, von der dann viele Körner geerntet werden können.

Im Text von Jürgen Henkys spielt das Wort „Liebe“ eine zentrale Rolle: Je zweimal wird sie in den Strophen 1 und 2 angesprochen und im Refrain steht sie als Hauptwort am Anfang. Henkys hat dabei wohl an das Wort gedacht: „So sehr hat Gott die Welt geliebt, dass er seinen eingeborenen Sohn gab …
(Joh 3,16).

Der Autor erreicht mit diesem erneuten Rückgriff auf das Johannesevangelium ein Doppeltes: Er löscht die kleine biologische Ungenauigkeit aus, die in der Rede vom Sterben des Weizenkorns steckt. Die Liebe Gottes zu seinem Sohn ist nämlich entgegen allem Augenschein am Karfreitag nicht gestorben. „Liebe lebt auf, die längst erstorben *schien.*" – Jesus *ist* gestorben, aber Gottes Liebe hat ihn nicht fallen lassen. Seitdem dürfen auch wir darauf vertrauen, dass Gottes Liebe zu uns in unserm Sterben nicht stirbt, sondern uns durchträgt ins ewig Leben.

„Über Gottes Liebe brach die Welt den Stab" – so poetisch und gleichzeitig so konzentriert kann man die Passionsgeschichte erzählen. Seit dem 15. Jahrhundert ist der Brauch überliefert, dass der Richter nach einem Todesurteil seinen Stab, den er nach alter Tradition während des gesamten Prozesses zum Zeichen seiner Würde in der Hand gehalten hatte, zerbrach und dem Verurteilten vor die Füße warf. Dabei sagte er: „Nun helfe dir Gott, ich kann dir ferner nicht helfen." Die von Gott geliebte Welt bricht im Namen Gottes über seine Liebe den Stab – widersprüchlicher kann man den Widerspruch von Karfreitag nicht ausdrücken.

Der Fels vor dem Grab der Liebe symbolisiert beides: Die ungeheure Kraft dieses Widerspruchs und zugleich seine Ohnmacht; denn am Ostermorgen ist der riesengroße „Stein weggewälzt" (Mk 16,4). So läuft alles in dem Lied auf Ostern zu und das ist gut und nötig; denn lange, zu lange haben wir in der Kirche einseitig die Passion und das Kreuz in den Mittelpunkt gestellt und dabei fast vergessen, dass von dem Weizenkorn heute keiner mehr wüsste, geschweige denn sänge, wenn es nur in den Tod versunken wäre und es den dritten Tag danach nicht gäbe.

Der dritte Ton der Melodie deutet dieses Österliche des Liedes auf seine Weise an: Er ist einen halben Ton höher als erwartet, „cis" statt „c". Man spürt es beim ersten Hören: Allein die Melodie entwickelt eine großartige Spannung und das Gefühl der Öffnung von weiten geistigen Räumen. „Wir empfinden sie als fremd, weil wir gemäß unserer Hörgewohnheiten Erwartungen haben, die hier uneingelöst bleiben: Die Tonfolge schwebt, verbreitet Schwerelosigkeit", so der niedersächsische Landeskantor Mathias Gauer (1, S. 104). Und Margot Käßmann fügt hinzu: „Er geht nach, dieser Ton, der etwas traurig klingt und doch zur Hoffnung ruft. Die Melodie geht uns nach, ihr leicht schwermütiger Ton setzt sich fest, er umfängt uns, er zieht uns mit, nicht weg von Trauer und Schmerz, aber hinein in die Hoffnung, die über den Tod hinaus geht. Bis hin zu Gottes Ewigkeit, in der eines Tages alle Tränen abgewischt sein werden." (33, S. 97).

## Ein Weihnachtslied für die Passionszeit

Jürgen Henkys, erzählt, er habe diese Melodie eines alten französischen Weihnachtsliedes „bei den Herausgeber-Arbeiten für das DDR-Beiheft zum „Evangelischen Kirchengesangbuch" unter dem Titel „Neue Lieder" (Berlin 1978)" zufällig gefunden. Jemand hatte sie für ein ganz anderes Lied vorgeschlagen. „Aus musikalischen wie aus sprachlichen Gründen konnte ich mich für diese Text-Melodie-Ehe nicht erwärmen. Umso erfreuter war ich, als ich auf der gleichen Kopie den englischen Text von J. M. G. Crum fand, den man in Großbritannien zur erwähnten Melodie singt ... als ebenso gedrungene wie anschauliche Dichtung, in der Leiden und Auferstehung Jesu unlöslich zusammengehören, schien er mir viel geeigneter für diese Melodie zu sein.".(74, S. 98) Henkys hat dann die vier englischen Strophen in drei deutschen zusammengefasst und aus dem Osterlied – Im Englischen beginnt die dritte Strophe: „Up he sprang at Easter" – ein Passionslied auf Ostern hin geformt.

„Und wie geht es jetzt weiter?", frage ich meine Enkelin. „Wartet ihr nun darauf, wer von euch als Erster eine Tomate ernten kann?“ Sie verdreht über so viel Unverstand ihres Großvaters die Augen und lächelt gleichzeitig verständnisvoll. „Nee, das würde ja viel zu lange dauern. Wir besprechen jetzt die Geschichte von den Frauen, die den toten Jesus im Grab suchten, aber sie trafen einen Engel. Da können wir an unseren Tomatenpflanzen erkennen, was mit Jesus passiert ist: Der Kern ist tot. Aber die Pflanze lebt.“ Schade, dass der Religionslehrer in seinem sicher mühevollen Alltag diesen schönen Erfolg nicht miterleben kann!

# 7 Christ ist erstanden (EG 99)

Auf dem Friedhof. Die Beerdigung ist fast zu Ende. Die Pastorin hat soeben am offenen Grab die Beisetzungsworte gesprochen. Gleich hinter ihr im Halbkreis: die Angehörigen, einige mit ein paar schüchternen Blumen in der Hand. Die Köpfe sind gesenkt, die der Blumen wie die der Menschen. Wir anderen: im gebührenden Abstand in loser Formation um diese kleine Gruppe herum. Für einen Augenblick tritt eine beklemmende Stille ein. Da stimmt einer aus dem Außenkreis „Christ ist erstanden“ an, die andern fallen sofort ein, auch ohne Gesangbuch. Und bald sind die Trauernden wie von einer großen Umarmung umfangen und gehalten: „Christ will unser Trost sein. Kyrieleis“.

In diesem Augenblick entfaltet das Lied seine ganze Kraft. Die schlichten uralten Worte – „erstanden“, „Marter“, „kyrieleis“ – keiner muss sie übersetzen oder erklären. Alle spüren ganz unmittelbar: Hier ist von etwas die Rede, das wir uns nicht ausdenken, geschweige denn machen können, was wir nur herbeirufen können, um uns darin zu bergen. „Wär er nicht erstanden, so wär’ die Welt vergangen“ – hier haben wir es vor Augen. Für diese Menschen da vor uns ist soeben eine Welt vergangen. Eigentlich können wir nur verbissen schweigen und wegschauen. Aber wir tun es nicht. Wir singen und signalisieren den Trauernden ohne viele Worte: Verkrallt euch nicht in die Welt, die vergangen ist. Christus ist auferstanden. Und „seit dass er erstanden ist, so lobn wie den Vater Jesu Christ. Kyrieleis."

## Die Leben weckende Kraft spüren

Das letzte Mal, dass ich die Kraft dieses Liedes spürte, liegt schon etwas zurück. Wir feierten früh morgens in der dunklen Kirche die Osternacht. Lesungen aus der Bibel im flackernden Licht einer Kerze, Gebete, Wechselgesänge wie aus einem mittelalterlichen Kreuzgang. Das Glaubensbekenntnis, dann das Osterevangelium, auch dies vom Pfarrer gesungen, fremd klingt das, wie in einer unbekannten Sprache. Die viel zu kurze Nacht holt mich ein. Ich unterdrücke ein Gähnen und spüre die morgendliche Kälte. Und dann auf einmal mit brausenden Registern die Orgel: „Christ ist erstanden". Und alle singen mit, wie befreit. Erst jetzt merke ich, dass es draußen hell geworden ist. Erste Sonnenstrahlen huschen über die Fenstersimse. „Christ ist erstanden."

„Aller Lieder singt man sich mit der Zeit müde", hat Martin Luther über dieses Lied gesagt, „aber das *Christ ist erstanden* muss man alle Jahre wieder singen." – „Des solln wir alle froh sein: das gilt uns, Christus will uns mit seiner Auferstehung trösten. Das ist recht wohl gesungen und sind sehr tröstliche, ja eitel geistliche Worte."(59, S. 128).

Auf die Dauer hat sich Luther mit dem Wiederholen dieses ältesten aller Kirchenlieder nicht zufrieden gegeben. Mit seinem Lied „Christ lag in Todesbanden" (EG 101) hat er versucht, den Fragen nachzugehen, die unser Lied nicht für immer niederhalten konnte. Andere sind dazu gekommen. Aber der alte Choral aus dem 12. Jahrhundert hat damit seine Kraft nicht eingebüßt. Wie eine große Hymne verbindet er bis heute Christen unterschiedlicher Konfession und unterschiedlicher

Einstellung zu kritischen Rückfragen an den Osterglauben der Kirche. „Mehr Ruf als Lied, nimmt es sich keine Zeit zu langen Erörterungen, es türmt wie Quader die Elemente der Osterbotschaft aufeinander: dass Christ erstanden, dass die Welt gerettet ist, dass wir einen Trost haben, dass wir uns freuen dürfen. Und wie gewaltige Türme gliedern diesen Bau das dreifache Kyrieleis und das dreifache Halleluja." (102,1 S.320)

## Die Mutter unserer Choräle: die Leise

Von Kaiser Julian Apostata, dem Großneffen und Thronfolger des ersten christlichen Kaisers Konstantin in Rom, wird der ärgerliche Ausspruch überliefert, die Christen hätten eine Musik, die die der anderen Religionen weit übertreffe. In seinem Mund war das kein Lob; denn Julian wollte sein morsches Reich retten, indem er die alten heidnischen Kulte wieder in Kraft setzte. Es ist ihm nicht gelungen, der christliche Gesang hat sich durchgesetzt. (Auch übrigens gegen andere Widersacher: Da der ganze Bereich Kunst in der alten Kirche als heidnisch verdächtigt wurde, mussten z. B. Berufsmusiker und Schauspieler – wie Bordellbesitzer – erst ihrem Beruf abschwören, ehe sie getauft werden konnten.)

Im Mittelalter wird es mehr und mehr üblich, die Gemeinde an dem von Mönchen und Priestern getragenen Gottesdienst in lateinischer Sprache durch kurze muttersprachliche Zwischenrufe zu beteiligen, die „Leisen" (so genannt, weil sie sämtlich mit „kyrieleis" endeten). Die bekannteste und wohl älteste unter ihnen ist unser Lied. Aber auch einige andere finden sich, in bearbeiteter Form, in unserem Gesangbuch, z. B. *Gelobet seist du, Jesu Christ* (EG 23), *Ehre sei dir, Christe* (EG 75) oder *Nun bitten wir den Heiligen Geist* (EG 124).

Wie wichtig diese Leisen für die Durchdringung des Lebens der Menschen außerhalb der Kirchenmauern waren, ist daran zu erkennen, dass unser Lied auch weitab vom Osterfest eine Rolle spielen konnte. Es wurde nicht nur in den Kirchen gesungen. Die deutschen Ordensritter stimmten es in der Schlacht von Tannenberg im Jahre 1410 an. Für das Jahr 1419 ist bezeugt, dass es am Hofe des Markgrafen Friedrich II. von Brandenburg in den Ostertagen gesungen wurde, ehe man sich zu Tische setzte. In den deutschen Dörfern um Verona wurde es im Jahre 1519 zur Begrüßung des Bischofs angestimmt. (59, S. 130)

Vier Begriffe gestalten kunstvoll den ursprünglich einstrophigen Gesang. „Erstanden“ und „Marter“, „froh“ und „Trost“: das heißt zweimal „a“ und zweimal „o“. Das Wort „erstehen“ bzw. „auferstehen“ gibt es mittlerweile nur noch in der Kirchensprache. Ursprünglich war es ein verstärkter Ausdruck für „aufstehen“, ähnlich wie „erklingen“ für „klingen“, „ertönen“ für „tönen“, „erbauen“ für „bauen“ usw. Der Ruf „Christ ist erstanden“ war also ursprünglich schon sprachlich ein begeisterter Jubelruf: Der unten war, der darniederlag, ist auferstanden! Die Niederlage ist zum Sieg geworden. Zum Sieg über Tod und Teufel. Und die Marter ist überwunden.

## Der Verlierer ist der Sieger

Eberhardt Bethge hat einmal in einer Osterpredigt in Erinnerung an seinen ermordeten Freund Dietrich Bonhoeffer gesagt: „Wenn wir den Hymnus *Christ ist erstanden* singen, sollten wir daran denken, dass es eigentlich heißen müsste: *Jesus ist erstanden.* Dem ans Kreuz Geschleppten gilt das Siegeslied. Der Osterjubel ist das Gegenteil aller Jubelfeiern für große Sieger: Hier ist wirklich der Verlierer der Sieger. Und das heißt, auf der uns zugänglichen Seite dieses Lebens ist und bleibt er noch immer der Ausgeschaltete und der Getötete“ (10, S. 233 f.).

Für den mittelalterlichen Menschen, insbesondere den einfachen Bürger, war das kurze Leben überhaupt eine Marter, nur *ein fortdauerndes gehemmtes Sterben, ein immer aufgeschobener Tod*, der nur eine Weile mit seiner Beute spielt, *bevor er sie verschlingt.* (A. Schopenhauer, zit. 7, S. 35). Aus dieser Alltagserfahrung heraus löst die Botschaft von der Auferstehung Jesu Christi begeistertes Staunen aus. Im Spätmittelalter entwickelte sich daraus die Sitte des Ostergelächters: Nach der langen düsteren Fastenzeit suchten die Prediger ihre Gemeinde am Ostermorgen durch ein paar Scherze aufzulockern. Ein Scherz, der nach und nach vor allem im Schwäbischen sehr bekannt wurde, hatte unser Lied zum Gegenstand: Die im Gottesdienst anwesenden Männer wurden aufgefordert, wer zu Hause nicht unter dem Pantoffel stehe, solle das „Christ ist erstanden" anstimmen. In Waiblingen fand ein einzelner Mann den Mut dazu, berichtet die Chronik, und wurde dafür von seinen Mitbürgern nach dem Gottesdienst reichlich bewirtet. (102, 1 S. 324).

Wir tun uns da in der Regel mit beidem schwerer: Mit dem begeisterten Staunen wie mit dem Ostergelächter. Für uns ist das Leben, auch wenn es manchmal mühsam ist, doch in der Regel mit vielen Annehmlichkeiten und Ablenkungsmöglichkeiten ausgestattet. Und bei einer durchschnittlichen Lebenserwartung von rund achtzig Jahren gelingt es viel leichter, den Gedanken an das Sterben lange Zeit zu verdrängen. Aber unser Lied lässt uns durch die Formulierung „Christ ist erstanden von der Marter alle" nicht so leicht los. Spräche es von der Auferstehung von den Toten, könnten wir das Thema viel leichter in das Schaufenster des Beerdigungsunternehmers legen, in das man nicht hineinschaut, solange keine Beerdigung ansteht. Aber an der „Marter alle", dem vielfachen Leid um uns herum, kommt man nicht so leicht vorbei. Man muss schon sehr oft wegschauen in der Zeitung oder im Fernsehen, um es nicht wahrzunehmen. Und selbst wenn das gelingt, wird man im Gespräch mit anderen doch wieder darauf gestoßen.

Auch beim Wort „Trost" müssen wir genauer hinhören. Es enthielt damals viel mehr als den begütigenden Zuspruch eines Mitmenschen, der uns wenigstens nicht aus dem Weg geht in unserem Elend. Da klang noch der Wortstamm „Trotz" mit, d.h. eine Kraft, die Schmerzen lindert und uns zum Widerstand befähigt. Trost eröffnet neuen Mut, dem Leben etwas zuzutrauen, weil einer mitgeht, der stärker ist als das, was uns im Augenblick bedrückt. Deshalb sollen wir froh sein.

„Nun aber ist Christus von den Toten auferweckt worden als der Erste der Entschlafenen“ (1 Kor 15,20). Paulus ruft diesen Satz aus, halb erleichtert, halb ärgerlich über die, die daran immer noch zweifeln. Ihnen hat er in einem Brief einige Überlegungen gewidmet, die aufzeigen, was wäre, wenn Jesus Christus nicht auferstanden wäre: Dann wäre der Glaube nutzlos, dann wären wir noch in unseren Sünden, dann wären auch die Toten verloren (vgl. 1 Kor 15,17 f.). Aber so ist es nicht, hört ihr, Jesus ist auferstanden. Darum singt mit, freut euch!

## Der Witz ist: Wir haben Grund zum Lachen

Martin Luther sieht in dieser Aufforderung das Recht, ja die Pflicht, den Nutzeffekt von Ostern auf das eigene Leben zu beziehen. „Denn wie könnten wir uns freuen, wenn wir nichts davon haben?“ fragt er. „Darum, soll ich froh sein, so muss es ja mein sein, dass ich mich sein annehme als mein eigen Gut, das mir’s zu Nutz komme“ (WA 12, 8.521).

Aus dieser Überlegung heraus hat Luther die ihm zu seiner Zeit schon vorliegende zweite Strophe verändert: Statt „so freut sich alles, was da ist“ (so das kath. „Gotteslob“, auch die Schweizer Gesangbücher) dichtet er: „so lobn wir den Vater Jesu Christ“. Beide Versionen haben ihr unterschiedliches Recht: Luther betont Gottes Handeln in der Auferstehung Christi. Gott hat nicht zugelassen, dass die Welt infolge des Kreuzes Jesu untergeht („so wär die Welt vergangen“!). Er hat sein Sterben als uns zu gut anerkannt. Und nur, wo wir das als seine Jüngerinnenn und Jünger bekennen, wird es auch in seiner wahren Tragweite wahrgenommen. Die andere Fassung hebt die Neuschöpfung hervor, die sich in der Auferweckung vollzieht, etwa in Sinne des Pauluswortes: „Auch die Schöpfung wird frei werden von der Knechtschaft der Vergänglichkeit zu der herrlichen Freiheit der Kinder Gottes." (Röm 8,21). Wenn wir die nach dem Winterschlaf im Frühling wieder erwachende Natur als Gleichnis verstehen, feiern wir zu Ostern, dass Christus wirklich nicht nur seinen Tod, sondern den Tod überhaupt besiegt hat. Und die ganze Schöpfung feiert mit.

So hat die Bindung des Ostertermins an den ersten Frühlingsvollmond, die Ostern so unstet in unserm Jahreskalender hält, doppelt Sinn: Zum einen verbindet sie die Einsetzung des Abendmahls am Gründonnerstag und die Nacht des Verrates Jesu bis heute mit dem jüdischen Passahfest und hilft uns, uns dem Trend der Entfremdung zwischen Christen und Juden entgegenzustellen. Zum andern unterstreicht sie durch den zunehmenden Mond und die erwachende Natur die Botschaft von dem neuen Leben, das uns durch Ostern geschenkt ist. Die dritte Strophe mit dem wiederholten Halleluja knüpft wiederum an das *Große Hallel* der jüdischen Pessachliturgie an. „Halleluja, das ist Jubel ohne Worte, weil man über Gott nicht reden kann und über ihn doch nicht schweigen darf." (7, S. 38).

## 8 Gelobt sei Gott im höchsten Thron (EG 103)

Wenn wir Gott glaubwürdig loben wollen, müssen wir etwas zu erzählen haben. Und: Von Ostern kann man nur überzeugend erzählen, wenn dadurch Gott gelobt wird. Auf diesen unauflöslichen Zusammenhang macht unser Lied aufmerksam.

Schon im Neuen Testament setzt sich Paulus mit dem Problem auseinander, dass die Christen in Korinth meinen, sie könnten mit ihrem ekstatischen Lobpreis – Luther übersetzt „Zungenreden“ – Gott die Ehre geben. Nein, sagt der Apostel, damit erbaut ihr nur euch selbst, und das findet Gott bestimmt nicht „erbaulich“; denn er fragt nach der Liebe. Wenn ihr die Menschen liebt, die in eure Gemeindeversammlungen kommen, dann müsst ihr verständlich reden in euren Bekenntnissen und eurer Anbetung (1Kor 14,1 ff). Aus Liebe hat Gott uns seinen Sohn Jesus Christus geschickt. Wir können ihn nur loben, wenn diese Liebe zu den Menschen dabei nicht Lügen gestraft wird.

Und umgekehrt: Wer von Ostern, von der Auferweckung Jesu Christi, im Tonfall des Recht-haben-Wollens redet und nicht so, dass Gott dabei im Mittelpunkt steht, der verfälscht diesen Kernsatz unseres Glaubensbekenntnisses. Diese Gefahr taucht immer da auf, wo Menschen versuchen, die Auferstehung Jesu als ein historisches Faktum darzustellen, das jeder anerkennen müsse.

## Ostern beweist: Hier ist nichts zu beweisen

Auch diese Neigung begleitet das Reden der Christen von Anfang an. Die Erzählung „vom leeren Grab“ wurde offenbar schon in den ersten Gemeinden von manchen so aufgefasst und weiter erzählt. Ich denke nicht, dass sie aus diesem Anlass erfunden wurde, wie man gelegentlich in theologischen Kommentaren lesen kann. Dagegen spricht schon, dass in der christlichen Kirche von Anfang an die Auferweckung Christi und unsere Hoffnung auf eine Auferstehung von den Toten eng miteinander verbunden waren. „Wenn aber Christus gepredigt wird, dass er von den Toten auferstanden ist, wie sagen dann einige unter euch: Es gibt keine Auferstehung der Toten?“, fragt Paulus sichtlich erstaunt seine Briefpartner in Korinth und fährt unmissverständlich fort: „Gibt es keine Auferstehung der Toten, so ist auch Christus nicht auferstanden!“ (1Kor 15,12 f.). Vor diesem Hintergrund ist der Nachweis eines leeren Grabes zu Ostern eher ein Hindernis als eine Hilfe; denn jeder weiß – und die Korinther wussten es auch –, dass unsere Gräber nicht „leer“ sein werden.

Aber die Darstellung der Ostergeschichte im Matthäusevangelium lässt indirekt erkennen, dass es damals Menschen gab, die dachten, der Hinweis auf das leere Grab könne etwas beweisen. Deshalb erzählt Matthäus, die Hohenpriester hätten die Soldaten bestochen, dass sie entsprechende Behauptungen verbreiteten (Mt 28,11–15).

Unser Lied lässt von Anfang an keinen Zweifel aufkommen: Ostern will nicht bewiesen, zu Ostern will Gott gelobt werden. Aber das Lied scheut sich nicht, in dem Zusammenhang ausgerechnet *die* Ostergeschichte zu erzählen, in der das leere Grab eine Rolle spielt. „Gelobt sei Gott im höchsten Thron“, das steht am Anfang – und das nicht als eine leere Formel: „der für uns hat genug getan“, heißt es gleich in der ersten Strophe programmatisch. Michael Weiße, der Dichter unseres Liedes, wusste: Gott kann man nur glaubwürdig loben, wenn dabei die Liebe zu den Menschen im Blick ist. Das gesamte Evangelium, die Geschichte Jesu von der Geburt bis zu seiner Auferweckung, wird nur sachgerecht erzählt, wenn sie als „für uns“ geschehen ausgelegt wird. Und wer „für uns“ sagt, lobt Gott; nur von ihm her, als Ausdruck seiner Liebe, wird die Geschichte Jesu von Nazareth zum Evangelium. Aber weil zum Loben immer auch das Erzählen gehört, wird im Folgenden auf die Erzählung aus Markus 16,1–8 Bezug genommen. Und die verlangt, dass wir auch auf die Verstehensprobleme eingehen. „Gewiß dämpft Singen die rationale Kontrolle, tragen Melodien über Fragwürdigkeiten der Texte hinweg“ (62, S. 24). Aber auf Dauer dürfen wir es nicht dabei belassen, dass wir etwas singen, was wir nicht verstehen, schon um der Liebe zu denen willen, die uns zuhören (s. o.).

In der ursrpünglichen Fassung des Liedes, die zwanzig Strophen umfasste, kommt das noch unmittelbar zur Sprache. Auch damals bestand das Lied schon aus drei Teilen: dem Lob Gottes (ursprünglich Str. 1 und 2, heute 1, der Ostererzählung (3 bis 17, heute 3 und 4) und einem Gebet (18 bis 20 bzw. 5 und 6). Die Kürzung wurde bereits im 19. Jahrhundert vorgenommen, weil sich das Lied bis dahin in den Gemeinden nicht recht durchsetzen wollte, vermutlich wegen des überlangen Erzählteils in der Mitte. Dieser Teil enthielt freilich auch mit deutlichen Worten, was in den biblischen Ostergeschichten über die Fassungslosigkeit der Frauen (Mk 16,8) bzw. das Unverständnis der Jünger (Lk 24,11) gesagt ist.

„Die weyber feelten diser leer, und sagten dem betrübten heer, wie jhesus weg getragen wer. Halleluja. / Doch glaubten als die jünger nicht, wie denn auch die rechte geschieht, weil’s jhn nicht kam vor jhr gesicht. Halleluja.“

## Gestorbene Strophen auferwecken

Diana Rothaug stellt in ihrem Kommentar zu unserm Lied in der Liederkunde zum Evangelischen Gesangbuch die Frage, ob diese Strophen nicht „auch zum Bezugspunkt des heutigen Menschen werden (könnten), der der Osterbotschaft zweifelnd gegenübersteht“ (34, S. 85). Die altertümliche Ausdrucksweise allein spricht nicht dagegen. Schließlich wurden auch die übrigen Strophen bei der Übernahme in unser Gesangbuch einer gründlichen Revision unterzogen. Als Strophe 5 und 6 in den heutigen Textzusammenhang eingefügt, könnten sie z. B. lauten:

„Die Frauen fürchteten sich sehr. Den Jüngern brachten sie die Mär, dass Jesus wohl gestohlen wär. Halleluja. / Die aber glaubten ihnen nicht, zu töricht schien ihn'n der Bericht. Sie wollten sehen die Geschicht'. Halleluja.“

Daran schlösse sich dann auch logisch wie im Original die Bitte an den Auferstandenen an, selber unser Herz für die Osterbotschaft zu öffnen, weil wir dazu nicht in der Lage sind.

In unserem Gesangbuch müssen die Strophen 2 bis 4, die früher einmal die Strophen 4, 9 und 10 im Weißeschen Original bildeten, genügen, um in kurzer, holzschnittartiger Weise den Inhalt von Mk 16,1– 8 wiederzugeben. Dabei fällt allerdings auf, dass am Anfang nicht von der Absicht der Frauen gesprochen wird, den Leichnam ihres Herrn zu salben (Mk 16,1), sondern – passend zu dem Lob Gottes in Strophe 1 – die Auferstehung selbst berichtet wird. Die einzige Übereinstimmung ist der schwere Stein vor dem Grabeingang. Die Frauen reden wohl darüber, lassen sich aber von ihrem Ziel nicht abbringen. Das hat Sinn, wenn man davon ausgeht, dass schon Markus die beabsichtigte Einbalsamierung im übertragenen Sinn verstanden hat: Die Frauen wollten ihre Erinnerungen festschreiben und ihren Herrn wenigstens so, als konservierten Leichnam, in die Zukunft mitnehmen. In der Liedstrophe hat der Stein dagegen die Funktion, auf die Macht Gottes hinzuweisen: Nichts und niemand kann Gott daran hindern, seinen Sohn zu sich zu nehmen, der Tod nicht und die kläglichen Sicherungen, die der ängstliche Tod benötigt, schon gar nicht. Vielleicht darf man Michael Weiße sogar so verstehen, dass er an dieser Stelle dem Missverständnis eines „leeren Grabes" damit widerspricht, dass der Stein nicht bewegt werden musste, um die Auferstehung möglich zu machen. Er wurde lediglich durch ein Nachbeben der Auferstehung beiseite gerollt, um den Frauen die Botschaft des Engels anschaulich zu machen: *Hier ist er nicht.*

## Ein leeres Grab hilft uns nicht

Andreas Lindemann geht sogar so weit, die Rede vom leeren Grab überhaupt für falsch zu erklären. Biblisch gesprochen sei „das Grab jedenfalls nicht *leer.* Wäre das Grab wirklich leer gewesen,… hätten (die Frauen) sich vermutlich sofort gefragt, wohin der Leichnam Jesu gebracht worden sein könnte. Das wäre die normale Reaktion gewesen. Aber das Grab ist eben nicht leer. Im Gegenteil: In dem geöffneten Grab hält sich ein junger Mann auf, der allerdings nicht tot, sondern quicklebendig ist." (66, S. 66f). Vielleicht ist eine solche Umwidmung einer sinnlosen Diskussion nicht jedermanns Sache. Aber richtig an dieser Argumentation Lindemanns ist auf jeden Fall: Markus lässt den Engel nicht zufällig sagen: „Er ist auferstanden. Er ist nicht hier." (V. 6). Die leere Stelle. „wo sie ihn hinlegten", beweist nicht seine Auferstehung, sondern nur die Tatsache, dass er hier, auf dem Friedhof, im Umfeld des Todes nicht mehr gesucht werden sollte; denn Gott hat ihn in seine Wirklichkeit, in sein Leben aufgenommen.

Das Engelwort „Nun fürcht euch nicht" schließt im jetzigen Zusammenhang nicht ganz sinnvoll an Strophe 2 an. Seine Begründung folgt erst am Strophenende: „Ihr sucht Jesus, den find't ihr nicht." So ist freilich sichergestellt, dass sich die Angst der Frauen nicht auf die Engelerscheinung, sondern auf die buchstäbliche Ziellosigkeit ihres Suchens bezieht. Ein ungewöhnlich moderner Gedanke in dieser – scheinbar – so alten Geschichte! Wie oft leiden auch heute Menschen unter Angst, obwohl sie keine konkrete Bedrohung ausmachen oder benennen können? Und ist das viel zitierte Burnoutsyndrom in Wahrheit nicht genau dies: eine angestrengte Suche, die ihr Ziel verloren hat?

Die biblische Geschichte bietet wie unser Lied keine schnelle Lösung für derartige Probleme. Aber sie gibt einen Fingerzeig: Auferstehung, Gottes neue große Tat für uns. Er hat „alle Not überwunden" – für uns. Wir können von der Suche lassen, weil es künftig keinen Ort mehr gibt, wo er nicht ist.

Auch der jetzige Übergang von Strophe 4 zu 5 ist, gelinde gesagt, etwas holperig. Nicht weil wir die Stelle gesehen haben, wo er einmal lag, wenden wir uns im Gebet an ihn, sondern weil wir glauben möchten, was wir nicht fassen können. Und der Hinweis auf unsere Sünde, die Ausdruck und Ursache dieser Unfähigkeit ist, nimmt das „genug für uns getan" vom Anfang wieder auf: Mit der Auferweckung Jesu Christi hat Gott alles getan, um den Abgrund zwischen ihm und uns zu überwinden.

Der „fast übermütige Schwung" der Melodie von Melchior Vulpius (34, S. 85) nimmt die große Erleichterung auf, die dieser Botschaft entspricht und die im fröhlichen dreifachen Halleluja ihren Ausdruck findet. Luther nannte es die „perpetua vox ecclesiae", die nie verstummende Stimme der Kirche. (WA 12,210). Die ursprünglich mit unserem Lied verbundene Melodie finden wir im Evangelischen Gesangbuch noch unter dem Lied 105. Sie hatte der Priester der hussitischen Brüder, Michael Weiße, ausgewählt, um seinen deutschsprachigen Gemeinden in Landskron und Fulnek ein Singen der Osterbotschaft in der Muttersprache zu ermöglichen. Erst Melchior Vulpius brachte das Lied in die von der lutherischen Reformation geprägten Gemeinden, und zwar mit dem vierstimmigen Satz, mit dem es heute in unserem Gesangbuch abgedruckt ist. Ich würde es begrüßen, wenn die OrganistInnen immer, wenn ein Lied in unserm Gesangbuch mit Chorsatz abgedruckt ist, diesen Satz auch zur Begleitung spielten und damit musikalische Gemeindeglieder zum chorischen Singen einlüden. Und noch besser wäre, wenn das Lied in dieser Weise vor Gottesdienstbeginn kurz mit der Gemeinde eingeübt würde. Gemeinden können nach meiner Erfahrung viel mehr, als ihnen unmusikalische PastorInnen zutrauen.

## 9 Jesus Christus herrscht als König (EG 123)

In der Zeitung lese ich: „In diesem Jahr haben sich die Ausgaben der Regierungen für Militär und Waffen weltweit erstmals seit vielen Jahren nicht erhöht.“ Ein Hoffnungsschimmer? Zieht auf einmal Vernunft ein bei denen, die über Krieg und Frieden zu entscheiden haben? Der wahre Grund ist banaler und weniger rosarot: Den Herrschenden geht das Geld aus. Die meisten Regierungen müssen sparen, die reichen im Westen vor allem. Die Rating-Agenturen sitzen ihnen im Nacken und sperren ihnen die Kredite.

Aber haben wir Christen das Recht, uns in dieser Hinsicht als die bessere Menschen zu fühlen? Gut, seit Jahren gehören namhafte Christen und christliche Gruppen zu denen, die zum Frieden mahnen und zur Abrüstung. Und das ja wahrlich mit guten Gründen; denn selbst dann, wenn keine Soldaten in den Kampf ziehen müssen, töten die Waffen – einfach dadurch, dass sie das Geld kosten, was andere verhungern lässt. Aber zum Eigenlob haben auch die, die so denken, keinen Anlass. Schließlich gab es in unserem „christlichen Abendland“ lange Phasen, in denen sogenannte Geistliche Waffen gesegnet haben und viele glaubten, Gott auf ihrer Seite zu haben, wenn sie gegen den Feind – oder genauer: gegen die, die sie dazu erklärt hatten – zu Felde zogen. Krieg als Fortsetzung der Politik mit anderen Mitteln – so redete man sich das öffentlich genehmigte Morden schön.

Dahinter steht der uralte Irrtum, dass man Gerechtigkeit nur mit Gewalt herstellen könne. Diesen Irrtum hat man auch schon sehr oft auf Gott übertragen. Auch er wurde als gewalttätig beschrieben, gegen das Böse und die Bösen. Die Hölle, die jeder Krieg bedeutet – in den Köpfen vieler Frommer war und ist sie seit Jahrhunderten in ihrer Glaubenssprache gegenwärtig.

## Um Himmel willen: keine Gewalt

Dagegen richtet sich die biblische Botschaft von Christi Himmelfahrt. Die Apostel wollten damit sagen: Wen immer ihr euch bisher als im Himmel herrschend vorgestellt habt – von jetzt an ist das anders. Jetzt sitzt Jesus zur Rechten Gottes. Er ist nun seine rechte Hand, er hat es zu sagen im Himmel und auf Erden. Er, der lieber ans Kreuz ging, als seinen himmlischen Vater um zwölf Legionen Engel zu bitten (Mt 26,53); der gepredigt hat: „Selig sind die Friedfertigen; denn sie werden Gottes Kinder heißen“ (Mt 5,9); und der diejenigen, die ihn gefragt haben: Was meinst du mit „Friedfertigen“?, geantwortet hat: „Wenn dich jemand auf deine rechte Backe schlägt, dem biete die andere auch dar!“(Mt 5,39).

In seinem Lied „Jesus Christus herrscht als König“ hat Philipp Friedrich Hiller diese Botschaft von Christi Himmelfahrt in Liedform gebracht. Vorlage war ihm neben anderen der biblische Abschnitt Eph 1,20– 23, in dem der Apostel die Christen in Ephesus ermuntert, die Auffahrt Christi zur Rechten Gottes als Fundament ihrer Erlösungsgewissheit zu verstehen. Wie schon in den älteren Christusliedern Phil 2,9 f. und 1 Petr 3,22 wird die Auferweckung Christi von den Toten in diesem Brief als seine Einsetzung in eine Herrscherrolle über alle widergöttlichen Mächte verstanden und in räumlichen Bildern ausgemalt, die damals im Spätjudentum allgemein vertraut und beliebt waren.

Wir tun uns mit solchen Bildern schwer, nicht nur, weil uns die Zusammenhänge, aus denen sie stammen, nicht mehr vertraut sind, sondern vor allem, weil wir es schwierig finden, über Macht zu sprechen, wegen unserer Erfahrungen im Politischen und im Zusammenhang mit Jesus ganz besonders. Ist Ihnen das auch schon aufgefallen: Das Reden über Macht wird unter uns gern vermieden. Die, die Macht haben, sprechen nicht von ihr, weil das Schweigen über Macht, die man innehat, ein wichtiger Bestandteil dieser Macht ist. Und die, die sich ohnmächtig fühlen, versuchen das zu verdrängen in der Hoffnung, dann weniger darunter zu leiden. So ist Macht „allgegenwärtig", aber in der Regel „unbesprochen" (Albrecht Grötzinger, PredStud 2001 S. 289). Ist die Einladung Hillers, mit ihm zu singen: „Jesus Christus herrscht als König" vor diesem Hintergrund ein Aufruf, die unbesprochene Macht in unserem Leben anzusprechen, sie zur Rede zu stellen?

## Was macht Macht mit uns?

Was geschieht eigentlich, wenn wir Jesus mit Herrschen in Verbindung bringen? Auf der einen Seite ist das offenbar tröstlich. Denn wenn er herrscht, wenn er die Macht hat, dann brauchen wir uns vor anderen, die – scheinbar oder tatsächlich – mächtig sind, nicht mehr zu fürchten. Sie können uns vielleicht immer noch Angst machen. Aber am Ende werden sie kleinbeigeben müssen. Ihre Macht ist Macht auf Zeit bzw. hat nur in einem begrenzten Bereich etwas zu sagen. Sogar der Tod, der doch die Großen dieser Welt genauso irgendwann erledigt wie die, die nichts zu sagen haben, sogar der Tod ist im Herrschaftsbereich Jesu Christi nicht mehr als ein kleiner Blockwart. Er kann denen, die unter seiner Knute sind, das Leben ganz schön schwer machen. Aber wenn's drauf ankommt, war er eben nur der lächerliche Gernegroß namens Blockwart.

Es gab zweifellos Zeiten, in denen die Christen eindrücklicher für diesen Glauben Zeugnis ablegten als die unseren, jedenfalls wir hier im reichen Europa müssen uns das vorhalten lassen. Und es könnte sich gewiss lohnen, einmal den Gründen dafür nachzugehen; es ist sicher ein ganzes Bündel. Aber solange es bei uns guter Brauch ist, beim Tod eines Menschen einen Gottesdienst zu feiern, in dem in Worten und Liedern die Herrschaft des Auferstandenen über den Tod gepredigt wird, trägt auch unser nicht immer eindrücklicher Glaube dazu bei, den Herrschaftsanspruch des Todes in die Schranken zu weisen. Und vermutlich fallen jeder und jedem von uns bei näherem Nachdenken auch einzelne Menschen ein – nicht nur bekannte Namen aus der Geschichte, sondern auch Menschen wie du und ich, denen man täglich begegnen kann – die auf ihre ganz persönliche Art zeigen, wie man im Glauben über die Todesangst hinauswachsen kann. So viel zur tröstlichen Seite des „Jesus Christus herrscht als König".

Aber daneben gibt es auch eine – wie soll ich sagen? – „moralische" Seite dieses Glaubenssatzes. Sie kommt in den Blick, wenn wir uns klar machen, wozu Macht gemeinhin benutzt wird.

Jeder von uns braucht ja ein gewisses Maß von Macht, um Ordnung in sein Leben zu bringen. Und diese Macht greift immer auch in das Leben anderer Menschen ein, einfach dadurch, dass wir bestimmte Dinge für richtig halten und andere nicht. Da mag einer noch so nachdrücklich den heute so beliebten Satz wiederholen, das „müsse jeder selbst wissen", sogar dieser Satz kann zu einem Machtanspruch über andere werden, indem er sie faktisch auffordert, alles so beliebig zu finden wie der, der so redet. Unter uns Christen ist freilich häufig eine andere Spielart dieses Machtanspruchs lebendig: Sie packt Menschen in ganz bestimmte vorgefertigte Schubladen und meint, damit Maßstäben der Bibel oder des gottgefälligen Lebens zu entsprechen. Dabei gibt sie sich nach außen betont bescheiden und nennt sich selbst schwach und klein. Angeblich geht es ihr nur darum, die Herrschaft Jesu durchzusetzen, aber sie denkt dabei wohl immer auch an die Plätze rechts und links von ihm (Mk 10,35–40).

Die Zeit, in der Philipp Friedrich Hiller Pfarrer war und dichtete, war für eine solche Lebensart vielleicht besonders anfällig; denn man war damals gerade auf evangelischer Seite darum bemüht, die Sache des christlichen Glaubens im täglichen Leben besonders ernst zu nehmen. Wem man nicht abspürte, dass das Evangelium ihm eine Herzensangelegenheit war, der war von vornherein verdächtig, so dass man ihm auch andere Unzulänglichkeiten zutrauen musste. Hiller schreibt deshalb den Christen seiner Zeit in der Vorrede zu einem von ihm herausgegebenen Gesangbuch ins Stammbuch: „Unser Singen soll, wie das Beten, im Geist und in der Wahrheit geschehen. Buße, Glauben und Liebe müssen der redliche Grund unsers Gesangs heissen ...; so muß ich in ungefärbtem Glauben singen von meinem Elend und Gottes ewiger Gnade. Wie der Geist des Glaubens mein Herze erfüllen muß, daß ich rede, so muß es auch heissen: Ich glaube, darum singe ich ... Singen ohne Buße nennt die Schrift ein Geplerr, Amos 5,23" (76, S. 187).

## Das eine ausgerückte Schaf und die 99 braven

Hiller kann sich die Herrschaft Christi nicht so vorstellen, dass dieser die Menschen nach brauchbar und unbrauchbar sortiert. Der Jesus, von dem er in der Bibel liest, ist gerade den Frommen in den Arm gefallen, die so mit ihren Mitmenschen umsprangen. Das versucht er seiner Gemeinde in seinen Predigten zu vermitteln. Und als er eines Tages sein Predigeramt aufgeben muss, weil ihm eine Krankheit die Stimme genommen hat, setzt er sich hin und dichtet eine große Zahl von Liedern, die das zu den Menschen transportieren sollen, was seine Stimme nicht mehr tun kann. „Daher machte ich", kommentiert er die Sammlung, „über so viele Sprüche, als Tage im Jahre sind, eine kleine Ode, die vornehmlich auf die Anbetung Gottes, auf das Lob seiner Eigenschaften, auf den Ruhm seiner Werke, und auf den Dank für seine Wohlthaten … gerichtet wären. Dieser, dachte ich, kann man sich neben allen andern Büchlein bedienen, die nicht eigentlich und allein auf diesen Zweck geschrieben sind. Hat jemand mehr Feuer, als ich in meinen alten Tagen, so diene er mit seiner Gabe aus dem Vermögen, das Gott darreicht; und wenn er nur dazu durch meine Arbeit erwecket worden, so habe ich schon genug genüzt." Zu diesen „Oden" gehört auch unser Lied.

In manche Lieder stimme ich auf Anhieb gern mit ein, obwohl sie mich in ihrem Wortlaut eigentlich gar nicht besonders ansprechen. Dieses Lied gehört dazu. Die Melodie trägt sicher dazu bei. Die Kritik, sie sei kein „ebenbürtiger Partner" für den Hiller-Text (102,1 S. 376) erschließt sich mir nicht. Ich freue mich zwar auch, wenn ein Lied seine eigene Melodie hat und sich darin ausdrückt und einprägt. Aber manchmal gibt eine geliehene Melodie einem Text auch einen besonderen Akzent, so wie hier: „Alles ist an Gottes Segen" – so der ursprüngliche Melodietext – ist doch ein schöner Hintergrund für unser Lied. Aber auch Hillers Text scheint mir hinter den fernen Bildern von Königen und Fürstentümern etwas in meine Seele zu transportieren, was ihr wohl tut und sie nährt.

Vielleicht empfinden manche von uns Hillers Konzept, möglichst wortgetreu die Bibel in seinen Liedern zur Sprache zu bringen, als unbefriedigend. Manche von uns wünschen sich eher Liedtexte, die das biblische Zeugnis in unsere gegenwärtigen Lebensfragen übersetzen, auch auf die Gefahr hin, dass solche Lieder dadurch zeitgebunden bleiben und deshalb nach einigen Jahren oder Jahrzehnten ihre Brauchbarkeit verlieren. Aber Hillers Absicht, die jeweiligen Vorstellungen und Denkweisen der Christen dem kritischen Maßstab der Bibel zu unterwerfen, bleibt auf jeden Fall richtig. Jeder Machtanspruch muss kontrollierbare Grenzen haben, damit er andere nicht in ihrem Machtbereich behindert.

Hannah Arendt hat sogar aus ihren Erfahrungen in der Nazizeit Macht und Gewalt einander gegenüber gestellt und gefolgert, Macht sei nötig, um Gewalt zu vermeiden. „Machthaber, die fühlen, dass die Macht ihren Händen entgleitet, (unterliegen leicht) der Versuchung, sie durch Gewalt zu ersetzen" (zit. bei Grötzinger PrSt). Die Macht, die Jesus in seiner Himmelfahrt antritt, ist vor diesem Hintergrund klar definiert: Sie ist in seiner Auferweckung begründet, das heißt: Sie lebt davon, dass Gott zu Jesu Kreuz und damit zu seinem Gewaltverzicht ausdrücklich Ja gesagt hat. Und sie lebt damit zugleich von Gottes Ja zu dem, was dieser Jesus vor seinem Tod gepredigt und gelebt hat.

## Der mit den Nägelmalen fährt zum Himmel

Das wird besonders in einer Strophe deutlich, die es bei der Kürzung von ursprünglich 26 auf 11 Verse nicht in unser Gesangbuch geschafft hat. Die ursprüngliche Str. 17 lautete:

Zwar das Haupt trug die zum Hohne
ihm geflochtne Dornenkrone
einst in seiner Kreuzigung;
dennoch ward sein blutig Sterben
zu der Herrlichkeit dem Erben
mehr ein Weg als Hinderung.

Daran schloss sich – ursprünglich ganz logisch – unsere heutige Str. 8 mit den Worten an:

Gleiches Kreuz drückt Christi Glieder
hier auf kurze Zeiten nieder. (122,1 S. 326).

Die Gesangbuchredaktion machte daraus, um den fehlenden Anschluss zu überspielen: „Zwar auch Kreuz drückt Christi

Glieder …“ Aber man konnte damit nicht verhindern, dass die Erinnerung an das Kreuz zu einem thematischen Nebenschauplatz wurde. Das darf aber nicht passieren am Himmelfahrtsfest. Sonst wird aus der Freude der Christen über den Sieg des Gekreuzigten der Applaus für einen Jesus, der „besser als Hasch“ ist.

# 10 O komm, du Geist der Wahrheit (EG 136)

Seit alters her ist in der Kirche die Rede vom Heiligen Geist mit der Bitte verknüpft, er möge kommen, erscheinen, bei uns einkehren. Fast alle unsere Pfingstlieder leben von dieser Erwartung. Das heißt doch offenbar, der Geist Gottes ist nicht immer schon da bei den Menschen – oder zumindest bei den gläubigen Menschen –, sei irgendwie vorrätig oder als Besitz zu verwalten oder zu verschenken.

Wo immer in dieser Weise vom Heiligen Geist gesprochen wird, ist deshalb Vorsicht angezeigt. Auch die oft selbstverständliche Ineinssetzung von Gottes Geist und menschlicher Begeisterung scheint mir fragwürdig. Denn ein Geist, der erst kommen soll, der gerufen werden muss, kann ja nicht schon vorher in seiner Wirkung beschrieben oder vorgestellt werden.

So manches, was in pfingstlerischen oder charismatischen Gruppen allzu selbstverständlich als Beleg für den Heiligen Geist ausgegeben wird, löst bei mir die Frage aus: Woher wisst ihr denn, dass Gottes Geist sich heute nicht gerade in sehr leisen kritischen Fragen ausdrücken will, in stiller Trauer über das viele Elend, das wir uns gegenseitig antun, oder in nüchternen Plänen, verbreitete Missstände zu bekämpfen? Wenn der Heilige Geist wirklich Gottes Geist ist und nicht unser Gefühl, dann sind wir da doch aufs Bitten angewiesen: O komm, du Geist der Wahrheit!

Vermutlich werden die so Kritisierten mir die Erzählung aus Apg 2 vorhalten, wo Lukas die „Ausgießung des Heiligen Geistes“ in der Tat mit sehr bewegenden Bildern umschreibt. Und die hat er sich ja auch nicht einfach ausgedacht, sondern als Verheißung beim Propheten Joel gefunden (Joel 3,1–5).

Wer sich die Mühe macht, den Liedtext Spittas auf Bibelzitate bzw. Anspielungen auf biblische Bilder zu untersuchen, wird bald feststellen, dass er praktisch hinter jeder einzelnen Zeile fündig wird; das biblische Zeugnis vom Heiligen Geist ist sehr viel bunter, als uns häufig weisgemacht wird. Der junge Lüner Hauslehrer – Spitta musste, wie damals üblich, eine längere Wartezeit auf das Pfarramt mit einer solchen Tätigkeit überbrücken – konnte bei seinem Dichten offenbar auf eine unglaublich genaue Kenntnis der Bibel aufbauen. Und er verarbeitete diese Zitate auch sehr bewusst, weil er bei den Menschen mit seinen Liedern eine neue Liebe zur Heiligen Schrift wecken wollte.

## Den Geist nicht auf Flaschen ziehen

Die war nämlich damals unter dem Einfluss der Aufklärung, die alles unter das Diktat einer oberflächlichen Vernünftigkeit stellte, weithin auf der Strecke geblieben. Die meisten Menschen hielten nur noch für wahr, was man sehen, beweisen oder zum eigenen Nutzen gebrauchen konnte. Biblische Frömmigkeit wurde mit arroganter Überheblichkeit als gestrig verspottet und auch in den Kirchen wurde oft eine mit viel Wasser verdünnte Glaubenssuppe ausgeschenkt, die keinen mehr satt machen, geschweige denn die Geister scheiden konnte.

Spitta hat vor allem durch eine intensive Beschäftigung mit Martin Luther gelernt, die Bibel als Kraftquelle zu lesen und gegen die Verachtung und Verunstaltung des Evangeliums ins Feld zu führen. So setzt er sich zu Pfingsten 1827 hin und schreibt – statt einer Pfingstpredigt, zu der ihn noch keiner gerufen hat – ein Lied, in dem er leidenschaftlich um das Kommen des Geistes der Wahrheit bittet und das Wort der Bibel kämpferisch gegen ihre Verächter ins Feld führt. Hier nur beispielhaft einige Belegstellen zur ersten Strophe:

- Der „Geist der Wahrheit" bezieht sich auf die Abschiedsreden Jesu im Johannesevangelium, z. B. 15,26; 14,17; 16,13.
- „Licht und Klarheit" greift auf 2Kor 4,6 zurück – damals hieß es in der Lutherbibel noch „Erkenntnis der Klarheit Gottes".
- Das „Feuer" öffnet in Apg 2,3 f. den Jüngern den Mund, aber Spitta kann bei „Lippen" auch an Jes 6,7 gedacht haben, wo dem Propheten mit glühenden Kohlen die Lippen gereinigt werden.
- „Den Herrn bekennen" spielt wohl auf Röm 10,9 an, aber auch an Röm 14,11, 1 Kor 14,25 und andere Stellen wäre zu denken.

So könnte man Strophe für Strophe fortfahren. Und nähme man die hinzu, die schon der Redaktion zur ersten Druckausgabe im Jahre 1835 zum Opfer fielen, würde die Liste noch viel länger.

## Vergessene Strophen

Ein Freund Spittas aus der Studienzeit in Göttingen, Adolf Peters, hatte es übernommen, für eine Drucklegung der schon recht zahlreichen Gedichte Philipp Spittas zu sorgen; er brauche sich um nichts zu kümmern, er, Peters, werde für alles sorgen, ein Angebot, das der eher schüchterne Hauslehrer dankbar annahm. Leider sind die Original-Handschriften Spittas nicht mehr vorhanden, es lässt sich darum nicht mehr feststellen, ob der Dichter selbst seine Liedtexte noch vor der Weitergabe an Peters überarbeitet und gekürzt hat oder ob sich der Redakteur diese Freiheit nahm – aus dem Briefverkehr zwischen beiden lässt sich ablesen, dass Peters beim Umgang mit den ihm überlassenen Gedichten durchaus nicht zimperlich war. Von den drei gestrichenen Strophen – im Original die vierte bis sechste – scheint mir zumindest die letzte auch in unserer Kirche noch als Übertragung von Röm 8,26 durchaus brauchbar zu sein, zumal die Anspielungen auf diese prägnante Aussage über den Heiligen Geist in unserem Gesangbuch nicht eben zahlreich sind (vgl. EG 134,4 und 328,4):

Und können wir nicht beten, / Nur stumm zum Himmel sehn,
so musst du uns vertreten / Mit Seufzen und mit Flehn;
Du musst uns leiten treiben, / Damit wir alle Zeit
auf rechtem Wege bleiben / Vom Irrthum ganz befreit.

Aber auch die ursprünglich vierte Strophe, in der die „geistliche Waffenrüstung“ von Eph 6,16 nachgezeichnet wird, ließe sich vermutlich mit einigen kleinen Korrekturen noch heute singen, zumal damit die Zeile aus Str. 3 – „darum musst du uns rüsten mit Waffen aus der Höh“ – erst wirklich verständlich würde:

Doch wär’s für uns ein schlimmer, / ein gar zu schwerer Krieg,
wenn du, o Geist nicht immer / die Waffen giebst zum Sieg,
Dein Schwerdt das Wort des Lebens, / Den Glauben uns zum Schild,
von dem gedeckt, vergebens / Der Feind dräut frech und wild.

Denn ein kämpferisches Lied ist „O komm, du Geist der Wahrheit“ ja allemal, auch in der uns vorliegenden gekürzten Fassung. Dabei war sein Verfasser alles andere als ein Kraftprotz. Als Kind war er schwächlich und oft krank, so dass er die höhere Schule schon bald wieder verlassen musste. Seine früh verwitwete Mutter bestimmte den jüngeren Bruder für das Studium der Theologie, da sie sich von ihren bescheidenen Mitteln nur für ein Kind die akademische Laufbahn leisten konnte. Philipp schickte sie zu einem Uhrmacher in die Lehre, eine seinen begrenzten Kräften angemessene Tätigkeit, wie sie meinte. Aber dann kam der Jüngere bei einem Badeunfall ums Leben und Philipp drängte zurück ans Gymnasium. Diesmal mochte die Mutter sich nicht querlegen.

Auf das Gymnasium folgten das Theologiestudium in Göttingen und dann die Hauslehrertätigkeit, die Spitta zum Dichten von Chorälen nutzte. Dabei war ihm seine Harfe eine wichtige Stütze, weil er mit ihrer Hilfe seinen Gedichten Klang und Rhythmus unterlegte, meistens durch ihm bekannte Choräle. „Psalter und Harfe" nannte er dann auch das Buch, in dem er mit Hilfe seines Studienfreundes Adolf Peters seine Texte veröffentlichte. Es wurde das in Deutschland verbreitetste Erbauungsbuch und erlebte immer neue Auflagen. Sechs Lieder finden sich noch im Stammteil unseres Evangelischen Gesangbuchs, drei weitere in Regionalteilen.

## Militär- und Gefängnispfarrer

In Lüne versucht sich Spitta auch als Schriftsteller. In der Novelle „Verirrung und Prüfung" steht ein junger Hauslehrer im Mittelpunkt, der wie sein Autor auf der Suche nach der richtigen Sprache für den Glauben ist. Über den Heiligen Geist sagt er einmal: Die Erfahrung des Wunders von Pfingsten „an uns selbst ist der einzige Beweis für die geschichtliche Wahrheit desselben außer uns." (55, S. 59). Das ist Spittas entscheidendes Argument gegen den dürren Rationalismus, der damals Schule, Universität und Kirche beherrscht. Gleichzeitig hält der Hauslehrer aber auch Abstand zu den zahlreichen frommen Hauskreisen des Bildungsbürgertums. Ihre stark vom Biedermeier geprägte Denk- und Verhaltensweise empfindet er als ebenso arrogant wie die der Aufklärer, weil sie der Not der einfachen Leute nicht gerecht wird. In dieser Meinung werden ihn sicher auch die Erfahrungen in seiner ersten Pfarrstelle bestärkt haben; ab 1830 ist Spitta Militär- und Gefängnispfarrer in Hameln und damit in der damaligen Gesellschaft für die zuständig, die nur von Befehlen anderer existieren. In seinem Denken stand dagegen die Erniedrigung Jesu im Mittelpunkt, der wir nur in Demut gerecht werden. Entsprechend sein leidenschaftlicher Aufruf in unserm Lied: „Ach, lasset uns gebeugter um Gottes Gnade flehn, dass er bei uns den Leuchter des Wortes lasse stehn“ (Str. 6).

Kampf und Demut gehören für Philipp Spitta zusammen, zu beidem werden wir ermutigt und in beidem bestärkt durch den „Tröster“, den Heiligen Geist. Geduldige Treue, frei „von aller Menschenscheu“ (Str. 3), ist für ihn die gebotene Grundhaltung der Christen. Sein Freund und Herausgeber Peters kritisiert ihn einmal nicht zufällig mit den Worten: „Eine Klippe, an der hin und wieder eines deiner Lieder scheitert, ist zu große Ruhe, die fast Schlummer und gänzliche Mattigkeit wird“, lobt ihn in einem andern Brief aber auch, „in allen malt sich lebendig Dein Glaubensleben, Deine Seligkeit in Christo, Deine Weltvergessenheit, Dein demüthiges Ringen nach Heiligung.“(55, S. 237).

Spitta hatte, als er unser Lied schrieb, die Melodie von „Valet will ich dir geben“ (EG 523) im Ohr. In *Psalter und Harfe* wurden allerdings alle Lieder ohne Melodie abgedruckt. Dass unser Lied schon bald mit der Melodie von „Lob Gott getrost mit Singen“ (EG 243) verbunden wurde, obwohl ein Fachmann wie Joachim Stalmann urteilt, sie entspreche „nicht gerade dem Bittcharakter eines Pfingstliedes“ (34, S. 70), kann man als bewusste Korrektur von *Psalter und Harfe* deuten; nach ihr war das Lied „zur häuslichen Erbauung“ gedacht. Die Herausgeber des Gesangbuches wollten dagegen den Charakter eines Gemeinde- und Kirchenliedes betonen.

In EG 243 wird ja sehr betont nicht der Einzelne, sondern die „christgläub'ge Schaar“ bzw. das „Volk“ (d. h.: das Volk Gottes) angesprochen (Str. 4) und betont, dass Gott die „Kirche „erneuen" will (Str. 5). Dies sollen wir mithören, wenn wir zu einem „offenen Bekenntnis bei allem Widerstreit" aufgerufen werden (Str. 4), und uns nicht von Gleichgültigkeit, Geldmangel und Geburtenrückgang ermüden lassen. Der Geist, den wir erbitten, „vertritt uns mit unaussprechlichem Seufzen"(Röm 8,26) und erfüllt die ganze Schöpfung mit Hoffnung (Röm 8,14–17).

Wolfgang Huber spricht in einer Predigt über diesen Text von der „Schubumkehr"; die Berufung zur Hoffnung sei universal, wir dürften vom Geist nicht nur bei Menschen oder gar nur unter Christen sprechen. „Gerade weil uns die Hoffnung den Blick verrückt, nehmen wir wahr, was der Hoffnung widerspricht." (49, S. 51)

Spitta deckt diesen Widerspruch auf am Gegensatz zwischen erfolgreicher Heidenmission (Str. 5) und Unglauben im eigenen Land (Str. 6) und bittet mit der ganzen Gemeinde um ein neues „Pfingstfest nah und fern" (Str. 7). Die leidenschaftliche Sprache, in der er das tut, kann auch heute noch dazu dienen, unserer Sehnsucht nach einer erfahrbaren Gegenwart Gottes Ausdruck zu verleihen.

## 11 Komm, Herr, segne uns (EG 170)

Sie sind eigentlich Fußballer. Aber jetzt, in dieser Trainingseinheit, werfen sie sich den Ball mit der Hand zu, während sie in hohem Tempo durcheinanderlaufen. Auffangen und einem der vorbeieilenden Mitspieler den Ball zuwerfen, auffangen, zuwerfen. Immer von Neuem.

Dieses Bild, bei einem Sonntagsspaziergang am Stadion vorbei ein wenig erstaunt eingefangen, steht mir vor Augen, wenn ich das Lied „Komm, Herr, segne uns" singe. Als mein Gedächtnis zum ersten Mal diesen Zusammenhang herstellte, konnte ich mir die Assoziation überhaupt nicht erklären. „Komm, Herr, segne uns, dass wir uns nicht trennen" – ist es das? Beieinander bleiben, aufeinander achten, obwohl alle ihre eigenen Wege gehen, und das auch unter großer Anspannung und in hohem Tempo? Oder war es das Erstaunen, dass Fußballspieler ihr Können durch Handball aufzubessern suchen, das mich an „Segen" denken ließ. Segen, das ist ja eigentlich etwas Fremdes, etwas, das nicht zu unsern Selbstverständlichkeiten gehört. Wir können es nicht machen, es kommt von außen, von Gott. Aber zugleich ist Segen etwas, das ganz handfeste, spürbare Wirkungen in unserem Alltag hat, sodass wir es oft mit Glück gleichsetzen. „Viel Glück und viel Segen“ singen viele, wenn eine(r) Geburtstag hat. „Da liegt kein Segen drauf“, sagt der Volksmund, wenn etwas auf unrechte Weise erworben wurde oder Menschen ein Ziel anstreben, das moralisch fragwürdig ist. Und dass hierzulande, wo viele Menschen der christlichen Kirche eher fragend oder ablehnend gegenüberstehen, sich Jahr für Jahr junge Menschen in so großer Zahl, oft genug als kompletter Jahrgang „einsegnen“ lassen, weist in die gleiche Richtung. Segen – das ist so etwas wie die Fußspur des an sich unsichtbaren und unbegreiflichen Gottes unter uns. Und auf diese Spur wollen wir bei unseren mühsamen Orientierungsversuchen nicht verzichten, an ihr macht sich ein Grundvertrauen fest, dass es gut wird und dass wir Gutes zustande bringen. Der Herr segne dich – Damit ist alles gesagt, was wir zum Leben nötig haben.

## Viel Glück und viel Segen auf all deinen Wegen

Dieter Trautwein hat die Melodie ursprünglich für den Text des Liedes „Komm, Herr Jesu, komm“ komponiert, das unter der Nr. 568 im katholischen „Gotteslob“ steht. Er brauchte den Text dieses Liedes für sein Predigtthema im nächsten Gottesdienst, die im Gotteslob abgedruckte Singweise war in seiner evangelischen Gemeinde aber unbekannt. So machte sich der Vielbegabte kurzerhand daran, eine Melodie zu schreiben, die rasch ins Ohr geht.

Später hat er dann, auf Anregung seiner Frau, unseren Text zu dieser Melodie erdacht und als Schlusslied des Kirchentages 1979 in Nürnberg sang sich das Lied schnell herum. Hier war die Bitte vor dem abschließenden Segen ja auch besonders sinnfällig: „dass wir uns nicht trennen, sondern überall uns zu dir bekennen“. Denn die KirchentagsteilnehmerInnen fühlen sich nach jedem dieser großen Kirchenfeste in besonderer Weise aufgerufen, das Erlebte nicht wirkungslos versickern zu lassen.

Aber diese Bitte legt sich auch am Ende jedes Gottesdienstes nahe, nicht nur, wenn man sich anschließend noch im Gemeindehaus treffen will. Dass die Beziehung zum Nächsten sich nicht auf das Nebeneinander in der Kirchenbank beschränken darf, ist schließlich ein Gedanke, der so oder so in jedem Gottesdienst anklingt.

Daraus ergibt sich aber auch die Brücke zu der Angst vor dem Alleinsein. Wie viele Gottesdienstbesucher nehmen Sonntag für Sonntag den empfangenen Segen in ihr Singledasein mit! Nein, sagt das Lied: Allein bist du nicht: Dein einsames Weinen ist genauso mit Gott verbunden wie das fröhliche Gelächter in festlicher Runde.

In der zweiten Strophe knüpft das Lied zunächst an das biblische, insbesondere alttestamentliche Verständnis von Segen als Wohlergehen an. Gottes Segen beinhaltet im alten Israel zumeist eine gesicherte Zukunft durch Nachkommenschaft, ein langes Leben und ausreichend Land für das Weidevieh. Die Kombination „Glück und Segen" hat hier ihre Wurzeln. Aber bis heute ist auch das Wissen lebendig, dass nicht nur geteiltes Leid halbes Leid ist, sondern Glück überhaupt nur Bestand hat, wenn ich mit anderen glücklich sein kann. Dass wir „nicht sparen" müssen, zielt hier also nicht auf ein verschwenderisches Wirtschaften, sondern auf das falsche Motto „Geiz ist geil". Und zwar in jeder Hinsicht, ganz besonders aber, wo unser „lieben und verzeihn" gebraucht wird (Mt 18,23–35).

Damit ist das Stichwort „Frieden" bereits angebahnt, das die dritte Strophe bestimmt. Friede gilt aber bereits seit der biblischen Grundlage des dreiteiligen („aaronitischen") Segenswortes, wie es bis heute in unseren Gottesdiensten zugesprochen wird, als unmittelbare Auswirkung von Gottes Segen: „Der HERR segne dich und behüte dich; der HERR lasse sein Angesicht leuchten über dir und sei dir gnädig; der HERR hebe sein Angesicht über dich und gebe dir Frieden." (4 Mose 6,24–26).

## Ein sensationeller Fund

Im Hebräischen steht hier „Schalom" und der ist unter Juden Bestandteil jedes Grußes bei der Begegnung wie beim Abschied. Das wird verständlich, wenn man sich vor Augen führt, wie ungesichert das Leben des antiken Menschen war. Er stand sowohl mit wilden Tieren und Naturgewalten wie mit Seinesgleichen ständig in einer lebensgefährlichen Konkurrenzsituation. Deshalb war Gottes Schutz in Gestalt von Frieden das Beste und Wichtigste, was man einem Menschen zusagen und wünschen konnte.

Ein archäologischer Fund in der Jerusalemer Altstadt belegt, dass das Segenswort schon vor fast 3000 Jahren Menschen in ihrer Angst und Not getröstet hat. Man entdeckte da unter dem Schutt von Jahrhunderten ein winziges Silberplättchen, in das das Zitat aus 4Mose 6 eingraviert war. Vielleicht hat es damals ein Mensch als Geschenk zu einem besonderen Anlass als Schmuck getragen. Oder es diente als Grabbeigabe, weil der Friede Gottes ja auch die Grenzen unseres Lebens überspannt.

Unser Leben heute ist im Vergleich dazu zumindest in äußerlicher Hinsicht wesentlich weniger gefährdet. Aber die Sehnsucht nach Frieden ist ungebrochen; denn durch die weltweite Vernetzung erfahren wir ständig von Kriegs- und Katastrophennachrichten. Und unser „innerer" Frieden wird von einer Vielzahl von Feinden bedroht, die aus den gegenüber früher veränderten Strukturen erwächst: Die Schnelligkeit, mit der wir uns auf unseren sicheren Straßen bewegen, schuf neue Unfallgefahren. Die Freiheit, in der heute viele von uns ihre Lebensbedingungen gestalten, erzeugt neue Unsicherheit. Dass wir heute durchschnittlich wesentlich länger leben als unsere Vorfahren, hat zur Folge, dass wir öfter damit rechnen müssen, verlassen zu werden. Und so weiter.

Wie verbreitet diese Friedenssehnsucht bei uns ist, lässt sich auch aus der Beliebtheit der irischen Segenswünsche und der gerade unter evangelischen Christen neu erwachten Engelfrömmigkeit ablesen; schließlich ist der „Schutzengel“ nichts anderes als der Gestalt gewordene Wunsch nach Segen und Frieden.

Trautwein macht am Begriff „Frieden“ einen Grundsatz des biblischen Evangeliums deutlich, den „eschatologischen Vorbehalt“: In Jesus Christus ist der von Gottes Volk erwartete Messias gekommen, aber Friede und Gerechtigkeit, die mit ihm verheißen sind, haben noch nicht ihre endgültige Gestalt gewonnen. Entsprechend gilt von den Christen: „Wir sind schon Gottes Kinder; es ist aber noch nicht offenbar geworden, was wir sein werden.“(1 Joh 3,2). Darum „Frieden gabst du schon, Frieden muss noch werden.“ Zugleich liegt in dieser Spannung, dass Gottes Gaben immer Aufgaben für uns enthalten. So wie wir den Segen, den Gott uns schenkt, mit anderen teilen müssen, so sollen wir auch an dem Frieden weiter bauen, den sein Segen eröffnet. Und zwar überall, „wo wir ihn erspähen“. Die ungewöhnliche Formulierung, die sich natürlich dem Reimwort „die mit Tränen säen“ verdankt, hat immer wieder Kritik ausgelöst. Während sich die einen vor allem an der altertümlichen Vokabel stoßen, verweisen die anderen darauf, dass das Psalmwort vom Säen unter Tränen, dem ein „mit Freuden ernten“ verheißen ist (Ps 126,5), hier verharmlost werde; denn die mühsam entdeckten Spurenelemente von Frieden, die es auf- und auszubauen gelte, widersprächen doch der großen Hoffnung auf reiche Ernte.

## Komm, Herr Jesu, sei unser Gast

Mag sein, dass Dieter Trautwein hier zu viel in einem kurzen Vierzeiler unterbringen wollte. Aber die so vermittelte Warnung vor einem Segen als billigem Sonderangebot halte ich für nötig und hilfreich. Wir dürfen in der christlichen Kirche nur so vom Segen sprechen, dass spürbar wird: Wir haben Jesus verstanden, wenn er die selig preist, „die da hungert und dürstet nach der Gerechtigkeit“ (Mt 5,6). Sonst verkommt der Segen zum gottlosen Absegnen des uralten Rechts des Stärkeren. Ein Segen, der nicht in Frieden mündet – und zwar Frieden für alle und zwischen allen –, ein solcher Segen wäre keiner im Sinne der Bibel.

Dass wir trotzdem an die ganze Bandbreite von „Frieden“ denken dürfen, vom inneren Frieden des Einzelnen über den häuslichen Frieden bis zur Überwindung von gesellschaftlicher Ungerechtigkeit und internationalen Konflikten, hat natürlich erheblich zur Popularität des Liedes beigetragen. Nimmt man die „eingängige Klarheit der Melodie (hinzu), die das Gefühl anspricht, ohne in Sentimentalität zu verfallen“, dann kann man nur begrüßen, dass dieses neue Lied in die Auswahl der 33 hinein genommen wurde, zumal „im Text Töne und Gedanken intoniert wurden, die so im Gesangbuch bisher nicht vorkamen, obwohl sie einem ausgeprägten Bedarf an Trost und Ermutigung entsprechen.“ (34, z.St.).

In einer kürzlich erschienenen Betrachtung unseres Liedes entdeckte ich den interessanten Gedanken, dass der Liedtext beim Singen durch bestimmte Stichwörter ein „Beheimatungsgefühl“ auslöst, weil er an kindliche Erfahrungen anknüpft: Ein „bekannte(s) Tischgebet; Lachen und Weinen; die Versicherung, nie allein zu sein; der schlimme Schaden“ – das sind vertraute Dinge, an die sich jede(r) von uns erinnern kann (1, S. 181). Damit leistet der Liedtext etwas, was heute in unserer Kirche als „religiöse Kommunikation“ von Kritikern wie Joachim Kunstmann dringlich eingefordert wird: Gottesdienst als „das Drama, das zeigt, *was mit dem Leben auf dem Spiel steht*„ (60, S. 291). Das Lied bringt etwas in uns zum Klingen, was uns vielleicht gar nicht genau bewusst ist, aber das Vertrauen stärkt, das tief in unserer Seele zu Hause ist. Dass es sich dort rechtzeitig einnistet, dafür müssen allerdings Eltern und Paten rechtzeitig sorgen, nicht zuletzt durch die Lieder, die sie mit Kindern singen.

## 12 Ich bin getauft auf deinen Namen (EG 200)

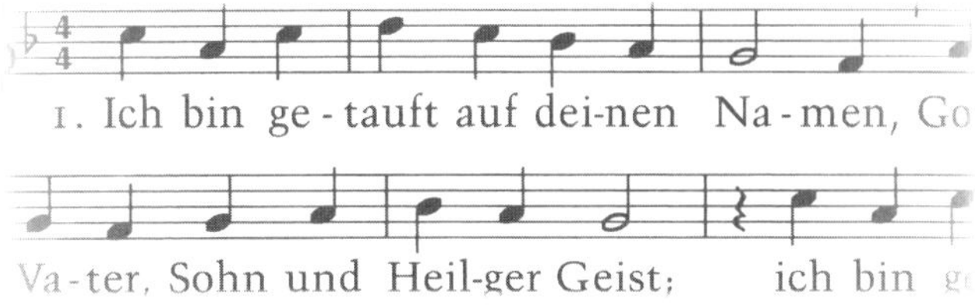


IMMER wenn unser Lied bei einer Taufe gesungen wird, entsteht eine eigentümliche Spannung, auch wenn den Einzelnen das vielleicht gar nicht bewusst wird: Aber (fast) alle Anwesenden empfinden sich doch bis dahin mehr als Zuschauer des Geschehens. Gewiss, sie sind – teils mehr, teils weniger – mit ihren Gefühlen beteiligt. Aber letztlich geht es in dieser Stunde nicht um sie, sondern um den oder die, die da heute getauft werden. Und nun, wenn dieses Lied angestimmt wird, rücken sie mit einem Mal selbst in den Mittelpunkt: „*Ich* bin getauft…“.

Man kann sich das gut verdeutlichen, wenn man die Versammelten auffordern würde, das Lied nicht mit „Ich“, sondern mit „Du“ zu beginnen und zu singen: „Du bist getauft auf seinen Namen, Gott Vater, Sohn und Heilger Geist“. In der ersten Strophe lässt sich das noch einigermaßen durchhalten. In der zweiten wird es schon deutlich schwieriger – statt „mich“ müsste man singen „ihn / sie erklärt“. In der dritten geht es eigentlich schon gar nicht mehr und spätestens in der fünften ist endgültig Schluss. Jeder merkt: Ich kann das Lied nicht so von mir wegschieben, ich kann nicht in der Zuschauerrolle bleiben. Ich bin gezwungen, wirklich „ich“ zu sagen vor Gott an diesem Tag, was immer das mit mir macht.

Üblicherweise wird dieses Lied in Taufgottesdiensten darum mit Worten angekündigt wie „wir singen nun, auch in Erinnerung an unsere eigene Taufe, das Lied: Ich bin getauft auf deinen Namen." Aber damit wird das Problem eigentlich herunter geredet, als ginge es darum: Die Anwesenden sollen stellvertretend für den / die kleinen Täufling(e) singen und sich dabei erinnern, dass sie auch mal so zur Taufe gebracht wurden. Aber dem Lied geht es in Wahrheit um viel mehr. Die Singenden sollen nicht in irgendeine ferne Vergangenheit ausweichen, sie sollen ganz gegenwärtig sein. Was passiert da eigentlich mit mir, jetzt, heute, da ich aus Anlass dieser Taufe(n) in den Gottesdienst gekommen bin? Das ist die Frage. Was da vorne am Taufbecken zu sehen war, ist jetzt nicht mehr wichtig. Am besten wäre, wenn da neben der Nr. 200 im Gesangbuch ein Spiegel eingeklebt wäre. Dahin gilt es jetzt zu schauen.

Die erste Antwort, die der Dichter Johann Jakob Rambach bereithält, ist die schlichte Feststellung: Ich bin getauft. War mir das noch bewusst? Ich bin nicht nur der oder die, die dieses denken, jenes fühlen oder sich dieses leisten oder nicht leisten können; ich stehe auf einem Fundament, das ich nicht gelegt habe und nicht garantieren muss. Ich bin getauft.

Das wird dann sofort näher ausgeführt: Getauft auf den Namen des dreieinigen Gottes. Die klassische Taufformel der Kirche, allerdings in der Form einer Ich-Aussage, genauer eines Gebetes. Der dreieinige Gott wird als Zeuge und Ursprung der Taufe angerufen. Halt im Leben haben wir nicht durch unsern, sondern durch Gottes Namen. Gib uns diesen Halt, Gott! Damit ist schon sprachlich ein wichtiger Unterschied zu dem markiert, was man landläufig unter einer Taufe versteht, etwa der eines Schiffes, eines Tieres oder eines Gebrauchsgegenstandes. Da wird nämlich auf einen Namen getauft, den der bislang namenlose Gegenstand von nun an trägt. Die Taufe ist lediglich eine feierliche Namensverleihung.

Zu dieser Umdeutung ist es nicht nur aus mangelnder Aufmerksamkeit bei der Taufe in der Kirche gekommen. Im Mittelalter hatte die verbreitete Höllenangst vielerorts dazu geführt, dass Neugeborene möglichst schnell getauft wurden. Und da jeder Kalendertag mit dem Namen eines Heiligen verbunden war, erhielten die namenlosen Täuflinge dann oft diesen Namen. Martin Luther hieß aus diesem Grunde Martin, nach dem berühmten Mann, der seinen Mantel mit dem Bettler teilte. Später kam es auch bei den Erwachsenentaufen in den Missionsgebieten wie schon in der alten Kirche öfter vor, dass die Täuflinge sich zum Erweis ihres neuen Lebens als Christen einen neuen Namen zulegten; die englische Bezeichnung für Vorname – „Christian name" – erinnert noch an diese Praxis.

Wir sind Mitglied eines geheiligten Volkes und beschenkt mit Gottes Geist, erläutert der Dichter in der ersten Strophe die alte Taufformel. Aber Rambach scheint sofort zu spüren, dass dies sehr dogmatische, sehr richtige, aber deshalb auch nur schwer nachvollziehbare Aussagen sind. Getreu dem weisen Seufzer von Stanislaw Jerzy Lec: „Freiheit, Gleichheit, Brüderlichkeit! Aber wie gelangen wir zu den Tätigkeitsworten?", betet Rambach in der zweiten Strophe weiter und spricht die drei göttlichen Personen auf ihre in der Bibel ausgemalten Tätigkeiten an: Du, Gott Vater, hast mich zu deinem Kind und Erben erklärt; du, Jesus Christus, hast mir das Leben geschenkt, das du am Kreuz errungen hast. Diese beiden Aussagen sind Röm 8,17 entnommen: „Sind wir aber Kinder, so sind wir auch Erben, nämlich Gottes Erben und Miterben Christi, wenn wir denn mit ihm leiden, damit wir auch mit zur Herrlichkeit erhoben werden." Und der dritte Satz: Du, guter Geist, willst in allen Nöten mein Tröster sein, kann sich auf Stellen wie Joh 14,26 berufen: „Der Tröster, der Heilige Geist, den mein Vater senden wird in meinem Namen, der wird euch alles lehren."

Die alte biblische Redeweise vom „Miterben Christi" klingt

für unsere Ohren vielleicht befremdlich. Wie sollen wir Gottes Erben sein? Ist er etwa gestorben? Auf so abwegige Gedanken kann freilich nur kommen, wer nicht mehr weiß, dass Gott ursprünglich durch seine freie Wahl nur der Vater Israels war. Erst durch Jesus Christus, der gegen eine gesetzlich verkrustete Religiosität wieder die Freiheit der Gnadenwahl Gottes gepredigt und gelebt hat, sind alle Menschen, die sich zum Glauben rufen lassen und getauft werden, in diese Gotteskindschaft einbezogen und also Erben der Verheißung (Gal 3, 29; Hebr. 6,17). Nur eine Kirche, die das Judentum an den Rand drängte und später sogar verfolgte, konnte Gott so selbstverständlich als ihren Vater bezeichnen und anrufen, dass die Rede vom Erbe missverständlich wurde. Der Jude Jesus, der uns zu seinen Geschwistern berufen hat, machte uns dadurch auch zu Miterben der göttlichen Verheißungen.

## Kleine und große Gotteskinder

Wir sollten uns allerdings hüten, die Unfreiheit des Gesetzes, die Jesus durch das Evangelium beendet hat, durch die Hintertür wieder hereinzulassen und aus der Taufe eine Zauberformel machen. Von der falschen Angst um ungetaufte Kinder war eben schon die Rede. In unserer kirchlichen und gesellschaftlichen Lage in Deutschland ist es verständlich, wenn junge Familien den Tauftag für ihr Kind langfristig planen. Geeignete Paten wohnen nicht mehr, wie früher, in der unmittelbaren Nachbarschaft. Verwandte und Freunde müssen ihre vollen Terminkalender aufeinander abstimmen; es soll schließlich ein denkwürdiges Fest werden, von dem man dem Täufling später gern und lebendig berichtet. Nicht selten wollen die Beteiligten auch an dem Taufgottesdienst selbst mitdenken und damit ihre Stellvertreterrolle für den Täufling zum Ausdruck bringen.

Damit soll nicht einer gedankenlosen oder gleichgültigen Verschleppung der Taufe das Wort geredet werden, die sich nicht selten hinter der Auskunft versteckt, das Kind solle einmal selbst entscheiden. Wir wissen heute, dass Kinder sowohl ihr Gefühlsleben wie ihre sprachlichen Fähigkeiten am Vorbild der Eltern ausrichten. Ein Kind, das keine Liebe erfährt, kann nicht lieben, und wenn die Eltern und Bezugspersonen nicht mit ihm reden, lernt es nicht sprechen. Mit dem Glauben ist es nicht anders. Was immer Eltern an Signalen von Angst vor und Vertrauen in die Zukunft äußern, gestaltet den Glauben des Kindes mit. Und der Satz „Das soll mein Kind einmal selbst entscheiden" kann bei ihm nur ankommen als „Darüber lohnt sich jetzt nicht zu sprechen".

Ich kann verstehen, wenn Eltern ihr Kind zwar bewusst im Glauben erziehen, die Entscheidung zur Taufe ihm aber selbst überlassen wollen. Ich fürchte allerdings, dass sich dabei leicht das Missverständnis einschleicht, zumindest die zweite Hälfte des Fundaments, das die Taufe bedeutet, müssten wir selbst bauen. Man kann die dritte Strophe unseres Liedes so missverstehen: Das in Strophe 2 Gesagte täte dann Gott, dies aber erwarte er nun ergänzend von dir (Strophe 3). Aber das wäre, wie gesagt, ein Missverständnis. Zur Taufe gehört zwar seit der alten Kirche die Absage an den Teufel und seine Maßstäbe; denn als Kind Gottes habe ich in der Höhle des Satans nichts mehr zu suchen. Aber die Kraft, zu meiner Berufung zu stehen, kann nur von Gott ausgehen und muss und darf deshalb immer neu erbeten werden, wie unser Lied in den Strophen 4 bis 6 in wünschenswerter Klarheit entfaltet. Es macht Sinn, das Taufversprechen in bestimmten Abständen als Tauferinnerung in der Gemeinde zu feiern. Aber die tägliche Bitte und Entscheidung, unter Gottes Gnade zu bleiben, nimmt uns keiner ab.

Damit ist klar: Unsere Gotteskindschaft als Christen können und dürfen wir nie gegen andere Menschen ausspielen. Die Taufe ist das Siegel: Gott ernennt die Menschen zu seinen Kindern. Aber wir sind nicht Gottes Vollzugsbeamte, die einsperren oder aussperren dürften. Gott liebt ganz sicher nicht nur die, die sich taufen lassen, oder unsere Kinder erst von der

Stunde an, da sie getauft sind. Wir wissen schließlich, dass Gott das Leben will, von Anfang an, und dass wir es deshalb auch schützen müssen, von Anfang an und bis zum letzten Atemzug. Alles andere würde seine Gnade erneut dem Verdacht aussetzen, dass bestimmte Voraussetzungen erfüllt sein müssen, wenn er Gnade vor Recht walten lässt. Das aber wäre der Widerspruch gegen das Evangelium schlechthin.

In der Formulierung „Doch hab ich dir auch Furcht und Liebe, Treu und Gehorsam zugesagt …" spielt unser Lied erkennbar auf Luthers Erklärungen der Zehn Gebote im Kleinen Katechismus an, die sämtlich mit dem Satz aus dem ersten Gebot beginnen: „Wir sollen Gott fürchten und lieben." Dabei hat sich der Reformator natürlich etwas gedacht: Was immer die einzelnen Gebote zu regeln suchen, das eine bleibt entscheidend: Gott will in unserem Leben zu Wort kommen und zur Tat werden. Albert Schweitzers Formel von der „Ehrfurcht vor dem Leben" fasst das für unsere moderne Weltsicht gut zusammen; denn Ehrfurcht ist mehr als Gestaltung oder auch Schutz. Sie schließt den Aufblick zu dem ein, von dem alles Leben kommt und auf den es wieder zuläuft.

Es war darum in der Reformationszeit eine sachlich richtige Entscheidung, dem Festhalten an der Kindertaufe die Einrichtung eines Konfirmandenunterrichts folgen zu lassen, in dessen Verlauf auch das Verständnis der Taufe und der Zehn Gebote vermittelt wird. Wie das heute zeit- und altersgemäß zu geschehen hat, darüber kann und darf das Gespräch unter Christen nicht abreißen. Eine intensive Beteiligung von Nicht-Theologen scheint mir dabei aber das wirkungsvollste Mittel zu sein, die Jugendlichen erleben zu lassen: Was Leben vor Gott heißt, muss im Alltag diskutiert werden, nicht in einem ausgegrenzten weltenfernen Raum, in dem sich nur die Pfarrerin oder der Pastor richtig auskennen. Im Gespräch mit Menschen, die alltägliche Berufe haben, wie Kaufmann, Lehrerin oder Techniker, aber bewusst Christen sind, kann ich am ehesten verstehen lernen, wohin Gottes Wort mich ruft und wie ich nach seinen Maßstäben lebe.

## 13 Komm, sag es allen weiter (EG 225)

Man spürt es bei der ersten Begegnung: Das Lied will in Bewegung bringen. Ungewöhnlich bei einem Abendmahlslied. Da erwartet man eher Erinnerndes und Betrachtendes. Aber hier heißt es: Komm! Tu was!

Schaut man näher hin, dann bietet sich als Erklärung an: Das kommt von der Gospelvorlage, die der Verfasser Friedrich Walz bearbeitet hat. „Go tell it on the mountains“, „Geh, erzähl es überall auf den Bergen“, heißt der Originaltitel, ein Weihnachtslied; die Christgeburt soll „ausgebreitet“ werden nach dem Vorbild der Hirten von Bethlehem (Luk 2,17). Die mitreißende und weithin bekannte Melodie mag ein gutes Stück dazu beigetragen haben, dass es dieses Lied als einziges Abendmahlslied unter die 33 Kernlieder geschafft hat. Dazu kommt sicher die bildhafte Sprache des Verfassers, die auch Kindern vermittelbar ist. Friedrich Walz verzichtet konsequent auf jeden Versuch, die Bedeutung von Brot und Wein beim Abendmahl zu erklären. Er setzt den Akzent ganz auf die Einladung zum Mitmachen. In jedes Haus sollen wir den freundlichen Ruf Gottes tragen: Er lädt dich ein.

Das passt gut zu der in den evangelischen Kirchen in Deutschland seit einiger Zeit neu entdeckten Bemühung, dem Abendmahl wieder einen festen Platz im gottesdienstlichen Leben der Gemeinde zu geben. Verschiedene Liturgierreformen, vor allem aber die Kirchentage mit ihren Feierabendmahlen und ihren großen Schlussgottesdiensten haben vielerorts dazu geführt, das Abendmahl aus dem kümmerlichen Dasein einer Winkelmesse mit ein paar Traditionschristen zu befreien. Die Öffnung für die Konfirmanden und dann sehr bald auch für kleinere Kinder waren die logische Folge. Alle sind eingeladen, betont unser Lied und erwähnt weder eine Konfessions- noch eine Altersgrenze, von einer moralischen Vorbedingung ganz zu schweigen. Ja, sogar von der häufig immer noch zu hörenden Einschränkung, die Einladung gelte allen Getauften, lesen wir in diesem Lied nichts.

## Um Gottes willen: Abendmahl für alle

Eine wichtige Voraussetzung für diese Neuentdeckung und Neubewertung des Abendmahls war, dass wir gelernt haben, das letzte Mahl Jesu mit seinen Jüngern mit den vielen anderen Tischgemeinschaften in Verbindung zu bringen, von denen uns die Evangelien erzählen. Jesus sorgte unter seinen Zeitgenossen offenbar für Aufsehen, weil er sich mit Menschen an einen Tisch setzte, von denen sich strenggläubige Juden fern hielten. Diese taten das um Gottes Willen, um seiner Heiligkeit und Reinheit willen, wie sie meinten. Denn miteinander zu essen, das war in jedem Fall ein religiöser Akt. Da ging es nicht nur darum, ob das Gemüse frisch und das Fleisch durchgebraten war, da ging es auch darum, ob alles im kultischen Sinn „rein" war, was auf den Tisch kam. Und diese Reinheit konnte auch durch Menschen verdorben werden, die sich an den Tisch setzten.

Jesus setzt dagegen nicht ein bisschen mehr Toleranz und Großzügigkeit. Nein, um Gottes Willen darf eine solche Abgrenzung nicht sein, ließ er sie wissen. „Die Gesunden brauchen doch keinen Arzt", erklärt er ihnen, „die Kranken brauchen ihn. Ich bin von Gott zu allen geschickt, die Heilung brauchen“ (Mk 2,16f. u.ö.). Daraus folgt in der christlichen Gemeinde, die sich auch in Sachen kultischer Reinheit von den Juden unterscheidet: Wenn wir über Abgrenzungen beim Abendmahl nachdenken, dann nicht, um sie verständlicher zu machen, sondern um sie abzubauen.

Auch heute gibt es viele Menschen, die keinen Zugang finden: zum Gottesdienst, zum Glauben, zu einer Gemeinschaft, die sie stützt und ermutigt. Das alte Prinzip der Römer – Divide et impera: teile und herrsche“ – sorgt auch unter uns auf mannigfache Weise dafür, dass Menschen nicht zueinander finden, um sich gemeinsam gegen lebensfeindliche Kräfte zu wehren. Die verführerische Behauptung: „Das muss jede/r selbst wissen“ sorgt dafür, dass die, die gemeinsam stark sein könnten, nicht zur Gemeinschaft finden. Hier sind die Christen durch ihren Herrn aufgerufen, gegenzusteuern. „Komm, sag es allen weiter, ruf es in jedes Haus hinein: Gott selber lädt uns ein!“

Die Einladung Gottes ist nicht identisch mit dem sonntäglichen Geläut zu Beginn des Gottesdienstes. Sie ist umfassender, grundsätzlicher. Gott lädt uns ein zu einem Leben, das gelingt. Deshalb geben wir seine Einladung überall da weiter, wo wir Hindernisse abbauen, so dass Leben gelingen kann, von der diakonischen Zeitschrift, die ich einem Wohnungslosen an der Straßenecke abkaufe, bis zur Bereitschaft, einem andern zu vergeben. Aber weil im Vollzug des gemeinsamen Abendmahls dieses gelingende Leben anschaulich wird, gehört es für uns Christen auch dazu, möglichst viele der Hindernisse wegzuräumen, die Menschen an der Teilnahme der Kommunion hindern.

## Brot brechen – das sprechende Zeichen

In der zweiten Strophe wird zum Vollzug des Abendmahls nur so viel gesagt: „Er (Gott) nimmt sich für uns Zeit, wird selbst das Brot uns brechen, kommt, alles ist bereit.“ Gemessen an dem, was heute in den Abendmahlsliturgien an Worten und Gesten alles zur Abendmahlsfeier dazu gehört, ist das auffallend wenig. Umso bemerkenswerter finde ich, dass das Brechen des Brotes erwähnt wird. Gerade das findet nach meiner Beobachtung häufig in der Abendmahlsliturgie gar nicht mehr statt, sei es, weil die kleinen Oblaten schon als fertige Einzelportionen auf dem Teller liegen und die Liturgen das auf der Oblate eingepresste Christussymbol nicht zerstören wollen. Nicht selten unterbleibt es aber wohl auch aus Gedankenlosigkeit oder weil die Beteiligten ganz auf die Heiligkeit der Elemente konzentriert sind.

Aber in der ältesten Fassung der Einsetzungsworte, die uns im 1. Korintherbrief des Paulus überliefert ist, heißt es: „ ..nahm er das Brot, dankte und brach's und sprach: Das ist mein Leib…"(1 Kor 11,23 f.). In den etwas späteren Fassungen, wie wir sie in den ersten drei Evangelien finden, haben sich da schon ein paar kleine Zusatzwörter dazwischen geschoben: „ … nahm Jesus das Brot, dankte und brach's und gab's ihnen und sprach: Nehmet; das ist mein Leib…" (Mk 14,22; ähnlich bei Matthäus und Lukas). Wer genau hinsieht, merkt: In der ältesten Fassung wird das Brechen gedeutet, nicht das Brot, das genommen und genossen wird. „So wie dieses Brot nur zu euch kommt, wenn ich es zerbreche, so kann ich nur zu den vielen kommen, die mich brauchen, wenn mein Leib zerbrochen wird, wenn ich sterbe", sagt Christus am Abend vor seiner Kreuzigung. Schon zwei oder drei Jahrzehnte später lässt sich der (fast) gleiche Satz als Antwort auf die Frage hören: Wie kommt denn Jesus zu uns? Antwort: „In, mit und unter" (M. Luther) dem Brot. Nicht das Brechen steht mehr im Mittelpunkt der Aufmerksamkeit, sondern das ausgeteilte Brot.

Eine folgenschwere Veränderung. Denn nun sind dem Grübeln darüber, wie denn Christus in dem, was wir beim Abendmahl genießen, gegenwärtig ist, Tür und Tor geöffnet. Und das hat bis heute kirchentrennende Folgen. Richten wir dagegen unser Augenmerk auf die gedeutete Geste, dann braucht man kein Geheimwissen; den Vergleich versteht jedes Kind.

Und wie ist das mit dem Wein? Ich lese wieder zunächst die älteste Fassung der Deuteworte bei Paulus: „.. nahm er auch den Kelch nach dem Mahl und sprach: Dieser Kelch ist der neue Bund in meinem Blut." Bei Markus lesen wir dagegen: „..nahm den Kelch, dankte und gab ihnen den und sie tranken alle daraus. Und er sprach zu ihnen: Das ist mein Blut des Bundes …".

## Pokalsieger über Tod und Teufel

Wenn ich das Thema Abendmahl mit meinen Konfirmanden besprochen habe, bat ich sie an dieser Stelle immer, genau zu beobachten, wohin der Zeigefinger Jesu bei seinen Worten „das ist" hinwies. Es dauerte meistens nicht allzu lange, bis sie erkannten: Beim ersten Mal zeigt er von außen auf den Kelch, beim zweiten Mal in denselben hinein. Mit andern Worten: Ursprünglich wurde der Kelch gedeutet, der unter den Jüngern die Runde machte, später das, was sie dabei zu sich nahmen. Von da aus war es dann in der Regel für die Mädchen und Jungen nur noch ein kleiner Schritt zu der Erkenntnis: So wie heute z.B. eine siegreiche Sportmannschaft den gefüllten Pokal kreisen lässt, so feiert Jesus mit seinen Jüngern schon am Abend vor seiner Kreuzigung den Sieg über Tod und Teufel. Die Zusage: Ich muss zerbrochen werden, um bei euch und all den andern zu sein, und die Hoffnung: Mein Tod ist nicht das Ende unserer Gemeinschaft, sondern der Anfang einer neuen Beziehung zwischen euch und mir – beide Zeichen, Brot und Kelch, gehören zusammen. Wenn wir das Brot brechen und den Kelch einander weiterreichen, feiern wir genau dies: die lebendige Gegenwart des gekreuzigten Christus bei uns und für uns.

Und darum sollen beide Zeichen sichtbar sein; das Brot soll sichtbar gebrochen werden. Die schönste Anschaulichkeit habe ich bei den zahlreichen Familiengottesdiensten in der Langeooger Inselkirche erlebt, in denen das Abendmahl den Mittelpunkt bildete. Da verteilte ich nicht die üblichen kleinen, sondern handtellergroße Brothostien, und zwar immer nur an jeden dritten oder vierten im Halbkreis um den Altar, nach Möglichkeit an ein Kind. Und die brachen dann das Brot und verteilten die ungleich großen Stücke mit großem Eifer an ihre Nachbarn zur Rechten und zur Linken, wie ich es ihnen vorher erklärt hatte.

Ebenso gehört das gemeinsame Trinken aus einem Kelch unverzichtbar dazu. Und wem das Drehen und sorgfältige Reinigen zwischendurch wirklich nicht genügt, der sei eingeladen, sein Brot einzutauchen.

„Und wer ihn aufgenommen, wird selber Bote sein." Es ist gut, dass das Lied in unserem Gesangbuch mit dieser Feststellung, diesem Indikativ endet. Früher gab es noch eine vierte Strophe: „Herr, deinen Ruf verachten, / das wäre unser Tod. / Drum hilf, dass wir beachten / dein großes Angebot!" Friedrich Walz hat dabei wahrscheinlich an die Geschichte vom großen Abendmahl gedacht. Da macht Jesus seinen Zuhörern die wunderbare Einladung Gottes anschaulich: Er ist ein Gastgeber, der sich auch durch Absagen nicht beirren lässt. Schon in den ersten Christengemeinden hat man hier den Spieß offenbar gern umgedreht und sich lieber über die Unverschämtheit der Absagen empört als über die großzügige Geduld des Hausherrn gewundert.

Gemeinden, die sich ehrlich bemühen, alles wegzuräumen, was Menschen hindert, Gottes Einladung zu folgen, haben damit genug zu tun. Ihnen bleibt weder Zeit noch Lust, darüber nachzudenken, wie und warum sie Einzelne aussperren sollen. Ob wir „billige Gnade" verkünden in unserer Kirche, entscheidet sich nicht daran, wie sorgfältig unsere Kontrollen sind, sondern wie viel Evangelium in unseren Worten und Taten verständlich und erlebbar wird. „Komm, sag es allen weiter", singen wir. Darin liegt beides: Komm heraus aus dem, was dir bisher richtig und wichtig schien, näher zu mir und zu Gottes Wort. Und: Geh und sag es weiter, die Einladung und wie sie gemeint ist.

# 14 Ich lobe meinen Gott (EG 272)

Warum sollen wir Gott loben? „Weil sein Wort, weil die Bibel uns immer wieder dazu auffordert“, höre ich jemanden sagen. „Glauben wir an eincn Gott, der es nötig hat, gelobt zu werden?“, frage ich zurück. Das würde doch bedeuten, dass Gott eitel ist oder ein mangelndes Selbstbewusstsein hat und am Ende wäre das vielleicht sogar dasselbe. Aber an einen solchen Gott glaube ich nicht. Das passt nicht zu dem, was ich bei Jesus über Gott lerne.

Danach ist er einer, der völlig von sich absehen kann und mit allen seinen Kräften bei dem ist, der ihn braucht. Der Vater im Gleichnis vom verlorenen Sohn ist doch alles andere als eitel. Kein Wort lese ich da, dass er seinem jüngeren Sohn Vorwürfe macht, „als dieser von ihm sein Erbteil fordert und den Vater behandelt, als wäre er schon tot“ (67, S. 55). Und er sitzt auch nicht schmollend in seinem Ohrensessel, als der Sohn abgerissen und mittellos heim kommt, sondern läuft ihm mit ausgebreiteten Armen entgegen, obwohl es damals für einen alten Mann als „unmöglich“ galt, zu laufen. Sieht so ein Gott aus, dem es wichtig ist, gelobt zu werden?

## Braucht Gott unser Lob?

Warum sollen wir Gott loben? „Weil die ganze Schöpfung als sein Werk gar nicht anders kann als ihn zu loben und wir Menschen uns da nicht ausklinken dürfen, sondern mit einstimmen sollen", sagt mir ein anderer. Gut, das leuchtet mir ein. Wenn ich an einem schönen Frühlingstag in meinen Garten schaue, wenn ich mit Menschen, die mir nahe stehen, durch den Wald wandere und dem Gesang der Vögel lausche oder mich vom Panorama einer Insel oder einer Bergwelt gefangen nehmen lasse, dann spüre ich etwas von diesem Bedürfnis, in das große Aufatmen der Schöpfung einzustimmen, weil sie sich nicht sich selbst verdankt.

Aber dieses Gefühl ist so wenig von Dauer, wie es die Beobachtungen sind, aus denen es sich speist. Im nächsten Augenblick fliegt vielleicht ein Falke vorbei und in seinen Krallen schreit eine junge Taube ihre Todesangst heraus. Oder ein Gewitter zieht auf und der Hagel zerschmettert die jungen Triebe an Büschen und Bäumen. Nicht zu reden von den vielfältigen Formen der Zerstörung, die wir Menschen angerichtet haben oder uns gegenseitig antun. Da bleibt nur zorniges Verstummen oder bittere Klage.

Warum also sollen wir Gott loben? „Das Lob Gottes entspringt der Erfahrung, dass Gott sich erleben lässt", sagt ein dritter. Daran ist sicher richtig: Der Glaube ist nicht das Führwahrhalten irgendeiner Vorstellung von Gott. Er ist vielmehr die Offenheit für die immer neue Begegnung mit Gott, die in immer größere Klarheit führt. Unser Gott ist ein Gott des Wortes; wenn er sich hören lässt, können wir nicht stumm bleiben. Wie die Loblieder in der Gestalt von Psalmen oder Chorälen, die in unsern Büchern stehen, Antwort auf frühere Erfahrungen Gottes sind, so suchen wir bei eigenen Erfahrungen von Gottes Gegenwart und Liebe nach angemessenen Möglichkeiten, darauf zu antworten, und greifen, weil wir nicht jedes Mal ein neues Lied erfinden können, nach eben diesen Liedern.

Das Lied „Ich lobe meinen Gott von ganzem Herzen“ scheint diese Erklärung zu bestätigen. Über die Entstehung des französischen Originals berichtet Alain Bergèse, in den siebziger Jahren des vorigen Jahrhunderts Leiter der evangelistischen Gruppe „Les Troubadours de l'Espoir“, zu der auch Claude Fraysse gehörte, der Komponist unseres Liedes: „Als wir den kleinen Pfad, der uns nach Freissinieres (Dep. 05) führt, hinuntergehen, sind unsere Augen noch erfüllt von der großartigen Landschaft, die uns die Berge Anfang August 1975 bieten. In unseren Ohren klingen noch immer die Glocken der Kuhherden, die Schreie der Murmeltiere, das Wasser der Wasserfälle“ (25, S. 26). Am Abend beauftragt Bergèse zufällig Claude Fraysse mit der täglichen kleinen Andacht der Gruppe am nächsten Morgen. Dieser hatte so was noch nie gemacht, erzählt er später Colette Chans-Gobert, die bis zu seinem plötzlichen Tod im Frühjahr 2012 seine Mitarbeiterin und Texterin war. „Ich habe gründlich in meiner Bibel geblättert, sie von allen Seiten gewendet, in meinem Gedächtnis gegraben und versucht, eine bedeutsame Erinnerung zu finden, nichts fiel mir wirklich ein: Es war wie Wüste!“ Dann sei er auf die Psalmen gestoßen und habe sich erinnert, dass viele von David stammten und dieser ein Harfenspieler war. „Unter Musikern müssten wir uns verstehen und vielleicht könnte er mir helfen“, sei ihm durch den Kopf gegangen. In Psalm 9 fand er den Satz: „Ich lobe deinen Namen, du Allerhöchster“ (V. 3): „Endlich bin ich also auf einen für mich existentiellen Text gestoßen. ... Es fehlte dazu die Musik: daran sollte es nicht hängen!... Am nächsten Morgen, im Zuge der Andacht, schlug ich den Teilnehmern des Camps vor, meine neue und sehr frische Komposition zu lernen. Gemeinsam entdeckten wir ... die Kraft der Aussagen des Ps 9 ... Welch wunderbarer Tag eröffnete sich uns! Am selben Abend konnten wir den Treffer dieses Liedes an der öffentlichen Versammlung unserer Evangelisation ermessen. Die Hymne des Camps war geboren!“ (aus einer E-Mail von Colette Chans-Gobert an mich vom 8.3.2012).

Anfangs hat das Lied nur eine Strophe. Erst 1988 erweitert Yves Kéler den Text um vier weitere Verse, wobei er sich eng an die Aussagen von Psalm 9 hält (Colette Chans-Gobert am 18.7.12).

Die deutsche Fassung des Liedes bestätigt diesen Hintergrund. Verfasserin der einen Strophe, die ins EG aufgenommen wurde, ist Gitta Leuschner, eine ehemalige Lufthansa-Stewardess, die in einer Lebenskrise ihre Bekehrung zum Glauben an Christus als Lebenswende erlebte. Sie lernte das Lied auf einem Festival 1976 in der französischen Schweiz kennen, wie sie mir auf Anfrage mitteilte, und nahm es mit in ihre Arbeit der „Jugend mit einer Mission" in Hurlach / Bayern. Diese evangelistisch-fundamentalistische Organisation, international als YWAM (Youth with a Mission) bekannt, hat in Deutschland mehrere Einrichtungen gegründet. „JMEM Hurlach möchte ein Tor in die Mission sein", sagen die Verantwortlichen über sich selbst. „Wir wollen dazu beitragen, Nationen und Generationen mit dem Evangelium zu erreichen, und ihnen helfen, ihren Platz im Reich Gottes einzunehmen."

Auf meine Bitte, mir ihren Liedtext zu erläutern, teilte mir Gitta Leuschner mit: „Das Lied fand überall sehr schnell großen Anklang und wurde im deutschsprachigen Raum zu einem „Renner". Der Grund dafür ist wohl, dass es aus der Bibel stammt und eine frische, Freude bewirkende Ausstrahlung hat. Wenn ich Lobpreis leitete, war es meistens auf meiner Liste … Ich hab übrigens an die hundert Lobpreislieder aus dem Englischen übersetzt. Die meisten davon sind in irgendwelchen Liederbüchern zu finden." Auf meine beharrliche Rückfrage, woran sie z. B. bei „Erzählen will ich von all seinen Wundern" im Einzelnen denke und welche „Botschaft" sie mit ihrem Text vermitteln wolle, erhielt ich leider keine weitere Antwort, trotz mehrmaligem Bitten.

Ein Grund dafür könnte darin liegen, dass Gitta Leuschner die französische Vorlage 1976 nur als einstrophiges Lied kennenlernte und sinngemäß übertrug. Der Vorwurf, sie habe „gegenüber dem neunten Psalm, der (der französischen Vorlage zugrunde liegt und) vom Recht der Armen, von Gerechtigkeit auf Erden … spricht, … das Lied quasi entpolitisiert“ (13, S. 86), ist von daher nicht korrekt.

Aber in dem Psalm heißt es auch: „Der Herr ist des Armen Schutz … Herr, steh auf, dass nicht Menschen die Oberhand gewinnen“ (Ps 9,10 und 20). In Frankreich hat man das gespürt und deshalb 1988 die Strophen 2 bis 5 hinzugefügt. Ich denke, wer „eine Mission für die Nationen und Generationen hat“ und ihnen „helfen (will), ihren Platz im Reich Gottes einzunehmen“, darf diese grundlegenden biblischen Aussagen auf Dauer nicht verschweigen.

Die Melodie von Claude Fraysse ist gemessen an ihrer romantischen und von Anfang an charismatisch geprägten Entstehungsgeschichte erstaunlich schlicht. Sie hat nichts Überschäumendes an sich. Aber vielleicht macht sie das so sympathisch. In feierlichem Es-Dur und einem gemäßigten 2/2-Takt gehen die Töne in 20 Takten Silbe für Silbe den Text entlang. Ein ruhiges Singtempo empfiehlt sich schon allein wegen der vielen Silben, die beim Singen unterzubringen sind.“ (25, S. 27) Man nimmt unwillkürlich das Gefühl dankbarer Verwunderung mit, von dem der Text spricht. Matthias Krepelin hat zweifelsohne Recht, wenn er bei einem Symposion am 8./9.4.2011 in Karlsruhe mit dem Thema Gesangbuch und Kirchenlied in der abschließenden Andacht ausführt: „Das gesungene und gespielte Gotteslob hat … etwas Therapeutisches …, es singt nicht nur vom vergangenen Heil oder vom zukünftigen Heil, sondern es macht das Heil gegenwärtig erfahrbar, es wirkt selbst das Wunder, von dem es singt“ (epd-Dokumentation 40–41/2011, 97 f.).

Aber das macht einen Text, dem man nachdenken und über den man sprechen kann, nicht überflüssig. Die französische Vorlage übersetzt deshalb in Strophe 2 die Verse 8 und 9: „Gott, der Herr, ist König, er regiert für immer. Er hat seinen Thron aufgerichtet, um Urteil zu sprechen, er richtet die Erde. Die

Welt wird die Kraft seines Armes sehen." Strophe 3 nimmt die Gedanken des Psalmverses 10 auf: „Gott sieht die Unterdrückten, er ist ihr Obdach, ihre Zuflucht in Zeiten großer Not. Sein Name ist ihr Heil. Gott sieht den Unterdrückten und er rettet sein Volk, weil er der heilige Gott ist." Strophe 4 ergänzt und verstärkt: „Gott hört die Schreie derer, die wir vergessen haben." Und die letzte Strophe bildet den trinitarischen Schluss. Das Lied enthält in seiner französischen Vorlage also genug biblischen Stoff, um den Lobpreis von Strophe 1 auszumalen. Warum findet sich davon im Deutschen nichts?

## Heilender Lobgesang

Nun, es gibt schon eine Reihe von Versuchen, das Lied mit weiteren Strophen anzureichern. Diese orientieren sich allerdings, soweit ich sehe, inhaltlich durchweg nicht an der französischen Vorlage oder dem zugrundeliegenden Psalm, sondern an einer englisch-amerikanischen Version aus der Global-Praise-Bewegung, und bleiben genau so allgemein und konturenlos wie die erste.

Global-Praise-Bewegung? Hartmut Handt erklärte mir, was es damit auf sich hat. „Der Musikethnologe und Kirchenmusiker I-to Lohe aus Taiwan ebenso wie der schwedische Theologe und Liedermacher Per Harling, die beide zu unserer Gruppe gehören", schrieb mir Handt auf Anfrage, „(bezeichnen sie) als kulturellen Kolonialismus, (im Blick auf) ihre Ausbreitung in aller Welt (mit gigantischer Public Relation-Arbeit und gezieltem Kommerz)...weil sie in weiten Teilen der Erde die indigene Musik, die in manchen Kulturen im christlichen Bereich gerade erst zu keimen beginnt, unterdrückt" (Email vom 10.4.2012).

Um die ruhige festliche Musik und die angesprochene „therapeutische Wirkung" (Krepelin s. o.) beim Singen nicht zu stören, könnte es sich aber in der Tat nahe legen, die Thematik des 9. Psalms im engen Umkreis des eigenen Ich zu meditieren und den Blick zugleich doch über eine nur trancehafte Wiederholung des Hauptgedankens hinauszuführen. Zum Beispiel so:

1. Ich lobe meinen Gott von ganzem Herzen / Erzählen will ich von all seinen Wundern und singen seinem Namen. / Ich lobe meinen Gott von ganzem Herzen. Ich freue mich und bin fröhlich, Herr, in dir. Halleluja.
2. Ich singe meinem Gott und wäge die Worte, / verstehen möcht' ich, was sein guter Wille in meinem Leben wirkte. / Ich singe meinem Gott und all meine Lieder, / sie tragen die Schreie nach ihm in die Welt. Halleluja!
3. Ich suche meinen Gott und prüfe die Spuren, / die er in der Zeit meines Leids in den Sand schrieb, ich war ja nicht verlassen. / Ich suche meinen Gott von ganzem Herzen. / Erzählen will ich, wie er sich hat erbarmt. Halleluja!
4. Ich lobe meinen Gott von ganzem Herzen. / Verschenken will ich mein Lied an die vielen, die noch nach Worten suchen. / Ich lobe meinen Gott und trau seinem Segen. / Er gibt sich auch dem, der noch nicht nach ihm fragt. Halleluja! (Klaus von Mering 2012)

Vielleicht fände das gefühlvolle Lied dann noch öfter in unseren Gemeinden Verwendung, weil es sich mit verschiedenen biblischen Themen oder Predigtaussagen verbinden ließe.

# 15 Lobe den Herren (EG 316/317)

DER weltbekannte Neandertaler ist ein eindrucksvoller Botschafter für die Wahrheit, dass man Wissenschaft und Glaube nicht gegeneinander ausspielen darf; wussten Sie das? Eigentlich müsste jedes Mal, wenn von diesem Urmenschen die Rede ist, im Hintergrund das Lied „Lobe den Herren, den mächtigen König der Ehren“ erklingen. Denn Joachim Neander, der Dichter dieses Liedes war es, der dem Neandertal entlang der Düssel zwischen den Städten Erkrath und Mettmann seinen Namen gab. Und dort wurden 1856 bei Steinbrucharbeiten die Knochenfragmente des „homo neanderthalensis“ gefunden.

Vielleicht ist unser Lied sogar in diesem damals abgelegenen Tal entstanden. Neander zog sich oft dorthin zurück, weil er mit seinen von der Erweckung geprägten Glaubensanschauungen in seiner Kirche viel Widerspruch auslöste. Hier traf man sich heimlich im kleinen Kreise und betete und sang, wie es den Glaubensüberzeugungen in dieser Gruppe entsprach. Hier konnte auch die von Neander für sein Lied gewählte Melodie ihre besondere gefühlsbetonte Wirkung entfalten. Denn hier draußen, wo die Düssel sich damals noch durch enge Kalkfelsenpartien zwängte, löste jeder Laut ein langgezogenes Echo aus. Und anders als in der uns gewohnten geglätteten Fassung mündete Neanders Melodie am Ende jeder Strophe in eine Art Echozeile, in der die letzten fünf Silben nach romantischer Manier im Piano wiederholt wurden.

## Das Lied des Neandertalers

„Das letzte Reimwort in verkürzter Wiederholung wird ihm zur Stimme Gottes, zur Antwort und Bestätigung seiner Gedanken und Worte". erläutert Martin Rößler. „Doch beim Umsingeprozess vom Sololied zum gemeindlichen Gesang sind solche gestalterischen Feinheiten beschnitten, eingeebnet oder gänzlich getilgt worden, und dabei ist viel vom ursprünglichen Charme der Vertonungen verloren gegangen". (20, S. 105). Nicht zufällig überschreibt Neander das Gesangbuch, das er 1679 kurz vor seinem frühen Tod herausgab und in dem neben vielen anderen Liedern aus seiner Feder auch „Lobe den Herren" einer breiten Öffentlichkeit bekannt gemacht wurde, mit dem Leitmotiv: „zu lesen und zu singen auf Reisen, zu Haus oder bei Christen-Ergötzungen im Grünen".

Vor diesem Hintergrund fragt man sich unwillkürlich: Wie konnte aus dem Gesang eines kleinen christlichen Geheim-Zirkels das Kirchenlied werden, das heute nicht nur in Deutschland zu den bekanntesten überhaupt zählt, sondern inzwischen in mehr als 35 Sprachen übersetzt wurde und überall auf der Welt erklingt?

Nun, die Melodie wird daran nicht ganz unbeteiligt gewesen sein. Ähnlich wie bei vielen unserer Kirchentagslieder stieß das Lied „Lobe den Herren" damals bei traditionsbewussten Kirchenmusikern auf energischen Widerstand. Dreigliedrige Versfüße im geistlichen Lied verletzten damals, ähnlich dem oft harten Beat heutiger neuer Lieder, die für diese Gattung geltenden Regeln der Poetik und der kirchlichen Feierlichkeit. Aber das konnte Neander nicht aufhalten; er setzte auf eine neue, gefühlsbetonte Art des Singens. Gott brauche schließlich oft „christliche Lieder und Gesänge als ein Mittel“, der Menschen „Hertzen zu rühren, zu überzeugen und sie auf einen bessern Weg zu bringen“, wie es im Vorwort zu Freylinghausens Gesangbuch von 1704 heißt.

Im Übrigen würde Neander uns die erstaunte Frage von eben vermutlich zurückgeben mit dem Hinweis: Wer so fragt, ist schon in meinem Lied drin. Denn wenn du Gott als den loben lernst, der mit seiner Macht und Herrlichkeit alles überspannt, was du entdeckst und bestaunst, dann bist du auf dem besten Weg zu dem Ziel, in das alle deine Fragen einmünden.

## Glauben und Verstehen

Vielleicht gehören Sie zu den Menschen, die sich mit einer solchen Antwort zufrieden geben. Es ist ja wahr: Wer sich mitnehmen lassen kann in den fröhlichen und tröstlichen Gesang der Glaubensgeschwister, der braucht vielleicht keine Argumente. Den trägt einfach die begeisterte Zustimmung zu dem Gott, den wir ohnehin nicht erklären können. Aber wenn Sie in anderen Bahnen denken oder vielleicht gerade mit etwas beschäftigt oder von etwas betroffen sind, was sich so gar nicht in diesen heiteren Dreiertakt fügen will, dann sollten Sie Joachim Neander zumuten, noch etwas deutlicher zu werden und auf Ihre Einwände einzugehen. Das kann er nämlich, der Liedtext macht das bei näherem Hinsehen deutlich. Vielleicht hat das etwas damit zu tun, dass Neander vor seiner Bekehrung, die er nach dem Bericht eines Freundes mit Anfang zwanzig erlebte, bereits ein kritisch denkender Theologiestudent war.

Neander stammte aus einem Bremer Pastorenhaus. Sein Großvater hatte aus dem Familiennamen „Neumann“, wie Gebildete es damals gern taten, das griechische „Neander“ gemacht. Enkel Joachim geriet zunächst wie von selbst auf die väterliche Theologenspur. Während seines Studiums fand er sich eines Sonntagsmorgens, so wird erzählt, mit einigen Kommilitonen in der Martinikirche in Bremen ein, um den neuen Prediger Theodor Untereyck zu überprüfen, vielleicht sogar zu stören. Der sorgte damals mit seinen Bekehrungspredigten vor allem in der kritischen Jugend für Unruhe. Aber es kam anders: Joachim Neander fand nicht zum Protest, er erlebte selbst eine Bekehrung und begab sich fortan in die Schule bekannter Vertreter dieser Richtung. Das hat aber sein bisher erworbenes Wissen und das im damaligen Barock neu erwachte Interesse am Spannungsfeld zwischen dem großen Universum auf der einen Seite und dem kleinen Menschen, der über sich und die Welt nachdenkt, andererseits nicht ausgelöscht. Der Mensch muss begreifen, dass sich die Erde nicht um ihn dreht, sondern er von Gott in diese Welt hineingestellt ist, das war sein Anliegen. So entstand ein Lied, das im Sinne der Erweckung die persönliche Hinwendung zu Gott betont, aber gleichzeitig auf jede modische Jesusfrömmigkeit verzichtet.

Vielleicht hat es sich gerade dadurch in unsere Herzen gesungen; denn indem es scheinbar einseitig lauter Gründe anspricht, die uns zum Lob Gottes einladen, öffnet es zugleich unser Nachdenken darüber, was denn wirklich unser Leben ausmacht. Genau wie in der biblischen Vorlage, dem 103. Psalm, gestaltet Neander sein Lied als ein inneres Zwiegespräch. Dadurch bleibt er wie von selbst ganz nahe bei dem Menschen, seinen Gedanken und Empfindungen; für dogmatische Belehrungen ist kein Platz.

Sieh doch, was für ein mächtiger König Gott ist, spricht er seine Seele an. Deine Fragen und Nöte sind bei ihm bestimmt in den besten Händen. Er hat dich lieb, auch wenn deine Augen das vielleicht gerade nicht erkennen können. Schau nach oben. Siehst du den Adler, wie er seine Kreise zieht? Ganz klein schaut er aus und ist doch ein so mächtiger Vogel. Und ein treuer obendrein: Adlerpaare bleiben ihr Leben lang beieinander; und auch ihren Nistplatz verändern sie nach Möglichkeit nie. Und weißt du, wie sie ihren Jungen das Fliegen beibringen? Sie geben ihnen, wenn sie flügge geworden am Nestrand hocken, einen kleinen Schubs und überwinden damit ihre Angst vor dem Abgrund. Und wenn der Nachwuchs es an diesem Tag doch noch nicht richtig kann und zu taumeln beginnt, fliegen die Eltern unter ihm durch und fangen ihn wieder auf. (Dt 32,11). Neander setzt darauf, dass diese biblische Erinnerung aus sich selbst spricht: „der dich auf Adelers Fittichen sicher geführet“, dichtet er und überlässt es uns, welche Bilder dabei im Einzelnen in uns wach werden.

In der dritten Strophe spricht der Dichter unser enorm gewachsenes medizinisches Wissen an. Aber das ist für ihn kein Grund zur Überheblichkeit, im Gegenteil: Je mehr Einzelheiten uns die Wissenschaft aufdeckt, desto mehr Grund haben wir, darüber zu staunen, dass diese zahllosen Prozesse in unserm Körper in der Regel ohne unsere Überwachung fehlerlos funktionieren. Mir macht das der Umgang mit dem Computer besonders anschaulich: Vordergründig blendet er mich mit der rasenden Schnelligkeit, in der er bestimmte Aufgaben erledigen kann, für dic ich früher Stunden und Tage brauchte. Aber wenn ich dann lese oder in einer Fernsehsendung erklärt bekomme, dass es den Roboterspezialisten immer noch nicht annähernd gelungen ist, die Bewegungen eines menschlichen Handgelenks nachzuahmen, dann schaue ich auf einmal wieder ganz anerkennend und dankbar auf meine scheinbar so langsamen Hände.

## Gott im strömenden Regen begegnen

Noch einmal nimmt Neander das starke biblische Bild von den schützenden Flügeln auf, diesmal wohl in Anlehnung an Psalm 17,8, Psalm 36,8, Psalm 57,2, Psalm 63,8; Mt 23,37. Neben den ganz weltlichen Begriff der Gesundheit tritt in der vierten Strophe der andere vom „Stand“. Wie die bis heute gebräuchliche Bezeichnung „Standesamt“ deutlich macht, in dem ja in der Regel auch das Meldeamt untergebracht ist, muss man hier sowohl an den Familien- wie an den Berufsstand denken.

Dass in beiden heute meist mehr Bewegung herrscht als zu Zeiten unserer Großeltern, macht vielleicht den Begriff unzeitgemäß, aber nicht die Sache. Deshalb kann man an dieser Stelle der ökumenischen Fassung „sichtbar dein Leben gesegnet“ (EG 316) wirklich den Vorzug geben. Dass Neander unverheiratet geblieben ist, kann vor dem Irrtum schützen, hier ausschließlich an eine große Kinderschar zu denken. Gleichzeitig dürfen wir aber auch nicht zulassen, dass Gottes Segen im Sinne eines erfolgreichen Berufslebens nur auf Kosten von Familie erfahrbar wird.

In dieser Strophe tritt neben die Adlerflügel ein zweites starkes Naturbild: „der aus dem Himmel mit Strömen der Liebe geregnet“. Vielleicht muss man einmal in einem Land gelebt haben, das monatelange Trockenzeiten kennt, um die lebendige Kraft eines Regengusses als Ausdruck für Gottes Liebe am eigenen Leibe nachempfinden zu können. Und wie das Bild vom Adler seine Wirkung dem Blick auf den Schwindel erregenden Abgrund verdankt, so der von den Strömen der Liebe dem Erleben trostloser Dürre und Wüste. Dasselbe gilt schließlich von dem Licht in Strophe fünf: Licht kann seine orientierende, wärmende, Hoffnung weckende Kraft nur vor einem dunklen Hintergrund entfalten.

Das Lied wendet sich also durchaus nicht nur an Menschen, die gerade die Annehmlichkeiten der Sonnenseite genießen. Und es will schon gar nicht so verstanden werden, als wäre Lob Gottes nur um den Preis von Wirklichkeitsverdrängung zu haben. Schließlich werden in der Anfangsstrophe nicht die sprichwörtlichen Pauken und Trompeten um Hilfe gerufen, sondern Psalter und Harfe, zwei leise, fein klingende Saiteninstrumente.

Nein, das Lied hat weder zu Zeiten Neanders noch heute nur vor dem Hintergrund einer heilen Welt „funktioniert“. Damals stieß man noch landauf, landab auf die verheerenden Spuren, die der Dreißigjährige Krieg hinterlassen hatte, an Gebäuden ebenso wie in den Menschen. Und die dreißig Jahre, die das Leben des früh vollendeten Joachim Neander ausmachten, waren, jedenfalls im letzten entscheidenden Drittel, von viel Unruhe und Not geprägt. Nicht zufällig weiß man bis heute nicht, wo der junge Hilfsgeistliche der Martinikirche begraben wurde. Martin Rößler stellt dazu fest: „Immer wird die Wirklichkeit das Lob anfechten. So gesehen, ist das Lob stets ein lauter Protest gegen die graue und grausame Wirklichkeit der Welt, ein Potential an Hoffnung. Lob will zu dem Vertrauen locken: Gott behält dennoch die Welt in seinen Händen." (87,2 S. 116)

Zum Schluss noch ein Wort zu den beiden Textfassungen des Liedes in unserm Gesangbuch: Die ökumenische Version hat ihre Berechtigung vor dem Hintergrund, dass sie ein gemeinsames Singen von Christen aus allen deutschsprachigen Kirchen ermöglicht. Sprachlich bleibt sie in der ersten Strophe hinter dem Original zurück, weil sie die Spannung des inneren Dialogs zwischen Dichter und Seele abschwächt. Dass in der letzten Strophe aus „alles, was Odem hat, lobe mit Abrahams Samen" in EG 316 wurde: „Lob ihn mit allen, die seine Verheißung bekamen", ist zwar inhaltlich korrekt übersetzt; denn aller Kreatur gilt Gottes Verheißung (Röm 8,18–25). Und mit Abrahams Same wurde im 17. Jahrhundert lediglich blumig das neue Israel, die Christenheit umschrieben. So gesehen greift „alle, die seine Verheißung bekamen" eigentlich weiter und schließt auch die Juden ein. Trotzdem empfinde ich die Streichung des Namens Abraham als Verlust. Er darf eigentlich nicht fehlen, weil Abraham als Ahnherr der drei abrahamitischen, monotheistischen Religionen unter uns – Judentum, Christentum, Islam – eine neue Bedeutung bekommen hat (20, S.117).

Und gerade vor dem Hintergrund, dass man in unserer Kirche gelegentlich hören konnte, nach dem Holocaust könne man einen Gott, „der alles so herrlich regieret", nicht mehr loben, empfinde ich die sperrige Formel „alles, was Odem hat, lobe mit Abrahams Samen" in diesem populären Lied als notwendigen Denkanstoß.

# 16 Nun danket alle Gott (EG 321)

Mit dem Danken ist das so eine Sache. Entweder, es ist einfach da, das Gefühl großer Erleichterung nach schlimmen Zeiten, als überschäumendes Glück, weil die Menschen um mich herum so sichtbar gut zu mir sind oder weil etwas gelungen ist, auf das ich mächtig stolz bin. Dann brauche ich keine Ermahnung zum Dank, dann bin ich einfach erfüllt davon. Und das wird sich schon seinen angemessenen Ausdruck suchen.

Oder ich werde zum Dank aufgefordert. Wir kennen das noch aus Kindertagen: „Wie heißt das Zauberwort?“ Und die richtige Hand soll es auch noch sein. Ich soll mich bedanken, aber eigentlich freue ich mich gar nicht über das Erhaltene. Oder ich bin mit ganz anderen Gedanken beschäftigt, soll nun aber so was wie eine Quittung herausrücken, damit alles seine Ordnung hat. – „Nun danket alle Gott!“ – Hängt unser Danken von unseren Stimmungen oder von unserer guten Erziehung ab?

Die Vermutungen über den Anlass zur Entstehung des Liedes „Nun danket alle Gott“ spiegeln die angedeutete Gespaltenheit. Martin Rinckart hat es für seine Kinder als Dankgebet nach dem Essen geschrieben, sagt eine Überlieferung. In einem Gesangbuch aus dem 17. Jahrhundert wird dazu in der Überschrift angemerkt: „Wo drei Kinderlein eins ums andre beten“, sollen sie am Ende der Mahlzeit entweder das Wort aus Sirach 50 oder unser Lied aufsagen. Sir 50 heißt in der Lutherübersetzung: „Nun danket alle Gott, der große Dinge tut an allen Enden, der uns von Mutterleib an lebendig erhält und uns alles Gute tut. Er gebe uns ein fröhliches Herz und verleihe immerdar Frieden zu unserer Zeit in Israel, und dass seine Gnade stets bei uns bleibe und uns erlöse, solange wir leben.“ (V. 24f).

## Tischgebet oder Jubiläumsfanfare

Eine andere Begründung bringt unser Lied mit den großen Jubiläumsfeiern zur hundertsten Wiederkehr der Übergabe der Confessio Augustana am 24.Juni 1630 in Verbindung. Dieses Ereignis wurde gerade in Kursachsen, Rinckarts Heimat, drei Tage lang auf ausdrücklichen Befehl des Kurfürsten groß begangen Für diese Verknüpfung spricht, dass Martin Rinckart Zeit seines Lebens ein großes Interesse an der Geschichte der Reformation bewiesen und dazu eine Reihe von Schauspielen geschrieben hat, in denen wichtige Ereignisse aus dem Leben Martin Luthers im Mittelpunkt standen. Im sechsten und letzten dieser Stücke mit dem Titel „Luther augustus“ ging es um das Augsburger Bekenntnis.

Rinckart berichtet dabei über seinen Gemütszustand: „Dass diese und etliche folgende Wunderfreudentage die fröhlichsten gewesen, die ich auf Erden gehabt, wird bezeugen alles, was ich daran getan, geredet und geschrieben habe, sonderlich aber vier Parodia“ („Parodie’“ hatte damals keinerlei ironischen Unterton, es bezeichnete einfach die Umdichtung einer Vorlage). Als erste „Parodia iubilaea“ oder „Jubel-Jahres-Triumph-Gesang“ Rinckarts ist uns eine Umdichtung des Deborahliedes aus Richter 5 erhalten: Sie beginnt folgendermaßen:

Nun danket alle Gott,
dem Herren Zebaoth,
der uns vom welschen Sidera,
vom Papst und seiner Pracht,
uns, seine kleine Deborah,
die Kirch, hat frei gemacht.

Es liegt nahe, dass die Umdichtung von Sir 50 zu „Nun danket alle Gott mit Herzen, Mund und Händen“ unter diese „Parodia“ zu rechnen ist und also die große Freude des Dichters wieder spiegelt, dieses Jubiläum mit feiern zu können. (59, S. 350)

Wir heutigen können diese Freude nur verstehen, wenn wir uns bewusst machen: Damals, 1630, standen die Menschen mitten im Dreißigjährigen Krieg, in dem – vordergründig betrachtet – die evangelischen Christen sich gegen die Versuche der katholischen Fürsten wehrten, Deutschland wieder zu einem einheitlich katholischen Land zu machen. Diese Feindschaft zwischen den Kirchen gehört heute – Gott sei Dank! – seit Langem der Vergangenheit an. Heute sind Christen beider Konfessionen aufgerufen, sich ihres Glaubens bewusst zu sein und ihn in verständlichen Worten zu bekennen, damit wir nicht in einem ungenießbaren Brei von Unklarheiten und religiösen Privatvorstellungen versinken. Der Aufruf Martin Rinckarts, Gott zu danken für die klare Botschaft des Evangeliums, ist also keineswegs „von gestern“.

Ein Vergleich zwischen der biblischen Vorlage unseres Liedes aus Sir 50 und Rinckarts Dichtung kann dabei eine Hilfe sein. Die Formel „mit Herzen, Mund und Händen“, die der Autor in der ersten Strophe ergänzt, dürfte schon zu seiner Zeit geläufige Redewendung gewesen sein für „mit allem, was wir sind und tun“. Wir finden sie schon in dem einhundert Jahre älteren Lied von Michael Weiße: „Aus tiefer Not lasst uns zu Gott von ganzem Herzen schreien“ (EG 144, 2; wobei dort der Akzent auf dem Tun liegt!). Wegen der von vielen Fachleuten gerühmten kunstvollen Sprache unseres Liedes möchte ich mich nicht mit der Auskunft zufrieden geben, die Formel sei hier einfach des Reimes wegen eingeflossen. Wenn in Israel Gott gerühmt wurde, weil er große Dinge tut an allen Enden, dann stand dahinter das Staunen darüber, dass Gottes Macht und Zuständigkeit nicht an den Grenzen des kleinen Israel endete, sondern auch die Länder und Mächte umfasste, denen sich die Juden hilflos ausgeliefert fühlten.

### Danken und verändern

Im 17. Jahrhundert tritt zu diesem Staunen hinzu, dass der Mensch längst damit begonnen hat, selber die „Enden der Erde“ zu erobern. So gesehen ruft uns der Dichter mit seinem Lied auf, alle unsere Entdeckungen unter den Dank „mit Herzen, Mund und Händen“ zu stellen. Was das z. B. im Blick auf die Fortschritte der modernen Medizin oder auf den ständig steigenden Energiebedarf in der Welt bedeutet, kann hier nur als Frage angedeutet werden.

Entsprechendes gilt von der Ergänzung „von Kindesbeinen an“: auch wieder eine Formel, aber wieder keine zufällige. Bert Brechts „Mutter Courage“ hat auch denen unter uns, die wenig über Geschichte wissen, eindrücklich vor Augen geführt, welchem Elend gerade Mütter und Kinder im Dreißigjährigen Krieg ausgesetzt waren. Damals wie heute in den Armutsgebieten der „Dritten Welt“ war und ist es der Mangel an sauberem Wasser, der vor allem zahllose Kindern durch umlaufende Seuchen das Leben kostet(e). Wir können als Christen Gott nur glaubwürdig danken beim Anblick niedlicher Kinderfotos, wenn wir dabei die anderen aus dem Fernsehen nicht ausblenden.

Schließlich die dritte und letzte scheinbar „kleine“ Korrektur: im Buch Sirach heißt es, Gottes Gnade möge bei uns bleiben und uns erlösen, solange wir leben. Rinckart macht daraus: „und uns in seiner Gnad erhalten fort und fort und uns aus aller

Not erlösen hier und dort“. Ein Christ kann Gottes Erlösungswerk nicht auf dieses Leben beschränken. Durch die Auferweckung Jesu Christi von den Toten sind wir zu einem Vertrauen gerufen, das an der Tür zum Tod nur insoweit endet, als wir dort endgültig nichts mehr tun können. Hinter dieser Tür sind wir mit Leib und Seele nur noch Empfänger der Gnade Gottes.

Aber im Umkehrschluss heißt das für Gottes Erlösen „hier und dort“: Erlösung beginnt nicht erst nach dem Tod, sie geschieht schon tagtäglich. Wir können Erlösung erleben als Befreiung von Ängsten, von Fesseln, die uns am richtigen Leben hindern, von Überwindung unserer Unfähigkeit, einem Menschen zu vergeben oder in der Genesung von einer Krankheit. Aber in diesen Erlösungserfahrungen sind Gottes Handeln und unser Tun – oder das anderer Menschen – immer gleichzeitig am Werk. Und nicht selten fällt es uns schwer, das eine vom anderen genau zu unterscheiden, so dass wir schlicht vergessen, Gott für etwas zu danken.

Vielleicht kann diese Überlegung eine Hilfe sein: Wenn wir still werden „mit Herzen, Mund und Händen“, indem wir die Hände falten und damit zur Untätigkeit zwingen, und Mund und Herz zum Schweigen bringen, um nur noch zu hören, dann sind wir der Lage „hinter der Todestür“, von der wir eben sprachen, so nahe wie es nur menschenmöglich ist. Das heißt, dann sind wir offen für das Erlösungshandeln Gottes, zu dem wir nichts beitragen können, weder unsere Tüchtigkeit – früher sagte man „unsere guten Werke“ – noch unsere Überzeugungen, unsern Glauben. Aus solchem Hören erwächst dann die Klarheit, deutlicher zu erkennen, wo unser Tun tatsächlich gefragt ist und etwas zum „Erlösen“, zur Befreiung beitragen kann. Da gibt es unendlich viele Arbeitsfelder; aber sie liegen alle diesseits jener Tür. Auf der anderen Seite werden wir alle gleichermaßen allein auf Gottes Gnadenhandeln angewiesen sein.

Deshalb muss unser Lied mit einem Lob der Dreieinigkeit Gottes enden. Rinckart hätte sicher noch vieles aufzählen können, was wir bei unserm Danken „mit Herzen, Mund und Händen" nicht vergessen sollen. Das Herz ist da ja ein hilfreiches Notizbuch. Denn wenn wir einmal für ein paar Sekunden auf sein Schlagen achten, merken wir, wie wenig wir in Wahrheit davon leben, dass wir einen Termin nicht vergessen. Wenn wir unseren Mund ernst nehmen, werden wir vielleicht hin und wieder ein Wort weniger sagen und dafür das richtige zur rechten Zeit. Und wenn wir unsere Hände anschauen, fällt uns wahrscheinlich wieder ein, wie wichtig sie für die Bewältigung unseres täglichen Lebens sind. Aber vielleicht werden wir dabei auch gewahr, wie oft unser Mund vergisst, dass wir auch Hände haben. Oder was unsere Hände an Gutem zustande bringen können.

Aber das alles überlässt der Dichter getrost unserer Fantasie, wohl wissend, dass danken fröhlich macht und Fröhlichkeit einfallsreich. Es muss ja nicht immer alles gesagt werden, manchmal ist ein Horchen auf unsere Gefühle weiterführender. Die knappe biblische Vorlage wird im Übrigen mit dazu beigetragen haben, dass sich der Text auf wenige grundsätzliche Aussagen beschränkt.

Die Melodie Johann Krügers machte daraus ein Lied, das durch seine Tonwiederholung am Anfang und seinen geringen Tonumfang im Mittelteil sehr an ein Fanfarensignal erinnert. Das wird dazu beigetragen haben, dass „Nun danket alle Gott" im Liedgut der preußischen Armee einen festen Platz einnahm. Und so kann es nicht wundern, dass die am 18. Januar 1871 im Spiegelsaal des Versailler Schlosses versammelten Landsherren und Generäle unser Lied anstimmten, als der Preußenkönig Wilhelm I. zum deutschen Kaiser proklamiert wurde. Bis heute gehört der Choral seitdem zum „Großen Zapfenstreich" der Bundeswehr.

In der zweiten Strophe heißt es schließlich: „Der ewig reiche Gott / woll' uns bei unserm Leben / ein immer fröhlich Herz / und edlen Frieden geben". Die Meinung darüber, ob Soldaten für diesen Frieden hilfreich und notwendig sind oder eher nicht, gehen unter Christen auseinander. Aber dass bei öffentlichen Ereignissen, zu denen der Große Zapfenstreich als fester Bestandteil gehört, an das Gebet um Frieden erinnert wird, dagegen kann niemand etwas haben.

Danach wendet sich unser Lied dem Einen zu, das in diesem Zusammenhang nicht ungesagt, besser: unbesungen bleiben darf: die Wirklichkeit Gottes. Dabei knüpft es an die alte Tradition an, dass die Christen die Lieder Israels, die Psalmen, für ihre Gottesdienste übernommen haben, aber durch einen Lobpreis des dreieinigen Gottes am Ende sich immer wieder daran erinnerten und bis heute erinnern, dass sie dazu nur deshalb das Recht haben, weil der Jude Jesus sie zu diesem Gott eingeladen hat. Durch seine Auferweckung sind sie mit dem Heiligen Geist begabt. Deshalb: „Lob, Ehr und Preis sei Gott, dem Vater und dem Sohne und Gott, dem Heilgen Geist, im höchsten Himmelsthrone."

# 17 Ich singe dir mit Herz und Mund (EG 324)

Von Johann Joachim Winckelmann, dem großen Archäologen und Kunstgeschichtler, wird erzählt, er habe sich nach seinem glanzvollen Aufstieg zum päpstlichen Bibliothekar in Rom 1755 ein Gesangbuch aus Deutschland schicken lassen, weil er das Lied „Ich singe dir mit Herz und Mund" aus dem Gedächtnis nicht mehr zusammenbrachte. So eine Bestellung war damals – ohne Internet und schnelle Paketzustellung – eine aufwändige und kostspielige Angelegenheit. Es muss Winckelmann viel daran gelegen gewesen sein, dieses Lied, das er als Schüler beim Kurrende-Singen kennengelernt hatte, wiederzufinden. Um o größer war seine Enttäuschung, als er nach wochenlangem Warten das erbetene Gesangbuch aus Deutschland aufschlug – aber das Lied stand nicht drin. Ratlos und wütend schrieb an seinen Freund, Professor Heyne, in Göttingen: „Warum finde ich in dem Hannoverschen Gesangbuch mein Leiblied nicht – Ich singe dir mit Herz und Mund? Lassen Sie diesen Mangel als eine Beschwerde von mir an das Konsistorium gelangen. Ich habe dieses Buch mit Not nach Rom kommen lassen und werde gezwungen, ein anderes Gesangbuch zu verschreiben. Es muss eine Ketzerei dahinter sein und verdient Ahndung."

Das ihm übersandte Gesangbuch war das Hannoversche Gesangbuch vom Jahre 1740. Es war ein Produkt der Aufklärung, die sich damals in den gebildeten Kreisen immer weiter ausbreitete. Da hatten so „naive“ Lieder wie Paul Gerhardts „Ich singe dir mit Herz und Mund“ im Gesangbuch nichts mehr zu suchen.

## Arroganz der Aufgeklärten

Auch Winckelmann war in der Denkweise der Aufklärung groß geworden und verdankte ihr sein überragendes Interesse und Wissen auf dem Gebiet der Altertümer und der Kunstgeschichte. Und dass er sein evangelisches Bekenntnis kurzerhand gegen das katholische eintauschte, weil er nur so die begehrte Stelle in Rom übernehmen konnte, spricht nicht unbedingt für eine tiefe Verwurzelung in seinem Glauben. Trotzdem war ihm unser Lied so wichtig. Warum? Ich denke, es muss etwas damit zu tun haben, dass Winckelmann durch seinen täglichen Umgang mit der Kunst ein tieferes und umfasssenderes Verständnis vom Menschen gewonnen hatte als die kirchenfrommen Herausgeber des Hannoverschen Gesangbuches.

Was Paul Gerhardt hier singt, ist eben nur oberflächlich betrachtet „naiv“, vorwissenschaftlich. In Wirklichkeit spricht sich hier eine Menschenkenntnis aus, die über die Jahrhunderte hinweg auch heute noch helfen kann, mit Erfahrungen von Niedergeschlagenheit und Leere angemessen umzugehen und uns den Weg in eine neue aktive Lebensgestaltung zu öffnen.

„Wer bin ich?“, könnte man die ersten sechs Strophen des Liedes überschreiben. Ich bin einer, der singen kann, antwortet Paul Gerhardt sich selbst. Und indem ich singe, geschieht ein Doppeltes: Ich öffne den verschütteten Zugang zu meiner Mitte, die allem Trübsinn zum Trotz leben will, die „Lust“ meines Herzens. Und ich gebe unwillkürlich weiter, was mich trägt, nicht, was mich bedrückt.

Unser Lied bietet sich also nicht nur dem an, der gerade „gut drauf“ ist, sondern – um im Bild zu bleiben – gerade dem, der „drunter“ ist, nämlich unter der Last der Melancholie, wie Winckelmann gesagt hätte; er hatte mit Anfällen von Schwermut Erfahrung. Da ist einem nicht nach Singen zu Mute, da muss man sich dazu überreden – auch Paul Gerhardt hätte dazu einiges zu sagen. „Geh aus, mein Herz, und suche Freud“, dichtete er, und „Warum sollt ich mich denn grämen“, „Auf, auf, gib deinem Schmerze und Sorgen gute Nacht“ oder, in unserm Lied: „Nimm deine Sorg und wirf sie hin auf den, der dich gemacht.“ Das ist offensichtlich ein Kraftakt, dazu gehören Konzentration und Disziplin, aber die sind auch gut investiert. Schon mit der Frage „Wer bin ich?“ helfen sie weiter. „Ich weiß, dass du der Brunn der Gnad und ewge Quelle bist.“ Der Dichter erinnert sich, was er aus der Bibel gelernt hat bzw. was man darin lesen kann. Brunnen und Quelle, da kann der Durstige schöpfen, das versteht schon, wer sich in der Bibel sonst nicht auskennt. Wer aber weiter sucht, erfährt in diesen Bildern, was Gott begegnen wirklich heißt (Jer 17,13; Joh 4; Offb 21,6).

Aber Paul Gerhardt will nicht nur denen helfen, die mit der Bibel und dem Glauben eigentlich die Hilfe schon in der Hand halten. Oder sollte man besser sagen, Paul Gerhardt weiß: Wer so niedergeschlagen ist, dem müssen in jedem Fall ganz kleine Schritte angeboten werden, damit er sich wieder aufrichten kann, fromm hin oder her. In den Strophen 3 bis 6 werden darum kindliche Erfahrungen aufgerufen. Aus dem Staunen der Kinder entwickelt sich ja das Fundament des Vertrauens, das später auch Erwachsene trägt. Deshalb ist es doppelt verwerflich, Kindern das Staunen wegzunehmen, sei es, indem man es lächerlich macht oder indem man es mit einem Übermaß von Erklärungen erstickt. Auch uns Erwachsenen tut es gut, diese kindlichen Fragen noch einmal singend nachzuvollziehen und dabei an uns selbst zu beobachten, was sie an Gefühlen und Erinnerungen auslösen.

## Gegen Depressionen helfen keine guten Ratschläge

Im zweiten Strophenblock (7 bis 12) meditiert Paul Gerhardt, was ihm Bibel und Bekenntnis an Antworten zur Verfügung stellen. Er tut das in der Form des Gebets, in jeder Strophe wird Gott angerufen: Du hältst die Wach, du nährst, du strafst mit Geduld, du gibst, was uns erfreut, du zählst meine Tränen, du führst uns in des Himmels Haus. Auf diese Weise kann jeder, der das Lied singt, seine persönliche Nähe oder Distanz zu den einzelnen Aussagen selbst gewichten. Es werden keine Behauptungen aufgestellt: Wenn du Christ bist, musst du glauben … Das wird leicht zu einer Mauer, vor der der Zuhörende hilflos stehen bleiben muss. Es werden aber auch keine Ratschläge erteilt, die vielleicht an der Not des anderen völlig vorbeigehen. Indem der Dichter betet, macht er deutlich, dass er für die Wahrheit seiner Worte nicht einstehen muss; sie ist Teil der Bitte, die er an Gott richtet. Und die Form des Gebetes sorgt dafür, dass die Aussagen ganz persönlich bleiben; wir als Mitsänger können sie hören und selbst entscheiden, ob wir auch so oder vielleicht ganz anders beten möchten.

In diesem Zusammenhang kann es eine wichtige Hilfe sein, sich in Erinnerung zu rufen, was wir über Paul Gerhardt wissen. Da ist ja manches, was die Aussagen weit weniger selbstverständlich erscheinen lässt, als sie auf den ersten Blick vielleicht klingen. Paul Gerhardt war schon als Vierzehnjähriger Vollwaise. Um sein Theologiestudium in Wittenberg finanzieren zu können, musste er eine Stelle als Hauslehrer annehmen. Auch nach dem Examen stand ihm keine Pfarrstelle zur Verfügung, er musste sich seinen bescheidenen Lebensunterhalt weiter als Hauslehrer verdienen. Dazu kam die Erfahrung des 30-jährigen Kriegs, die ihn seit seinem 11. Lebensjahr überall hin begleitete. In Berlin, wo er seit 1643 lebte, starben z. B. bis Kriegsende 1648 von den anfangs 12000 Einwohnern 7000 an den Kriegsfolgen und den sie begleitenden Seuchen. Gerhardt selbst musste vier seiner fünf Kinder und seine Frau zu Grabe tragen. Wer das weiß, hört einen Satz wie „und stehst uns, wenn wir in Gefahr geraten, treulich bei“ (Str. 8) mit anderen Ohren. Und die 11. Strophe, die von den sorgsam gezählten Tränen spricht, macht auch deutlich, dass Paul Gerhardt nicht einfach verdrängt, was ihm Angst macht oder ihn traurig stimmt. Es gab viel Grund zu weinen in seinem Leben, ja. Aber er hat immer wieder Halt gefunden an den Aussagen der Bibel, Sätzen wie diesen z. B. aus dem großen Moselied: „Denn alles, was er tut, das ist recht. Treu ist Gott und kein Böses an ihm; gerecht und fromm ist er“ (5 Mose 32,4). „Theologus in cribo satanae versatus“, d. h. ein „in Satans Sieb gesichteter“ Theologe, so lautet die Unterschrift zu dem Bild Paul Gerhardts in der Kirche zu Lübben (wo er starb und beerdigt wurde) und fasst so das Leben und Schicksal des Liederdichters zusammen (89, S. 36).

## Beichtvater Meeresbrandung

Dazu gehört auch das Thema Schuld und Vergebung. Es dürfte kein Zufall sein, dass der dankbare Satz „(du) nimmst unsere Schuld und wirfst sie in das Meer“ genau in der Mitte des Liedes ausgesprochen wird, in der neunten Strophe. Mir hat sich dieser Satz tief ins Gedächtnis eingeprägt; schließlich wohnte ich fast 25 Jahre meines Berufslebens so nahe am Meer, dass ich die Brandung an windigen Tagen in meiner Wohnung so laut hörte wie andere eine in der Nähe vorbeiführende Hauptverkehrsstraße. Und wer einmal bei stürmischem Wetter am Strand in die anrollenden Wellen geschaut hat, dem ist diese Versinnbildlichung von Vergebung ungleich eindrücklicher als die vom zerrissenen Schuldschein oder der großzügig erlassenen Strafe. Aber auch diese Aussage macht Gerhardt in Form eines Gebetes. Aus eigener Kraft werden wir mit unserer Schuld nicht fertig, wir sind auf Gnade angewiesen.

In der zwölften Strophe schließlich klingt an, dass wir unsere Klage und unser Unverständnis über so manches, das uns widerfährt, nicht verschweigen müssen, um uns dankbar genug zu erweisen. „Du füllst des Lebens Mangel aus mit dem, was ewig steht", betet der Dichter. Wir müssen uns nicht schämen, wenn wir mehr Mangel wahrnehmen als Erfüllung und wir müssen schon gar nicht deswegen verzweifeln, weil unsere Rechnungen nicht aufgehen, auch unsere frommen Rechnungen nicht. Unser irdisches Leben, das, was wir sehen und verändern können, ist eben nie das Ganze, ist immer nur eine Schale, in die Gott seine himmlischen Gaben einschenkt, damit wir wirklich genug haben und zur Ruhe kommen. So wie jedes Zimmer, das wir bewohnen, nur eine Unterkunft auf Zeit ist, so müssen wir weder in unseren Erfolgen noch in unserem Glück die volle Befriedigung finden, sondern können Gott bitten, dass er aus seiner Fülle das Maß dazu tut, das uns gut ist.

Im letzten Drittel seines Liedes (Str. 13 bis 18) nimmt Paul Gerhardt das Zwiegespräch mit seinem Herzen direkt auf, um ihm über den Ertrag seines Gebetes zu berichten. Auf das „Wer bin ich?" (1 bis 6) und das „Wer bist du für mich, Gott?" (7 bis 12) folgt nun das „Was bedeutet das für mich?" (13 bis 18). Man kann fragen, ob ein solches Vorgehen nicht allzu methodisch daherkommt für den, der keinen Ausweg aus seiner Niedergeschlagenheit findet. Aber diese Gliederung soll sich ja nicht direkt mitteilen, sie stellt nur das gedankliche Gerüst für den dar, der vielleicht einem andern helfen möchte. Dann wird deutlich: Nicht so schnell mit Ratschlägen und Antworten kommen, lange Zeit zuhören, durch Fragen besser verstehen suchen. Und dann: erst einmal beten, bei Gott und seinem Wort Rat suchen. Erst dann öffnet sich, vielleicht, eine Tür, durch die ich dem anderen begegnen und helfen kann.

Erfüllt von dem, was der Dichter im Gebet empfangen hat, ruft er sein Herz auf: „Sing und spring und habe guten Mut!" Jetzt ist keine Zeit mehr für kleine, behutsame Schritte, jetzt geht's ums Ganze: Gott, der alles geschaffen hat, ist auf deiner Seite! Was kann da irgendeins dieser Geschöpfe gegen dich ausrichten? Er, Gott, ist doch dein – fast atemlos wird dieses Wunder in Str. 14 ausgemalt – wie kannst du ihm da nicht deine Sorgen in die Hand drücken! Er trägt doch gerade deinen Schuldenberg hinunter zum Meer (Str. 9), da kann er dieses Päckchen gleich mitnehmen. Ein heiterer Ton gewinnt die Oberhand, der in den Ruf mündet: „Ei nun, so lass ihn ferner tun und red ihm nicht darein!"

Vielleicht haben Sie dieses Lied von Anfang an in diesem heiteren Ton gesungen, unter „Loben und Danken" ist es schließlich in unserem Gesangbuch eingeordnet. Machen Sie ruhig so weiter! Auch im Glück brauchen wir Worte und Töne, mit denen wir unserem Herzen Luft machen. Aber im Unglück eben auch, da vielleicht erst recht. Und wenn dieses Lied im Glück Ihr Vertrauen gewonnen hat, kann es Ihnen vielleicht im Unglück umso besser helfen.

# 18 Großer Gott, wir loben dich (EG 331)

GROSSER Gott, wir loben dich – immer, wenn ich dieses Lied anstimme, rührt sich in mir ein tiefsitzendes Gefühl, etwas Unerlaubtes zu tun. Das muss damit zusammenhängen, dass meine Mutter dieses Lied – wie einige andere – bewusst aus dem Schatz verbannte, den sie uns in unserer frühen Kindheit vermittelte. Als Mitglied der Bekennenden Kirche und Witwe eines Pfarrers, der wegen dieser Überzeugung nur als Illegaler in der Gemeinde Dienst tun durfte und kurz darauf als Soldat sein Leben verlor, hielt sie uns zu allem auf Abstand, was bei den Nazis beliebt war – und dieses Lied gehörte dazu. In der dörflichen Volksschule, die ich nach Kriegsende besuchte, stimmte der Lehrer aber genau dieses Lied an jedem Morgen zu Beginn des Unterrichts mit uns an. Ich erinnere mich nicht, dass wir uns als Schüler darüber wunderten, dass es immer nur dieses eine Lied war; es gehörte zum täglichen Ritual wie das „Guten Morgen, Herr U.!" Mit meiner Mutter, inzwischen seine Kollegin an der gleichen Volkschule, habe ich darüber einmal gesprochen, danach nie wieder.

Wenn ich allerdings diesem Gefühl des Unerlaubten weiter nachgehe, merke ich: Es hat nicht nur mit dieser Kindheitserinnerung zu tun. Mit dem Lied ist tatsächlich Missbrauch getrieben worden. Und die Gefahr, dass das geschehen konnte, ist ihm von Anfang an mitgegeben – mit seinem Text wie mit seiner Melodie. „Man muss es erlebt haben“, eröffnet der Germanistikprofessor Hermann Kurzke sein Essay über unser Lied, „mit welcher Urgewalt das *Großer Gott, wir loben dich* erdröhnen kann, zum Beispiel im katholischen Gottesdienst nach der Fronleichnamsprozession, beim Wiedereinzug in die Kirche, wenn alle Glocken läuten, die Orgel ihr Äußerstes gibt und auch die, die sonst nur lustlos vor sich hinbrummeln, schmettern aus voller Brust. Ein Erschauern angesichts der Größe Gottes oder ein Überwältigtwerden vom *ozeanischen Gefühl* geht dann durch die Menge.“ (61, S. 163).

## Mit breiter Brust und leerem Kopf?

Es wundert mich darum nicht, wenn ich im Internet von einem „Flashmob“ 2011 in Basel lese, bei dem mitten im Weihnachtsrummel mehr als 500 Menschen spontan miteinander das Lied „Großer Gott wir loben dich“ sangen. Dieses Lied verbreitet ein Gefühl der Hochgestimmtheit, so etwas wie ein Eintauchen oder ein Einswerden – mit sich selbst, mit der umgebenden Gruppe, ja mit Gott. Und man braucht nur die Strophen entsprechend anzuordnen, dann wird daraus ganz schnell eine Art Nationalhymne. Wenn man nach der dritten Strophe sofort die neunte singt – und in vielen evangelischen Gesang- und Liederbüchern wurden immer wieder solche Verkürzungen vorgenommen –, dann denken die Sängerinnen und Sänger bei „Volk“ an die Nation, der sie angehören. Der „Feind“ ist dann das Volk, gegen das schon seit langem in den Medien Stimmung gemacht wird oder mit dem man bereits im Krieg liegt. Und beim „Führe es durch diese Zeit“ braucht es keine besondere Gedankenlosigkeit, um statt an Gott an den „Führer“ zu denken.

Dass das Lied in Wirklichkeit vom Volk Gottes spricht, das sich allein dem Werk des Vaters, des Sohnes und des Heiligen

Geistes verdankt, wie in den Strophen 5 bis 8 ausgeführt wird, erkennt dann keiner mehr. Der Feind ist natürlich in Wahrheit der, von dem Christus uns „durch sein Blut frei(gekauft)" hat, nämlich der ewige Tod (Str. 8). Und die Bitte um Führung richtet sich an den guten Hirten Jesus Christus, der uns mit seinem „Stecken und Stab" auch im „finstern Tal" begleitet und zum „frischen Wasser" führt.

Aber so, wie das Lied nun einmal angelegt ist, hatte es schon in seiner altkirchlichen Erstform offenbar eine Neigung zum Rauschhaften. Bischof Ambrosius selbst sagt über den von ihm im 4. Jahrhundert in den Gottesdienst eingeführten Hymnus: „Einen herrlicheren, mächtigeren Gesang gibt es offenbar nicht; denn was kann wohl mächtiger sein als das alltägliche, aus dem Munde des ganzen Volkes erschallende Bekenntnis der heiligen Dreieinigkeit? Sie wetteifern miteinander, ihren Glauben zu bekennen, sie lobsingen dem Vater und dem Sohne und dem Heiligen Geist; sie sind alle auf einmal Lehrer geworden, sie, die bis dahin kaum für Schüler gelten konnten" (36, S. 20).

Luther hat zwar den Text ins Deutsche übertragen, an der psalmodierenden Melodie aber festgehalten (vgl. EG 191). Die aber entspricht nicht mehr unserem Musikempfinden. Der junge katholische Priester Ignaz Franz konnte dagegen 1768 schon an eine über 200-jährige Geschichte des Kirchenliedes anknüpfen und sein täglicher Umgang mit jungen Menschen wird mit dazu beigetragen haben, dass er ein Ohr für das Volkstümliche hatte, sowohl bei der Wahl der Worte wie der Töne.

Er war zwar ein Kind der Aufklärung, aber im katholischen Schlesien war diese nicht so stark vom moralisierenden Vernunftglauben geprägt wie im evangelischen Preußen. Franz versuchte lediglich, Glaube und Lebenspraxis verständlicher zu verbinden. Eine Sammlung seiner Predigten ist von Beiträgen geprägt, „in welchen die Glaubenswahrheiten und Lebenspflichten der christlich-katholischen Religion auf eine Art vorgetragen werden, dass sie von den Ungelehrten leicht verstanden werden und auch den Gelehrten zur Erbauung dienen können" (52, S. 3).

## Mühsame Überwindung von Nazi-Parolen

Der Text des Liedes hat schon zu Franz' Lebzeiten zahlreiche Bearbeitungen erlebt, die auch später nicht aufhörten. Nicht alle waren Verbesserungen und haben sich deshalb auch nicht durchgesetzt. Am heftigsten haben die Nazis das Lied für ihre Zwecke umgearbeitet. Zum einen wurden alle Worte getilgt, die auf alttestamentliche Texte verwiesen, nach dem Motto: „Christus ist nicht Sproß und Vollender des Judentums, sondern sein Todfeind und Überwinder“ (52, S. 16). In dem Zusammenhang wurden die meisten Strophen kurzerhand gestrichen und zwei völlig neue hinzugefügt:

Alle Lande, Herr sind dein, / dein o Gott sind alle Meere.
Dir soll drum befohlen sein, / unser Leben, unsre Ehre;
strecke segnend deine Hand / über unser Vaterland.

Dort, wo unsre Fahnen weh'n, / sei's zu Lande, sei's zu Meere, lass die Treue Schildwach steh'n. / Sei uns selber Waff'n und Wehre! / Losungswort sei allzu gleich: / Treu zu Führer, Volk und Reich.

Nach dem Krieg wurde das Lied zunächst in beiden großen Kirchen nur zögerlich wieder in der alten Fassung in Gebrauch genommen. Man einigte sich auf eine elfstrophige Gestalt – die ursprünglichen Strophen 5 und 6 wurden zu einer zusammengefasst. Vor allem aber wurde darauf geachtet, dass der wichtige Mittelteil, die Strophen (4 bis 5) 6 bis 8 wirklich wieder die Mitte des Liedes bildeten und keine Kürzungen mehr in Umlauf kamen. Der Gefahr, aus dem Lied eine Hymne zu machen, in der Gott noch zur Steigerung des menschlichen Selbstbewusstseins zitiert wird, wurde dadurch gewehrt. In dieser Form kann unser Lied heute durchaus einen wichtigen Dienst leisten, indem es evangelische und katholische Christen, auch solche, die nicht regelmäßig den Gottesdienst besuchen, zum gemeinsamen Singen vereint. Und wenn man es in der jungen Generation mit den entsprechenden Verweisen auf seine Geschichte einführt, kann sogar das Mitreißende, das ihm innewohnt, zur Vertiefung des Glaubens genutzt werden.

In einer Zeit, in der Kirche und Glaube von vielen nur als unbedeutender Rest erlebt werden, können die Worte des Liedes zu neuem Staunen einladen. Schon die Erde ist bei Licht besehen so groß, dass sie unser Vorstellungsvermögen sprengt. Wie viel größer ist der, der das Weltall erschaffen hat! Und mögen es im Augenblick auch nicht sehr viele sein, die mit mir singen; was für eine unüberschaubar große Menge tritt da vor unser geistiges Auge, wenn ich mir die Sängerinnen und Sänger von 1700 Jahren Kirchengeschichte zusammen denke. Meine Stimme bleibt nicht allein, sie verbindet sich mit anderen Stimmen zu einem gewaltigen Gesang. Ich spüre: Grenzen werden überwunden im Lobpreis dieses Gottes: Grenzen der Konfessionen, Grenzen der Rassen, der Religionen, des Alters.

## Unverzichtbare Heimatgefühle

Aber gleichzeitig warnt mich der Blick auf die Missbrauchsgeschichte dieses Liedes davor, mich völlig unkontrolliert in solche Gefühle fallen zu lassen. Mir wird klar, wie leicht ich da zum Opfer von Verführern werde, weil schöne Gefühle nicht nur Schönes hervorbringen. Begeisterung ist ein wunderbares Erlebnis, aber ich darf nicht vergessen, die Geister zu prüfen, die mir das Laufen und das Denken abnehmen wollen.

Wenn ich es recht sehe, hat ohnehin die Lust auf Überwindung oder Aufhebung von Grenzen unter uns schon nachgelassen, nicht nur aus Resignation, weil sich die Zäune als zu hoch und zu stacheldrahtbewehrt erwiesen hätten, sondern weil wir angefangen haben zu begreifen: Grenzenlosigkeit an sich ist kein erstrebenswertes Ziel. Ich will Spielraum, aber ich will mich nicht verlieren. Ich will, dass alle zu ihrem Recht kommen, aber dazu gehört auch, dass jeder Respekt vor dem Recht des anderen hat. Ich will Neues erfahren und in Bereiche vorstoßen, in denen die Maßstäbe von gestern nicht mehr weiter helfen und ich ganz neue erfinden muss. Aber ich brauche auch Pausen, in denen ich mich ausruhen kann, und Heimat, die mir Geborgenheit gibt. Ich möchte mit vielen meinen Glauben feiern und über die Fragen, die er mir stellt, mit ihnen diskutieren. Aber ich weiß aus Erfahrung, dass das auch über Sprachen- und Kirchengrenzen hinweg geht. Ich bin überzeugt, dass wir mehr internationale Gremien brauchen, um den weltweiten Verflechtungen unseres Zusammenlebens gerecht zu werden, mit besserer demokratischer Verankerung vor Ort. Aber ich glaube auch, dass wir ohne überschaubare Räume für Sprache, Kultur und Brauchtum in diesen internationalen Verflechtungen die Fähigkeit verlieren, den Einzelnen ernst zu nehmen und Werte gegen ihre Vermarktung zu schützen.

Zu all diesen spannungsvollen Zusammenhängen hat unser Lied etwas zu sagen, und zwar sowohl auf dem Weg über das Gefühl als auch über den Verstand. Es hilft mir, von der Grenzenlosigkeit zu träumen und gleichzeitig zu erkennen, dass es nicht um die Abschaffung von Grenzen geht, sondern um ihre Durchlässigkeit. Es hilft mir, „von etwas unbedingt Großem und Ganzem reden zu dürfen, ohne etwas Irdisches, Partikulares preisen zu müssen", sagt der Sprachwissenschaftler Kurzke nicht ohne Neid in der Stimme, weil wir uns angesichts der überall um sich greifenden Spezialisierung lächerlich machen, wenn wir vom Ganzen reden, nur bei Gott nicht. (62, S. 27). Aber nur vor ihm können wir auch unsere Unzulänglichkeiten zugeben und aushalten, ohne Gefahr zu laufen, für unbrauchbar erklärt zu werden; denn zu ihm können wir rufen: „Herr, erbarme, erbarme dich. / Lass uns deine Güte schauen; / deine Treue zeige sich, / wie wir fest auf dich vertrauen. / Auf dich hoffen wir allein: / lass uns nicht verloren sein."

# 19 **Befiehl du deine Wege** (EG 361)

Wohl dir, wohl deiner Treue! / Du trägst den Sieg davon. / Auf! daß dein Herz sich freue, / Schau' auf den reichen Lohn! / Gott reicht dir selbst die Palmen, / Und du frohlockest Gott, / Und dankst in hohen Psalmen / Ihm, deinem Retter Gott.

So klang die 11. Strophe von „Befiehl du deine Wege" im Gesangbuch für das Herzogthum Oldenburg von 1791. Haben Sie auf Anhieb den Unterschied zu Paul Gerhardts Dichtung entdeckt? Oberflächlich betrachtet scheinen die Korrekturen unerheblich, die man damals der aufgeklärten Vernunft meinte schuldig zu sein. Aber wer genau hinschaut, merkt, dass die Grundaussage Gerhardts damit ins Mark getroffen wurde. Der Dichter wollte trösten, indem er auf Gottes Treue hinwies: „Wohl dir, du Kind der Treue, / du hast und trägst davon / mit Ruhm und Dankgeschreie / den Sieg und Ehrenkron." Nicht: Wenn oder weil du treu bist, wird Gott dein Leid wenden, sondern weil Gott dich als Kind seiner Treue angenommen hat und an dieser Treue unter allen Umständen festhält, darum darfst du dich schon heute unter den Siegern einreihen, wie groß auch immer deine Not im Augenblick noch ist. In dieser Gewissheit mahnt Paul Gerhardt, nicht dem vordergründigen Augenschein zu trauen, sondern: „Auf sein (auf Gottes) Werk musst du schauen“ (Strophe 2) – was die Aufklärung folgerichtig verändert in: „dein Werk auf ihn nur bauen“. Die Rede von Gott ist damals zu einem frommen Puderzucker verkommen, den man auf die guten Taten des Menschen streut, der sich nach den geltenden moralischen Maßstäben ausrichtet.

Und heute? Ich denke, die meisten von uns teilen nicht mehr den Optimismus, in dem man im 18. und 19. Jahrhundert meinte, alles richtig machen zu können, wenn man sich nur hinreichend bemühte. Wir haben erfahren, wie schnell auch gute Absichten missbraucht werden können. Wir wissen: Gut gemeint ist nicht gut, nicht selten sogar sein Gegenteil. Die allgemeine Unübersichtlichkeit unserer Welt hat das Ihrige dazu beigetragen, bei uns den Glauben zu zerstören, dass alles gut wird, wenn man sich auf Verstand und Wissenschaft verlässt. Trotzdem: Wenn ich mir anschaue, was heute so an Särgen gesagt und in Traueranzeigen geschrieben wird, dann scheint auch heute noch der Satz, dass einer „sein Bestes gegeben hat“ mehr zu trösten als Paul Gerhardts „der Wolken, Luft und Winden gibt Wege, Lauf und Bahn, der wird auch Wege finden, da dein Fuß gehen kann.“

## Vertrauen ist besser als Selbstsicherheit

Warum ist das so? Ich denke, weil wir uns immer noch schwer tun mit dem, was schon in Psalm 37 zum Ausdruck kommt, den Paul Gerhardt mit seinem Lied auslegt. Sehr kunstvoll übrigens auslegt, die zwölf Strophen des Liedes bilden mit ihrem jeweils ersten Wort den Kernsatz aus Ps 37,5 ab: „Befiehl – dem Herrn – deine – Wege – und – hoffe – auf – ihn – er – wird’s – wohl – machen“. Akrostichon nennt das die Sprachwissenschaft. Ob die kleine Abweichung, dass in Strophe 2 gleich zwei Psalmwörter untergebracht sind – „dem Herrn“ – bei Gerhardt dem Ziel diente, auf diese Weise die Zwölf-Zahl, Symbol für das Ganze, einzuhalten, ist nicht sicher, darf aber angenommen werden.

Ps 37,5 sagt, wir sollen unsere Wege Gott anvertrauen. „Auf sein Werk musst du schauen“, übersetzt das der Dichter. Und das bedeutet für den überzeugten Lutheraner: Gottes Wirken aus seinem Wort, aus der Bibel ablesen. Dabei bedient sich Paul Gerhardt zweier sehr ungleicher Helfer: Der eine ist die Theologie, wie er sie im Laufe eines intensiven Studiums in Wittenberg gelernt hat. Sie stellt ihm, wie damals noch üblich, ein System von lateinischen Begriffen zur Verfügung, mit deren Hilfe er die biblischen Texte in einen gedanklichen (dogmatischen) Zusammenhang bringen kann. Gerhardt ist, anders als viele seiner Kollegen, ein überzeugter Vertreter dieser lutherischen Systematik. Als das vom großen Kurfürsten Friedrich Wilhelm erlassene Toleranzedikt 1664 eine Kompromisslinie zwischen den verschiedenen Bekenntnissen im Lande anordnet, verweigert Gerhardt, inzwischen Pastor in Berlin, seine Unterschrift und verliert dadurch aus Glaubens- und Gewissensgründen sein Amt, auf das er bis zu seinem 44. Geburtstag hatte warten müssen. Der Kurfürst selbst macht sich am Ende noch für den damals schon über die Grenzen der Stadt bekannten Pfarrer stark, vergeblich. Dass wir uns in unserm Glauben allein auf das Wort des Evangeliums gründen, ist für den Dichter nicht verhandelbar.

Der andere Helfer, der Paul Gerhardt bei der Auslegung von Psalm 37 in diesem Lied zur Hand geht, ist von völlig anderer Art – so anders, dass wir nicht einmal in allen Fällen sicher sagen können, ob Paul Gerhardt sich seiner Hilfe beim Dichten stets bewusst war oder ob ihm das Ergebnis einfach aus dem Unterbewusstsein in die Feder floss. Dieser andere Helfer ist seine außergewöhnliche Fähigkeit, Gedanken in Sprache zu verwandeln, so zu verwandeln, dass wir uns beim Singen ohne viel nachzudenken die Erfahrungen und Überzeugungen zu Eigen machen, die Gerhardt in seinem Lied predigt.

Der erste Helfer reicht dem Dichter aus der theologischen Systematik einige Stichworte herüber, mit denen er den Sinn des Textes aufschließen kann. Da ist z. B. der Begriff „Sorge“ im Sinne der Vorsorge und Fürsorge Gottes für seine Schöpfung. Daraus wird in Str. 1 die „allertreuste Pflege“, in Str. 3 das Wissen, „was gut sei oder schade dem sterblichen Geblüt“, in Str. 5 „was er sich vorgenommen und was er haben will“, das komme auch zum Ziel; und in Str. 8 die Mahnung: „Ihn, ihn lass tun und walten, er ist ein weiser Fürst.“ Der starke Grundton der Verlässlichkeit, der unserem Vertrauen Halt gibt und unsere Angst bändigt, macht sich fest an diesem ersten Artikel unseres Glaubensbekenntnisses, dass Gott der allmächtige Vater (Str. 3) ist, der für uns sorgt. Aber gleich hat auch der andere Helfer seinen Finger im Spiel und Str. 2 spricht von dem ganz unnötigen Sorgen auf unserer Seite und Str. 7 davon, dass wir unserem Sorgen „gute Nacht“ sagen sollen. Ähnlich geht es mit dem Begriff des Weges. Gott bestimmt die Wege von Wolken und Wind (Str. 1), hat überhaupt für alles den richtigen Weg (Str. 4); denn er ist der Schöpfer, weiß Gerhardt aus der Theologie. Aber im gleichen Atemzug spricht er wieder von unseren Wegen, die wir getrost Gott anvertrauen können (Str. 1) und uns so von dem Vertrauen tragen lassen, dass „unsre Wege gewiss zum Himmel ein(gehen werden)“ (Str. 12).

## Paul Gerhardts großartige Kammerdiener

Noch manch anderes Stichwort in dem Lied erkennt der Theologe als Fundstück aus der lutherischen Systematik wieder. Wir begnügen uns mit diesen Beispielen, halten aber als wichtige Erkenntnis fest: Wissenschaftliche Theologie steht keineswegs im Gegensatz zu menschennaher Seelsorge, wie oft behauptet – und nicht weniger häufig wohl auch erfahren – wird. Paul Gerhardt belegt nicht nur mit diesem Lied: Wo die Aussagen der Bibel und die Überlieferung der Kirche sorgfältig und gründlich bearbeitet werden, da öffnen sich wie von selbst Türen zu denen, die Gott mit seinem Wort rufen und erreichen will.

Dabei spielt allerdings auch der andere Helfer des Dichters eine wichtige Rolle und dessen Dienste wollen wir uns nun noch ein wenig deutlicher vor Augen führen: Von der kunstvollen Gesamtkonstruktion des Liedes, dem Akrostichon, war schon die Rede. Wer das Lied im Stillen meditieren oder sich eine bestimmte Aussage in Erinnerung rufen will, hat darin nicht nur eine Gedankenstütze, sondern auch zugleich das biblische Fundament. Daneben finden sich aber noch andere sprachliche Feinheiten, die einem beim Mitsingen vielleicht gar nicht unmittelbar auffallen, obwohl sie für die tröstliche und vertrauensbildende Wirkung des Liedes sehr wichtig sind. Das beginnt schon in der 1. Strophe mit „Wolken, Luft und Winden“, denen „Wege, Lauf und Bahn“ entspricht; nicht zufällig beginnen drei dieser Worte mit einem W. Und durch die sechs Worte laufen alle Vokale hindurch, was den Versen einen gefühlten Wohllaut verleiht (102, 2 S.286), der einer zerrissenen Seele Ruhe und Halt gibt. „Man hört diesen parallelen Versen die Parallelität der Wege am Himmel und auf Erden an und darum vertraut man der Treue „deß, der … lenckt“, der (Wege) gibt, der (Wege) findet. Man glaubt dieser Sprache den Gott, der die Wege am Himmel wie auf Erden und den Weg in den Himmel lenkt.“ (3, S. 132)

Auch das Wiederholen von Wörtern gehört hier hin, um den Text eindringlicher zu machen: „Hoff, o du arme Seele, hoff“, „Auf, auf, gib deinem Schmerze und Sorgen gute Nacht“, „Ihn, ihn lass tun und walten“ (59, S. 459).

Gleiches gilt, wenn wir den Anfang und den Schluss des Liedes nebeneinander halten: Den offenbar mühsamen Wegen in Str. 1 („und was dein Herze kränkt“!), steht die sehnliche Bitte gegenüber: „Mach Ende, o Herr, mach Ende“; und der Blick nach oben auf die Wege der Wolken untermauert die Gewissheit, dass „unsre Wege gewiss zum Himmel ein(gehen werden).“ Unterstrichen wird diese Entsprechung durch den Unterschied der Anrede – Str. 1 der Mensch, Str. 12 Gott – sowie die Tatsache, dass Gott am Anfang noch namenlos ist, während er am Ende persönlich angesprochen wird: „o Herr".

Auch die Strophen 3 bis 5, in denen Paul Gerhardt das Fundament seines Liedes legt, unterstreichen ihre Aussage durch ihren sprachlichen Aufbau. In 3 und 5 fällt zuerst der Gegensatz ins Auge: „ewge Treu und Gnade" – „alle Teufel"; aber die zweiten Strophenhälften ebnen diese Spannung durch die parallelen „was-Sätze" wieder ein: „Und was du dann erlesen, das treibst du, starker Held" (Str. 3) und: „Was er sich vorgenommen und was er haben will, das muss doch endlich kommen zu seinem Zweck und Ziel" (Str. 5).

## Sprache, die bewirkt, was sie sagt

Dazwischen steht wie ein starker Mast: „dein Tun, dein Gang, dein Werk, dein Arbeit" und man spürt unwillkürlich, dass die Angst vor den Teufeln eigentlich keine Chance hat. Was sie „wollten", bleibt bereits in der bösen Absicht stecken.

Gleiches bewirkt das Hell-Dunkel-Symbol in Str. 6. In der Höhle scheint zwar keine Sonne, aber sie ist ihrerseits doch auch ein Schutzraum. Und Gott wird dich in die Freiheit des Tageslichts und der Sonne „rücken" – mit großen Gnaden, Alliteration! –, wenn es dafür Zeit ist. Dem blendenden Licht entspricht das Gute-Nacht-Sagen in Str. 7 und das Wundern in Str. 8. Beides spielt auf kindliche Erfahrungen an, die im Vertrauen wurzeln. Sie binden die trostlose und bedrückte Lage des Menschen so mit der großen Fürsorge und Treue Gottes zusammen, dass sich der Mensch in das Treuehandeln Gottes hineingenommen weiß. Theodor Fontane hat unser Lied deshalb als das große „Tröstelied" bezeichnet. Und ich denke, ein Sich-Hineinfühlen in die Dichtkunst dieses Liedes vermittelt mehr von dieser Trostkraft als ein Beleuchten einzelner Lebenserfahrungen oder ein vordergründiges Erklären.

Nach so viel Vergewisserung kann dann allerdings auch der Zweifel angesprochen werden, der sich darein verbissen hat, dass kein Ende der Not in Sicht ist. Für „eine Weile" (Jes 10,25; Jes 60,10; 1 Petr 5,10; Hebr 10,36f.) scheint er recht zu haben. Gottes Güte ist verborgen, ja, wer weiß, vielleicht war sie nur ein schöner Traum. „Als frag er nichts nach dir" – auch für diese negative Erfahrung hat die Sprache Paul Gerhardts die passende Ausdrucksform: Ein Stakkato einsilbiger Worte, kurzatmige Schreie oder stammelnde Kraftlosigkeit. Jetzt kommt alles darauf an, dass du nicht vergisst: Du bist ein Kind seiner Treue, an diese Treue musst du dich nun klammern. Dann wirst du erfahren, dass er dir die schwere Last abnimmt, wenn es am wenigsten danach aussieht. Aber weil diese unsere Treue nur das Spiegelbild der Treue Gottes ist, kann ich letztlich nur Gott bitten: „Mach End', o Herr, mach Ende mit aller unsrer Not!" Auch mit der, dass wir immer wieder auf unsere Kraft setzen und dafür Lohn erwarten. Du bist es, der unser Vertrauen trägt und deine Treue steht nie in Frage, weil sie nie sich selbst meint.

# 20 Ein feste Burg ist unser Gott (EG 362)

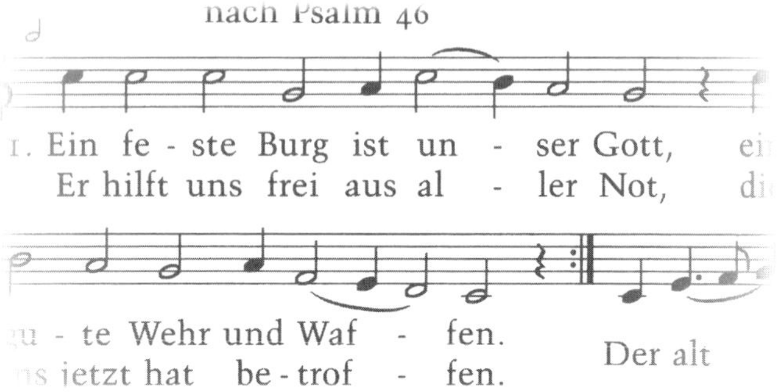


Was für ein Gefühl ist das, wenn Sie dieses Lied singen? Gehören Sie zu denen, die bei der Ankündigung des Chorals Nr. 362 ihr Gesangbuch in Gedanken oder ganz buchstäblich zuklappen: „Ein feste Burg – das kann ich auswendig!“? Und inwendig? Welche Saiten klingen da an? Ein Hochgefühl? „Ja, das ist er: Eine feste Burg! So hat ihn Luther für uns wieder entdeckt! Dagegen kommt keiner an!“? Oder steht mehr das Befremden im Vordergrund, weil dieses Lied wie ein verwackeltes Foto aus alten Zeiten zu uns kommt. „Ein feste Burg, das war mal, so waren wir mal. Aber das ist lange her. *Nehmen sie den Leib, Gut, Ehr, Kind und Weib, lass fahren dahin* – das ist doch nicht mehr wahr! Das füllen wir doch gar nicht mehr aus! Wir haben allen Grund, bescheidener zu reden von unserm Glauben!

Ja, dieses Lied scheint heute eher angetan, zu spalten als zu vereinen. Was hat sich da verändert?

Die kleine Dorfkirche in Goldenstedt im südlichen Oldenburger Land, mit der mich meine Kinder- und Konfirmandenjahre verbinden, hat in ihrer Geschichte eine Phase von 200 Jahren erlebt, da gab es für Katholiken und Protestanten am Ort nur ein Kirchengebäude, obwohl das Dorf je zur Hälfte aus Katholiken und Protestanten bestand. Und in dieser Kirche fand sonntags damals auch nur ein Gottesdienst statt. Darin amtierte ein katholischer Pfarrer und – zum Ausgleich – ein evangelischer Kantor. Dieses „simultaneum mixtum" gilt weltweit als einzigartig. Die Überlieferung will wissen, man sei mit dieser Art von Ökumene in der Regel auch gut zurechtgekommen. Und wenn der Priester wirklich einmal in der Predigt allzu konfessionalistische Töne angeschlagen habe und den Gläubigen zu viel mit dem Papst oder mit Maria gekommen sei, dann habe der Kantor in die Tasten seiner Orgel gegriffen und die evangelischen Gemeindeglieder hätten sich wie ein Mann von ihren Plätzen erhoben und „Ein feste Burg ist unser Gott" angestimmt. Damit hätte man den Prediger für kurze Zeit mattgesetzt und der sei danach, wenn er die unterbrochene Predigt fortsetzen konnte, deutlich zurückhaltender gewesen.

## Evangelische Nationalhymne?

Ein kurioses Beispiel, zugegeben. Aber vielleicht doch bezeichnend für die Rolle, die dieses Lied unter uns Evangelischen für lange Zeit eingenommen hat. „Protestanten-Marseillaise" hat es Heinrich Heine ironisch genannt, also eine Art Nationalhymne der Lutheraner.

Dazu passt meine Erinnerung an eine Versammlung in unserer Dorfgaststätte Anfang der 50er Jahre, in die mich meine Mutter mitgenommen hatte – ich muss etwa elf oder zwölf Jahre gewesen sein. Da sprach ein Mann über die verlorenen Gebiete östlich von Oder und Neiße, wo meine Mutter früher gelebt und ihr Abitur abgelegt hatte. Am Ende rief er mit flammenden Worten dazu auf, den Anspruch auf diese Gebiete als deutsches Territorium nie aufzugeben, und hämmerte das seinen Zuhörern mit dem Schlusssatz ein – wobei er zu jedem

Wort mit der Faust auf das Pult schlug: „Das Reich muss uns doch bleiben!“ Mir hat sich in diesem Zusammenhang deutlich ein Gefühl des Unbehagens eingeprägt; denn meine durch die Bekennende Kirche geprägte Mutter und meine deutschnationale Großmutter stritten später am Familientisch heftig darüber, ob man so mit einem Gesangbuchlied umgehen dürfe nach allem, was die Nazis in unserer Kirche angerichtet hatten. Vielleicht war es aber auch schon etwas von dem Gefühl, das heute bei diesem Lied offenbar nicht wenige Christen beschleicht – das Gefühl nämlich, dass hier eine trutzige Glaubenskraft hinausposaunt wird, die von der Wirklichkeit gar nicht gedeckt ist, ja deretwegen ich jedenfalls nicht auf jemanden neidisch sein könnte, der das für sich bejahte, weil mir dieser „Bekennermut“ eigenartig gefühllos, unbarmherzig, ja blutrünstig erscheint.

„Ein feste Burg ist unser Gott“ – ist das zwangsläufig ein Lied, das Feindbilder zeichnet, einfach weil es eine Scheidung von drinnen und draußen vornimmt und Gott für diese eine Seite, für die drinnen, in Beschlag nimmt? Und wir – wir sind doch drinnen, oder? Wir sind doch die, die in der Kirche zu Hause sind und bei denen auch sonst das „Innerliche“ vor dem „Äußerlichen“ rangiert. Und auch wer sich religiös nicht da einreihen mag, gesellschaftlich gehört er allemal dazu: Wir sind die drinnen, im warmen Nest, Europrobleme hin, Arbeitslosigkeit her; im Weltmaßstab gesehen stehen doch die andern im Regen und in der Kälte.

Und Gott ist bei uns? Bei denen, die drinnen sind? Sollte das der Sinn des Christentums sein? Da stimmt doch etwas nicht! Ich bin ja auch gar nicht stark genug, um Gott einfach ziehen zu lassen – nach draußen, zu den armen Schluckern und glaubenslosen Materialisten, obwohl ich natürlich weiß, dass sie ihn nötig brauchen und genauso einen Anspruch darauf, dass er zu ihnen spricht!

Gibt es einen Ausweg aus diesem Dilemma? Ich denke ja, den gibt es. Aber es ist ein Aus-Weg, d. h. wir müssen uns schon ein

Stück bewegen, eine Wegstrecke zurücklegen, um die Freiheit wiederzugewinnen, die uns erlaubt, dieses Lied ohne schlechtes Gewissen zu singen und ohne falschen Zungenschlag. Dieser Weg schließt auch einen selbstkritischen Gang durch die Geschichte ein, die eigene Lebensgeschichte, die Kirchengeschichte und wohl auch die politische Geschichte – ich begnüge mich hier mit einigen Andeutungen.

## Wes Geistes Kind …?

Das Missverständnis dieses Liedes als protestantische oder gar deutsche Kampfhymne ist eng verbunden mit der Frage nach der geschichtlichen Einordnung des Liedes in Luthers Biographie. Lange Zeit meinte man, der Reichstag zu Augsburg 1530 habe Luther zu diesem Lied herausgefordert; er habe es gleichsam als Ersatz dafür veröffentlicht, dass er selbst – mit Rücksicht auf den päpstlichen Bann und die kaiserliche Acht – nicht vor den versammelten Ständen für seine Sache, die Sache des Evangeliums, streiten konnte. Andere mutmaßten als Entstehungstermin eher seine Vorladung vor Kaiser und Reich in Worms 1521, über die Luther im Nachhinein, am 5. März 1522, an Kurfürst Friedrich den Weisen schreibt: „Ich habe eure kurfürstlichen Gnaden genug getan, dass ich dieses Jahr gewichen bin (gemeint ist sein erzwungener Rückzug auf die Wartburg) … Denn der Teufel weiß sehr wohl, dass ich's aus keiner Zaghaftigkeit getan habe. Er sah mein Herz wohl, da ich zu Worms einkam, dass, wenn ich hätte gewusst, dass so viel Teufel auf mich gehalten hätten, als Ziegel auf den Dächern sind, wäre ich dennoch mitten unter sie gesprungen mit Freuden."

„Und wenn die Welt voll Teufel wär" – auf solchem geschichtlichen Hintergrund bietet es sich an, den Teufeln Menschengesichter zu zeichnen, seien es Päpste oder Schwärmer, Türken oder Heiden, Franzosen oder Juden, das ist dann je nach Situation austauschbar.

Neuere kirchengeschichtliche Arbeiten haben aber diesen Ansatz überhaupt als falsch überführt und die Entstehung des Liedes in den Jahren 1526 bis 28 nachgewiesen. In diese Zeit fällt eine Reihe von Ereignissen und persönlicher Erfahrungen, die Luther in schwere innere Anfechtungen führt: Er ist wiederholt sehr krank und leidet – so würden wir das heute wohl ausdrücken – im Zusammenhang mit lebensgefährlichen Durchblutungsstörungen an tiefen Depressionen. In Wittenberg wütet derweil die Pest und rafft viele Menschen dahin, auch aus der unmittelbaren Umgebung Luthers. Außerdem erreicht ihn die Kunde vom Märtyrertod zweier Freunde, der ersten Opfer der Inquisition unter den Zeugen der Reformation, eine Nachricht, die Luther schwer erschüttert.

Dazu treibt ihn der Streit um das rechte Verständnis des Abendmahls um. Sein Abendmahlstraktat von 1527 „Daß diese Worte Christi (Das ist mein Leib) noch feststehen wider die Schwarmgeister" liest sich passagenweise wie eine Fingerübung zu unserm Lied und „in der handschriftlichen Überlieferung ist kein anderes Manuskript Luthers so unordentlich und derartig massiv und eruptiv hingeworfen und immer wieder korrigiert worden." – „Also konnte der Teufel den Christen ihre Waffen, Wehre und Burg (das ist die Schrift) ablaufen, daß sie nicht allein matt und untüchtig wider ihn wurde, sondern auch wider die Christen selbst streiten musste und sie bei den Christen so verdächtig macht, als wäre sie eitel Gift ... sage mir, ist das nicht ein Kunststücklein des Teufel gewesen?" (92, S. 195)

Zahlreiche Briefe Luthers aus dieser Zeit bekunden immer wieder die Erfahrung von Schwäche und großen Zweifeln sowie die drängende Bitte, für ihn zu beten. So schreibt Martin Luther z. B. an Nikolaus Amsdorf: „Um eins bitte mit mir, dass Christus nach seinem Wohlgefallen mit mir tun und nur davor mich bewahren möge, dass ich nicht undankbar und sein Feind werde ... Draußen sind Kämpfe, inwendig Schrecken, und zwar herbe, Christus sucht uns heim. Ein Trost ist, den wir der Wut des Satans entgegenstellen, nämlich dass wir Gottes

Wort haben, das die Seelen rettet, wenn jener auch die Leiber verschlingt. Empfiehl uns den Brüdern und dir selber, für uns zu beten, dass wir tapfer unter der Hand des Herrn aushalten und Satans Macht und List überwinden, sei's durch Sterben oder durch Leben. Amen."

## Trostlied in Not und Versuchung

Schaut man von hier aus noch einmal auf das Bild von der Burg zurück, so erscheint sie in einem andern Lichte. Die Burg – das ist Gottes Wort. Und der Glaubende ist in ihrem Schutz. Nicht drinnen, im erlauchten Kreis der Fürsten und Ritter, sondern – wie es der damaligen Erfahrung des Normalbürgers auch entsprach – durchaus draußen, irgendwo im Tal, aber sozusagen im Schatten der Burg, unter dem Schutz derer, die darin herrschten – und natürlich auch in ihrem Lehen. Viel zu lange hat man das Lied von Luthers Aufenthalt auf der Wartburg her interpretiert. Aber da war er ja ein Gefangener, wenn auch gefangen im Schutz von Freunden. Nein, die Burg, das ist das Wort Gottes, das von außen zu uns kommt, das wir uns nicht selbst sagen können, aber das uns eben so rettet.

Auch die Wartburg wurde später zu einem nationalen Denkmal hochstilisiert, genau wie der Mann, der zeitweise darin in Schutzhaft saß. Aber das ist nicht unsere Wirklichkeit. Das ist die Welt der Legenden, in denen der Mönch mit dem Tintenfass nach dem Teufel wirft. Wir sind anders dran. Wir leben in unsern wenig wehrhaften Hütten unten im Dorf, bestenfalls in Sichtweite der Burg, allemal aber in ihrem Schutz. Denn der Burgherr steht für uns ein.

Dazu passt dann auch die 2. Strophe: „Mit unsrer Macht ist nichts getan, wir sind gar bald verloren; es streit' für uns der rechte Mann, den Gott selbst hat erkoren!" Säße der Sänger mit in der Burg, ergäbe das gar keinen Sinn. Lebt er aber draußen, in der Wehrlosigkeit der bäuerlichen oder handwerklichen Existenz jener Zeit, während der Ritter oben die Burg innehat und über seinem Lehnsgebiet wacht, dann passt alles gut zusammen. Dieser Ritter ist Christus, er ist der Herr der Heerscharen Gottes, der „Herr Zebaoth". Aber wodurch? Nicht dank seiner männlichen Unbesiegbarkeit oder seines göttlichen Glanzes. Sondern eben dadurch, dass er als „mächtger Kämpfer ohne Heere" kommt (EG 14, 2) und dass er im Garten Gethsemane nicht die zwölf Legionen Engel in Anspruch nimmt, die sein Vater ihm jederzeit stellen würde. „Wie würde dann aber die Schrift erfüllt?" Und auf sie kommt es an, auf das Wort, wie Luther sagen würde. Und das „Wörtlein", das den Teufel „fällen kann", ist das „ich bin's" Jesu in jener Nacht in Gethsamane (Joh 18,6).

Jetzt wird auch verständlich, warum in neuerer Zeit unser Lied wieder dem Sonntag Invocavit zugeordnet ist, der die Passionszeit eröffnet. Dort hatte es schon 1545 im Blick auf das Evangelium des Sonntags von der Versuchung Jesu (Mt 4,1–11) seinen Platz, erst in den letzten 200 Jahren erfolgte die Verlegung auf den Reformationstag mit all den Missdeutungen, die das zur Folge hatte. Nein, „Ein feste Burg ist unser Gott", das ist wirklich Luthers Passionslied. Er hat sich freilich nicht, wie die Passionslieder des Mittelalters oder des 17. Jahrhunderts, klagend bei der Beschreibung der Leiden Christi aufgehalten. Für Luther ist Passion die Anfechtung im Glauben, die in die Gottesferne treiben will – „mein Gott, warum hast du mich verlassen?" „Anfechtung" ist für Luther kein gelegentlicher Mangelzustand geistlichen Lebens, sondern Grundkategorie seiner geistlichen Erfahrung und seines theologischen Denkens, die der anderen Kategorie vom bereits entschiedenen, aber fortgeführten heilsgeschichtlichen Kampf zwischen Gott und den Unheilsmächten um den Menschen korrespondiert" (34, S. 66), auf die Gott aber mit seiner Leben schaffenden Gegenwart reagiert, mit dem Ostersieg über Teufel, Tod und Sünde. Im Kreuz Christi ist das Urteil über diese drei schon gesprochen, deshalb ist ihre Macht gebrochen, wie „saur" sie sich auch stellen (Joh 16,11).

Und dieses Wort, diese „Burg“, müssen die Feinde des Evangeliums stehen lassen, ob sie wollen oder nicht. Den Leib können sie nehmen und alles, was unser Leben reich und lebenswert macht. Aber gewinnen können sie damit letztlich nichts; denn „das Reich muss uns doch bleiben“ kraft des Kreuzes, das im Wort jeden rettet, der es hört. Da singt also nicht einer, der vor Kraft strotzt, auch nicht vor Glaubenskraft! Alles ist ihm ins Wanken gekommen und der Widerspruch zwischen den riesigen Erwartungen, die von allen Seiten an ihn herangetragen werden, und dem Gefühl hoffnungsloser Schwäche, körperlicher wie seelischer, droht ihn zu zerreißen. Kennen wir das nicht auch? „Nehmen sie den Leib, Gut, Ehr, Kind und Weib“ – ach, so weit braucht es ja gar nicht zu kommen; ein einziger Misserfolg, ein unbestimmtes Gefühl, alles trete auf der Stelle, ja ein läppischer Wetterumschlag oder eine schlaflose Nacht! – Wie leicht verlassen uns Energie und Lebensmut. Luther weiß: „Mit unsrer Macht ist nichts getan“, auch mit der Macht unseres Glaubens nicht! Wir leben nicht in der Burg, sondern draußen, unten im Tal, ungesichert, gefährdet und immer wieder angefochten.

Und die Angst ist berechtigt, dass sie uns alles nehmen, wirklich alles! Nur mein Lehnsrecht, über das ich nicht verfüge, in das ich hineingeboren, genauer hineingetauft bin, das liegt droben auf der Burg, verbrieft und versiegelt, unerreichbar für alle Teufel der Welt, auch die Teufel der Resignation und Verzweiflung in mir selbst. Mit anderen Worten: Dafür, dass ich erlöst bin von Teufel, Tod und Sünde, für alle Ewigkeit, dafür brauche ich nicht einzustehen, weder durch meine Gerechtigkeit noch mit meinem Gottvertrauen, das hält Christus mir fest in der festen Burg seines Wortes. Darum muss uns das Reich Gottes bleiben, was auch sonst mit uns geschieht.

Dieses Vertrauen wird sich auch seinen Ausdruck suchen in der Art, wie wir dieses Lied singen. Was da in unserem Gesangbuch als „spätere Form“ abgedruckt ist, ist ja auch eine Folge dessen, wie man mit diesem Lied umgegangen ist im Verlauf seiner Geschichte. Diese Melodie erinnert mehr an Fanfarenstöße über einem Schlachtfeld oder an den Gleichschritt der trutzig vorrückenden Bataillone. In ihrem Sog wurde für lange Zeit „zur heroischen Geste, was als tröstliche letzte Versicherung für die Bedrängten gemeint war“ (34, S. 71).

Dagegen vermittelt das Original mit seinen drängenden Synkopen das ebenso heftige wie mühsame Ringen des Glaubenden um Trost und Zuspruch. Es spricht mehr als wissenschaftliche Werktreue dafür, dass wir diese Fassung für unsere Gottesdienste zurückgewinnen. Das wird nicht von heut auf morgen gelingen, das Unbehagen an der kriegerischen Sprache und der „als abgepresstes, vorlaufendes Bekenntnis zum Lebensopfer“ erscheinenden vierten Strophe ist weit verbreitet. „Ein didaktischer Weg könnte sein, es nicht von Burg, Wehr und Waffen aus lesen und singen zu lehren, sondern vom *wir fürchten uns*“ (34, z. St.). Und wenn wir wegen der ungewohnten Stimmführung nicht gleich aus voller Brust singen könnten – vielleicht wäre das ja kein Schade.

## 21 Jesu, geh voran (EG 391)

Ich kann nicht klagen“, lautet eine oft gehörte Antwort auf die Frage: „Wie geht’s?“ Beide Formeln werden meist ziemlich gedankenlos ausgesprochen. Aber es lohnt, einen Augenblick in sie hineinzuhorchen.

Die Frage „wie geht’s“ setzt eine Bewegung voraus; und die lässt fragen: Wohin führt sie und was treibt sie an. So etwas kann man nicht im Vorbeigehen erklären und deshalb sollte man einen Mitmenschen nur dann nach seinem Ergehen fragen, wenn man sich wirklich die Zeit nehmen will, ihm zuzuhören. Die gängige Antwort – „Ich kann nicht klagen“ – will ein „Danke, gut“ als zu positiv vermeiden. Andererseits: Verglichen mit vielen anderen, von denen man hört oder liest, ist man selbst doch noch ganz gut dran, meint der Antwortende. und will deswegen auch nicht auf Dinge zu sprechen kommen, die gerade nicht so erfreulich sind: „Ich kann nicht klagen!“

Ganz unfreiwillig klingt da aber auch etwas ganz anderes mit: Ich *kann* nicht klagen, ich habe das Klagen verlernt. Es würde mir wahrscheinlich gut tun, einmal richtig mein Herz auszuschütten. Aber ich kann es nicht. Ich bin blockiert durch die Sorge, dass das eigentlich niemand hören will. Und mir fehlen auch die Worte, die das Traurige in mir nach außen transportieren und mich davon entlasten könnten.

Vielleicht erklärt diese komplizierte Seelenlage unter uns schon ein wenig, warum kaum ein anderes Lied im Evangelischen Gesangbuch eine so zwiespältige Rolle unter uns spielt wie Zinzendorfs „Jesu, geh voran". Einerseits scheint diese Jesusfrömmigkeit mit ihrer Betonung von Leid und Härte des Lebens Menschen, die nicht zum engsten Kern der christlichen Gemeinde zählen, kaum mehr vermittelbar zu sein. Auf der anderen Seite höre ich immer wieder, dass gerade Kirchenfernere dieses Lied noch kennen und irgendwie mögen. Wirkt da nur die unselige Tradition nach, dass in der Kirche über lange Zeit die Welt zum Jammertal erklärt wurde, an dem man nichts ändern, das man einfach ertragen lernen müsse? Oder erreicht dieses Lied Bewusstseinsebenen, die normalerweise vom Müll unserer Spaßgesellschaft überlagert sind, aber an wichtigen Lebensstationen plötzlich freigelegt werden und dann nach einer Ausdrucksform rufen? Schließlich geht es auch in diesem Lied um die Frage: Wie geht's? Auf seine besondere Weise freilich, nämlich: Was – oder genauer: Wer geht da vor?

## Unser Weg ins oder durchs Leben?

Als Zinzendorf diese Verse schuf, war er gerade 21 Jahre alt und auf der Suche. Ähnlich wie manche Abgänger des Gymnasiums heute hatte er sich eine Zeitlang in der Welt umgesehen. Nun stand eigentlich der Eintritt in den Staatsdienst an, aber den fürchtete er als Verlust seiner Freiheit, nicht zuletzt seiner Freiheit, sich ganz in Gottes Dienst zu stellen, wie er ihn verstand. Manche erzählen sich, er habe auf seinen zurückliegenden Reisen in der kurfürstlichen Galerie in Düsseldorf ein Bild des Gekreuzigten gesehen mit der Inschrift: „Ich habe dies für dich gelitten, was tust du wahrhaftig für mich?" Dieses Erlebnis sei zu einem Markierungspunkt im Leben des Grafen geworden.

Gleichzeitig wirbt er um die gleichaltrige Erdmuthe Dorothea Gräfin Reuß und die Spannung zwischen Verliebtheit und dem Gedanken an eine Heirat erhöht seine innere Unruhe. So dichtet er: „Jesu, geh voran nach der lebens-bahn, und ich will mich nicht verweilen ohne rast dir nachzueilen: nimm mich bey der hand weg zum vaterland."

Man spürt sofort: An diesem Text ist gearbeitet worden. Bei uns lautet er anders. Der Hintergrund: Die vier Strophen von EG 391 in unserm Gesangbuch stellen eine Auswahl aus zwei ganz verschiedenen Gedichten des jungen Reichsgrafen dar. Das erste war der Markgräfin Sophie Christiane von Brandenburg-Bayreuth-Culmbach gewidmet und beschäftigte sich mit der Frage nach dem richtigen Verhältnis von gefühltem Glauben und bewussten Plänen. Das andere hatte der junge Graf als Morgenlied für seine Mutter in Berlin geschrieben. Es beginnt als Lobpreis der Güte Gottes in den Spuren seiner Schöpfung:

Glanz der Ewigkeit, Gott und Herr der Zeit!
Sei von allen Kreaturen / für die neu erregten Spuren
Deiner Gütigkeit / hoch gebenedeit.

Im weiteren Verlauf dieses Liedes deutet Zinzendorf die erlebte Schöpfung als Vorzeichen auf die himmlische Herrlichkeit. Und gegen Ende überlegt er, was das für sein tägliches Leben bedeutet:

Wenn's dir doch gefällt, dass wir auf der Welt
länger noch mit lahmen Füßen / unsre Straßen wandeln müssen,
o so zeig uns nur / die gerade Spur.
Richte unser Herz / zeitlich himmelwärts,
dass die Zeichen dieser Zeiten / uns zur letzten Zeit bereiten.
Richte unsern Sinn / auf das Ende hin.

Christian Gregor, Zinzendorfs langjähriger Kantor in Herrnhut, hat es in späteren Jahren als seine Aufgabe angesehen, die verschiedenen Texte Zinzendorfs kritisch zu sichten und aus dem Brauchbaren Lieder für ein Gesangbuch zusammenzustellen. Ihm lag daran, das Gedankengut seines Freundes singbar zu machen und da konnte er sich, wie er bald merkte, nicht nur um die Noten kümmern.

## Ein Sänger sucht nach Singbarem

Bei seiner Arbeit als Herausgeber wirkte die sogenannte Singstundenpraxis in Herrnhut nach. Das Absingen ganzer Lieder, wie in der Landeskirche üblich, empfand die Gemeinde dort als langweilig und geistlich unkreativ. Schöpferisch und spontan Liedstrophe an Liedstrophe zu reihen, und zwar aus ganz unterschiedlichen Liedern mit verschiedenen Melodien, nur unter dem Gesichtspunkt der inhaltlichen Weiterführung eines Gedankens, das verstand man in Herrnhut unter mündigem Gemeindegesang. An diese Praxis knüpfte Gregor bei der Zusammenstellung von Liedern für sein Gesangbuch an und setze in diesem Fall vier Strophen aus zwei Gedichten Zinzendorfs zu einem Choral zusammen.

Dabei veränderte er in großer Freiheit auch den Wortlaut, wo es ihm nötig erschien. „Jesu, geh voran auf der Lebensbahn" – „Der junge Zinzendorf sang so, als er mit der Vorstellung rang, die künftigen Berufsanforderungen könnten sein Leben mit und für Jesus beeinträchtigen. Doch als sein Lied volkstümlich wurde, war es gerade im Blick auf den bürgerlichen Lebenslauf willkommen" (7, S. 336).

Dieser Bearbeitung des Ursprünglichen fiel im 19. Jahrhundert auch die letzte Anspielung unseres Liedes auf die mystische Rede von Jesus als „Seelenbräutigam" zum Opfer. Aus „Ordne meinen Gang, Liebster, lebenslang" wurde „Ordne unsern Gang, Jesu, lebenslang". Und aus „nimm mich bey der hand weg zum vaterland" wurde „Führ uns an der Hand bis ins Vaterland". Das bedeutete eine weittragende Verschiebung der inhaltlichen Aussage; denn im ersten Fall ist Jesus der Weg (Joh 14,6) zur „Lebens-Bahn", nur bei ihm und mit ihm ist also ein Weiterkommen ins Leben möglich. Im zweiten Fall plant der Mensch seinen Weg, seine Lebensbahn, selbst und bittet lediglich um Begleitung, gegen die Langeweile des Alleinseins oder gegen Gefahren, die am Wegrand lauern könnten.

Der Satz Jesu „Ich bin der Weg“ wurde und wird oft unter Christen als eine vorab zu erfüllende Bedingung für das Heil verstanden. Als hätte Thomas, dem Jesus an dieser Stelle antwortet, gefragt: „Welchen Weg sollen wir gehen?“ Dann würde die Antwort Jesu meinen: Ich zeige euch den richtigen, vielleicht sogar den einzig möglichen Weg.

Im interreligiösen Gespräch, in das wir Christen nach jahrhundertelangem Alleinvertretungsanspruch endlich eingetreten sind, wird uns diese Bibelwort oft in diesem Sinne vorgeworfen. Aber Thomas fragt in Joh 14 eigentlich ganz anders, er reagiert auf die Ankündigung vom bevorstehenden Abschied Jesu und der Ankündigung seines Todes am Kreuz verwirrt und ratlos: „Herr, wir wissen nicht, wo du hingehst. Wie können wir den Weg wissen?“ (Joh 14,5). Jesu Antwort: „Ich bin der Weg“ bedeutet also: Du musst keine Angst haben, Thomas, weil ich weggehe. Ich bin selbst der Weg durch diese Angst hindurch. Mein Tod nimmt dir nicht etwas, sondern er gibt dir, was du brauchst: Leben, Heil, Zukunft. Vertraue mir und du wirst erleben, dass dieses Vertrauen dich trägt, auch wenn du mich nicht mehr siehst.

## Wie geht's? Nur so!

Zinzendorf hat also, als er das Lied dichtete, das Bildwort vom Weg biblisch richtig verstanden. Er fühlte sich in der Lage, in der er sich damals befand, direkt angesprochen durch den Satz, mit dem Jesus das Wort vom Weg eröffnet: „Euer Herz erschrecke nicht. Vertraut Gott und vertraut mir!“ (Joh 14,1) Zu diesem Vertrauen wollte er mit seinem Gedicht einladen. Wenn man das weiß, muss man Gregors Textänderung nicht mehr notwendig als Verflachung verstehen: Liest man die „Lebensbahn“ in der ersten Zeile johanneisch, dann geht es hier nicht um den Weg durchs Leben, sondern *ins* Leben, mit anderen Worten: ins „Vaterland“. Auf dem Weg ist Christus uns voran. Und weil wir ihn nicht mehr sehen und deshalb nicht wissen, wie es weitergehen soll, bitten wir: „Führ uns an der Hand bis ins Vaterland."

Wenn man allerdings weiß, dass die vierte Strophe bei Zinzendorf fortfährt: „Führst du mich durch trockne wüsten, schenke mir aus deinen brüsten", dann wird man endgültig aufhören, über die Bearbeitung von Gregor ärgerlich zu sein. Es gibt einfach Glaubensbilder in unserer Geschichte, die sich unseren Zeitgenossen nicht mehr vermitteln lassen. Sie nähren das Vorurteil, Kirchenlieder seien überkommen und lächerlich, und verstellen den Zugang zu einer Wiedergewinnung des theologischen Sinns. Das macht eine regelmäßige Überarbeitung von Bibelübersetzungen und Gesangbuchliedern unumgänglich. Aber dabei ist viel Fingerspitzengefühl vonnöten, damit weder der Sinn noch die sprachliche Schönheit verloren gehen. Dass die mystischen Sprach- und Erlebnisform des Glaubens in Gänze nicht eine Sache der Vergangenheit ist, haben uns ja wichtige Dolmetscher des Evangeliums, wie Dorothee Sölle und Jörg Zink, in jüngster Zeit wieder vor Augen geführt.

Die Melodie von „Jesu, geh voran" beurteilen Fachleute als „einfach, fast simpel … mit geringem Tonumfang und einer fast ermüdenden Rhythmusformel." (89, S. 114). Aber das trägt sicher zu ihrer bleibenden Volkstümlichkeit bei und kann helfen, das Lied neu als Hilfsmittel zu entdecken, nach den heißen Quellen tief in unserer Seele und im Evangelium zu graben und damit der lau dahin plätschernden Christlichkeit unter uns wieder Dampf zu machen. Das wäre dann auch ein wirklich ureigener und unverwechselbarer Beitrag der Kirche zur weltweiten Energiediskussion.

Vielleicht denken Sie, wenn Sie das nächste Mal von jemandem mit der Frage „Wie geht's?" begrüßt werden, an dieses Zinzendorf-Lied. Und wer weiß, vielleicht haben Sie sogar Lust, dem anderen von der Neuentdeckung zu erzählen, dass Ihnen bei „Wie geht's?" neuerdings immer „Jesu, geh voran" einfällt. Sie werden sich wundern, wie so unversehens aus einem nichtssagenden Gruß ein bemerkenswertes Gespräch werden kann.

# 22 Meinem Gott gehört die Welt *(EG 408)*

„MEINEM Gott gehört die Welt" – das klingt wie die kindlich-selbstbewusste Antwort auf eine Frage, die man vergessen hat zu notieren. Wie könnte sie gelautet haben: Wem gehört das alles? – mit einer weit ausholenden Handbewegung, so wie im gestiefelten Kater? Oder: Wir werden die Scharia einführen, koste es, was es wolle; was glaubst du denn, wem die Welt gehört? Oder auch: Im Glauben kommt es auf den Frieden im Herzen an. Mit Politik hat das alles nichts zu tun!? In jedem Fall könnte sich als Antwort der Satz nahe legen: Meinem Gott gehört die Welt.

Was immer man als auslösende Frage oder Behauptung hinter diesem Satz rekonstruieren möchte – „meinem Gott gehört die Welt" – der Fantasie sind da keine Grenzen gesetzt; lassen Sie ihr freien Lauf! Aber am Ende wird es wohl allemal auf die eine Erkenntnis hinauslaufen: Das ist ein ganz ungeheuerlicher Satz, dieses „meinem Gott gehört die Welt". Ungeheuerlich in seinem Anspruch: Meinem Gott! Ungeheuerlich in der scheinbaren Unvereinbarkeit: Hier Gott, da Welt. Wie passt das zueinander? Und, nicht zuletzt, ungeheuerlich in dem Besitzanspruch: „gehört". Müssen das die Menschen um uns her nicht als die ebenso verzweifelte wie lächerliche Reklamation einer

Kirche missverstehen, die sich mit dem Verlust ihrer staatstragenden Rolle nicht abfinden kann?

## Voller Selbstzweifel und voller Gottvertrauen

Der Dichter unseres Liedes, Arno Pötzsch, war Pfarrer in Nazideutschland. Schon mit dem Weg zu diesem Beruf tat er sich schwer. Die Erfahrungen aus dem Ersten Weltkrieg machten ihm zu schaffen. Als er dieses Lied dichtete, war er 34 Jahre alt und Theologiestudent. Ein Studium, das er sich eigentlich gar nicht leisten konnte. Und dessen Sinn er bezweifelte. Dass er zu einem Christen, ja, zu einem Pfarrer taugte, das glaubte er nicht wirklich. Hatte er nicht viel zu viel Zweifel? Und war er in den Jahren zuvor nicht schon mehrmals beim Versuch gescheitert, ein Ziel zu erreichen, das er sich in gutem Glauben gesetzt hatte? „Ich glaubte, dass ich niemals in den Dienst der Kirche treten könnte und dürfte. Und doch bin ich dann diesen Weg gegangen, weil ich ihn gehen musste", schreibt Pötzsch rückblickend (16, S. 11). Nur ein Jahr später machte er sein Examen und trat seine erste Pfarrstelle im sächsischen Wiederau an.

„In jenen Jahren des Studiums und des ersten Pfarramts kam aber auch das andere: Ich musste schreiben", erinnert sich Pötzsch 1953. „Gedichte und Lieder, von Gott und von Menschen, von Not und Verheißung, von Gottes Kampf um diese Welt" (16, S. 13). Insgesamt hat er mehr als 400 Gedichte hinterlassen. In einem beschreibt er anschaulich, warum ihm sein mutiger, ganz an der Bibel orientierter Glaube nie zu selbstgewissem Besitz wurde:

So rief es oft vor meinen Ohren:
Man muss mit dickem Fell sich schützen!
Doch wer wie ohne Haut geboren,
wird nie ein dickes Fell besitzen.
So muss ich meine Tage treiben,

kann keins sich Leib und Leben wählen,
wird', ach, so sehr verwundbar bleiben
und mich mit meinen Schmerzen quälen. (71, S. 75)

Oder, wie er es in seinem Lebenslauf für das theologische Examen formuliert: „Wenn ich jetzt am Ende meines theologischen Studiums stehe, habe ich doch nicht das Gefühl, am Ende zu stehen, sondern am Anfang … Alle Arbeit liegt vor mir." (16, S. 13 f).

Durch seine Mitgliedschaft in der Bekennenden Kirche steht Pötzsch in innerem Widerstand zur Staatsmacht. Dem ständigen Gefühl, bedrängt und bedroht zu sein, versucht er auszuweichen, indem er sich 1938 in Cuxhaven zum Marinepfarrer ordinieren lässt. „So paradox es scheinen mag, im Schutz der Wehrmacht bot sich am ehesten die Gelegenheit, nicht für diesen Staat wirken zu müssen, nicht für die Partei" (71, S. 65). Als Wehrmachtsseelsorger (nicht Militärpfarrer!) ist er für die Betreuung der einzelnen Soldaten und ihrer Angehörigen verantwortlich, z. B. im Krankheitsfall oder in besonderen Lebenssituationen. Dadurch ist er ständig unterwegs und für seine Gegner schwer zu überwachen.

## Erfahrungen im Zweiten Weltkrieg

Mit dem Einmarsch der Deutschen in den Niederlanden 1940 veränderte sich für Pötzsch nicht nur der Standort, sondern auch das Aufgabenfeld. Innerhalb der Zuständigkeit der Wehrmacht in Belgien und Holland war er jetzt zunehmend mit Menschen, meist sehr jungen Menschen deutscher wie niederländischer Nationalität befasst, die wegen Sabotage, Wehrkraftzersetzung oder ähnlicher Delikte im Gefängnis saßen, nicht selten als Todeskandidaten. Außerdem betreute er Verletzte in den Lazaretten und überbrachte den Angehörigen von Gefallenen oder Hingerichteten die Todesnachricht. Aber auch in dieser angespannten Situation, in der er oftmals wegen offensichtlicher Ungerechtigkeit und Sinnlosigkeit und seiner unvermeidlichen Verwicklung in diese Vorgänge sehr niedergeschlagen war, erlebte er seinen Glauben und die Gemeinschaft mit deutschen oder niederländischen Christen als tröstlich und wegweisend. In Zusammenarbeit mit dem Amsterdamer Organisten Jacques Beers und mit tatkräftiger Unterstützung von Freunden in Deutschland konnte Pötzsch 1941 sogar in Holland unter dem Titel „Singende Kirche“ einige seiner Lieder veröffentlichen.

Nach dem Krieg übernahm Pötzsch wieder ein Pfarramt in Cuxhaven, diesmal ein ziviles; eine Büste erinnert seit 2000 auf dem dortigen Arno-Pötzsch-Platz an ihn. In diesen Jahren bis zu seinem plötzlichen Tod 1956 hat er bei zahlreichen Gelegenheiten von der Zeit in den Niederlanden erzählt, vor allem darüber, wie er immer wieder genötigt gewesen sei, in menschliche Abgründe zu schauen. Er sei mit viel Elend und Verzweiflung konfrontiert worden. Das habe er nur ertragen und innerlich überwinden können, „indem er viel in die Stille gegangen sei. Dabei fielen ihm stets Verse zu; Beten und Dichten sei fast eine Einheit bei ihm geworden“ (36, S. 358). Am 9. Dezember 1946 übergab er in Hamburg im Rückblick auf diese Erfahrungen eine Liste „mit den Namen von 68 Deutschen, die von Deutschen hingerichtet wurden, einem Fahnder der niederländischen Kommission für Kriegsverbrechen“ (71, S. 82). Insgesamt waren es etwa 200 Menschen, die von den Militärgerichten in Holland umgebracht wurden.

„Gott hat die Welt nicht allein gelassen, auch wenn sie uns noch so gottverlassen erscheint“, konnte Pötzsch in einer Predigt am Neujahrsmorgen in der deutschen Gemeinde in Den Haag sagen. „Meinem Gott gehört die Welt“ – vor diesem Hintergrund gewinnt das Lied einen eigenen Klang. „Kinderlied“, schrieb Pötzsch damals darüber und tatsächlich erinnern Wendungen wie „gleich dem Sternlein in der Bahn“ (Str. 2) oder „Lieber Gott, du bist so groß“ (Str. 5), unterstützt von der kindgemäßen Melodie Christian Lahusens sehr an bekannte Kinderlieder. Aber wenn ich in Str. 1 lese: „Ihm gehört der Raum, die Zeit, sein ist auch die Ewigkeit“ oder in Str. 3: „Über Bitten und Verstehn muss sein Wille mir geschehn“, dann denke ich, die Überschrift meinte eher ein Lied für „die Kinder Gottes“, die wir unabhängig von unserm Lebensalter sind und bleiben. In dieser Annahme bestärkt mich gerade die Strophe 5, die das Kindsein zentral zum Thema hat. Das Bekenntnis, im Mutterschoß des großen Gottes geborgen und von seiner Liebe „lind“, also milde, zärtlich geborgen zu sein, hat nach meiner Erfahrung für Kinder kaum Anziehungskraft, wohl aber für Erwachsene, die mit ihrer Kraft am Ende sind oder sich nicht einmal mehr im Spiegel anschauen mögen. Detlev Block hat recht: „Im Ernstfall des Lebens, auch in sonst „normalen“ und undramatischen Zeiten, kommt es ..nicht so sehr auf individuelle Einfälle, neuartige Bilder und geheimnisvoll verschlüsselnde Redeweise an, sondern vielmehr auf einen vertrauten Erfahrungs- und Verstehenshorizont und auf ein Credo, das die Geborgenheit des Menschen in Gott klar auf den Punkt bringt“ (16, S. 30).

### Die letzten Minuten vor der Hinrichtung

Pötzsch hat den Titel „Dichter“ für sich immer zurückgewiesen. In einer Sonette sagt er über sich: „Ich bin kein Dichter, will kein Dichter sein, / und schreib ich dennoch meine Verse nieder, so sind’s der Einfalt und der Armut Lieder, / und dem ich schreibe, ist nur Gott allein“ (ebd. S. 34).

Der Gedankengang des Liedes ist ähnlich wie der von Paul Gerhardts „Befiehl du deine Wege“: Von der Weite des Himmels, an dem jeder Stern sich nach „Gottes Plan“ bewegt und entwickelt, schließt der Glaubende, dass er auch selber Gottes Eigentum und von seinen Händen gehalten ist. Und im Blick auf die Weite des Raumes und der Weltzeit fällt es auch leichter, Gott zuzutrauen, dass er die Wacht hält, wo immer ich bin. Dabei verbindet sich das Gefühl, angesichts der vorgegebenen Dimensionen ganz klein zu sein, wie von selbst mit dem Bild vom Kind Gottes. Und die Unfähigkeit zu verstehen, warum mir oder anderen dieses oder jenes geschieht, kann sich leichter bergen im Gedanken an den Vater oder die Mutter, die man auch nicht immer verstehen musste, um ganz sicher zu sein, dass sie nur Gutes für mich im Sinn hatte.

In der 4. Strophe knüpft Pötzsch an die enge Verbindung von täglichem Brot und Vergebung der Schuld im Vaterunser an. Dort werden beide durch die Verben „gib" und „vergib" zusammen gehalten. Hier, im Lied, wird das gleiche durch den dreifachen Zeilenanfang „täglich" erreicht. Wer wie Arno Pötzsch so häufig auf engstem Raum mit Menschen zusammen war, die gute Gründe hatten, sich fälschlich beschuldigt zu fühlen, dann aber doch kurzerhand schuldig gesprochen wurden, und der seine Rolle dabei so sehr im Zwielicht erlebte zwischen willkommenem Beistand in buchstäblich letzter Minute und zugleich unvermeidlichem Schuldigwerden, eben weil man nur „dabei stand", der kann nicht mehr fragen: Wie oft brauche ich die Zusage der Vergebung? Er braucht sie täglich, je stündlich, nicht weil er sich in so kurzen Zeitabständen immer neuer Untaten bewusst wird, sondern weil ihm immer wieder in kürzester Zeit die Gewissheit abhanden kommt, dass ihm seine Schuld wirklich vergeben ist und er den immer wieder aufflammenden Zweifel als neues Aufbrechen des Schuldvorwurfs empfindet.

Ich habe fast 25 Jahre lang auf einer kleinen Insel in der Nordsee gelebt und gearbeitet, Langeoog heißt sie. Seit vielen hundert Jahren leben dort wie auf den Nachbarinseln Menschen, für die – auch beim minutengenau austariertem Fahrplan der Fährverbindungen zum Festland – gilt: „Wind und Wetter vorbehalten." Jahrhunderte lang galt das noch viel genereller: Weil Sturm und Meer ständig Größe und Aussehen der Insel veränderten, gab es keinen privaten Grundbesitz. Alle Insulaner lebten als Pächter auf ihrer Parzelle, der Boden gehörte dem zuständigen Adeligen, später dem Staat. Und wenn einem sein Grundstück von der See zerrissen oder sein Haus weggespült wurde, dann wurde ihm an anderer Stelle eine neue Lebensgrundlage zugesprochen.

## Wem gehört, was mir gehört?

Diese Erinnerungen gehen mir durch den Kopf, wenn ich lese: „Meinem Gott gehört die Welt“ und „Sein Eigen bin auch ich“. Wie sehr ist unser Besitzdenken uns eigentlich förderlich und welche Nachteile hat es? Ich denke, das betrifft nicht nur Grund und Boden oder Geld. Jahrhunderte lang hielten Menschen es für unverzichtbar, andere Menschen zu besitzen: Sklaven, Leibeigene, Frauen. Es hat lange gedauert, bis man einsah (und es ist noch immer nicht selbstverständlich): Menschen kann man nicht besitzen. Sie gehören einem nicht. Auch der Ehepartner, auch die eigenen Kinder nicht. Nicht einmal ich mir selbst. „Meinem Gott gehört die Welt.“

An dieser Stelle müssen wir aber noch ein anderes falsches Besitzdenken ansprechen: „Mein Gott“, das könnte ja auch so gemeint sein, dass ich Gott unter meine Besitztümer einreihe. Manchmal klingt das so: „Das muss jeder selbst wissen!“ Unter dem Vorwand der Toleranz wird das Suchen nach einer verbindlichen und Menschen verbindenden Wahrheit eingestellt. Gott wird verkleinert auf einen religiösen Privatbesitz. *Ich sag nichts gegen deinen Gott, sag du nichts gegen meinen!* Aber wer kann so leben? Wenn wir jeder in einen Glasbehälter kröchen, um ungestört zu sein, gingen wir an unserm Alleinsein kaputt. Wir brauchen den einen Gott über uns, dem wir alle gehören, jeder in seiner Unverwechselbarkeit.

Manchmal klingt das „mein Gott“ auch so: Ich lass mir meinen Kinderglauben von dir nicht zerstören. Das sagt jemand, dem ein bestimmtes Bild von Gott seit langem vertraut und selbstverständlich ist. Und nun zeigt ihm jemand ein ganz anderes Bild, das zu seinem überhaupt nicht passt. Das macht ihm Angst, weil er denkt: Hab ich vielleicht die ganze Zeit etwas Falsches geglaubt? Es ist, glaube ich, heilsam und ein guter Schutz gegen solche Angst, sich klar zu machen: Nicht Gott gehört mir. Sondern ich gehöre Gott. Kann gut sein, dass ich noch nicht alle Seiten von ihm kennengelernt habe. Darum komm her und erzähl mir von deinen Sichtweisen, deinen Bildern. Vielleicht können wir unsern Erfahrungsschatz gemeinsam erweitern. Aber eins ist sicher: Meine Verbindung zu Gott ist nicht in Gefahr; denn ich gehöre ja ihm.

Ich weiß nicht, ob es sinnvoll ist, über die Abschaffung unserer Grundbücher zu spekulieren. Aber auf jeden Fall hätte es eine in vieler Hinsicht entkrampfende Wirkung, wenn wir etwas leichter loslassen könnten, wenn uns nicht überall als Erstes der Status der Besitzstandswahrung einfiele. Mit welchen Entwicklungen und Situationen wir uns morgen oder übermorgen herumschlagen müssen, weiß ich nicht. Aber eins ist schon immer ausgemacht: Auch ich selbst gehöre mir nicht. Es kommt der Tag, da ich mich loslassen muss. Hoffentlich kann ich dann mit Arno Pötzsch singen: „Leb ich, Gott, bist du bei mir, sterb ich, bleib ich auch bei dir, und im Leben und im Tod bin ich dein, du lieber Gott.“

## 23 Gott liebt diese Welt (EG 409)

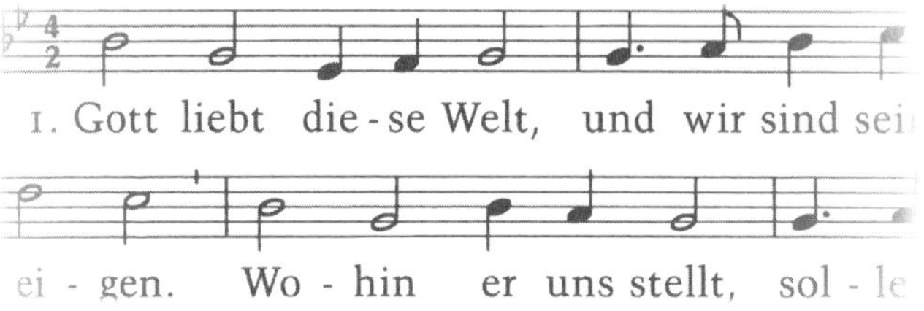


$10^{21}$, eine kleine Formel, schnell geschrieben, gehört, gemerkt. Scheinbar übersichtlich. Dagegen die andere Zahl: Zehn Milliarden Lichtjahre, unvorstellbar groß. Viele von uns wüssten auf Anhieb nicht einmal, mit wie viel Nullen man das schreibt und was genau ein Lichtjahr ist. Und doch bezeichnen beide das Gleiche: So viele Kilometer misst, nach Berechnungen von Geophysikern, der Durchmesser des Weltalls.

„Gott liebt diese Welt, er rief sie ins Leben", singt Walter Schulz auf eine Melodie, die so klein und schlicht ist, dass man meint, im Kindergottesdienst zu sitzen. Geht das zusammen?

„Alle Menschen können lieben", las ich neulich irgendwo. „Aber keiner kann alle Menschen lieben." Wieder dieses ganz kleine, scheinbar Selbstverständliche und das unvorstellbar Große direkt nebeneinander. Und jedes Mal bleibt ein Fragezeichen zurück, das weiter wirkt.

Der Dichter und Komponist unseres Liedes, Walter Schulz, war Landesjugendpfarrer in Mecklenburg im kommunistischen Ostdeutschland. Seine ZuhörerInnen und MitarbeiterInnen kamen aus Schulen, in denen Naturwissenschaft und Technik die Schwerpunkte bildeten. Und ihr Alltag war umstellt mit vollmundigen Floskeln, was der Mensch ist und was er kann und was er soll. Wie kann man mit diesen jungen Menschen über den Glauben sprechen? Walter Schulz griff zur Gitarre und sang mit ihnen nach einer kleinen Melodie, die jeder beim zweiten Hören mitsingen konnte, dieses sein Glaubensbekenntnis: „Gott liebt diese Welt. Und wir sind sein eigen".

## Glauben im „wissenschaftlichen Atheismus"

Den zweiten Teil der Strophe haben die Sängerinnen und Sänger damals sicher sofort als die Zumutung gehört, die er in Wahrheit ist: „Wohin er uns stellt, sollen wir es zeigen: Gott liebt diese Welt." Das Lied entstand 1962, ein Jahr nach dem Bau der Mauer in Berlin. Ein Jahr später verabschiedete die Konferenz der Kirchenleitungen der DDR zehn Artikel über Freiheit und Dienst der Kirche im Sozialismus. Artikel 7 lautete: „Wir handeln im Ungehorsam, wenn wir nicht prüfen, wo wir nach Gottes Willen im Staat der Erhaltung des Lebens dienen können. Wir handeln im Ungehorsam, wenn wir für die Wahrheit nicht einstehen, zum Missbrauch der Macht schweigen und nicht bereit sind, Gott mehr zu gehorchen als den Menschen." Wir in der Bundesrepublik haben das Lied von Walter Schulz damals gern zu uns herüber geholt, aber haben unserer Kirchenleitungen auch seine Frage gehört: „Wohin er uns (im Kapitalismus) stellt"? Und wann wir im Westen „im Ungehorsam handeln"? Und gab es eine öffentlich erkennbare Antwort auf diese Fragen?

Ursprünglich war das Lied ganz symmetrisch aufgebaut: Innerhalb des Rahmens (Str. 1 und 8) bildete die weihnachtliche Thematik den Mittel- und Höhepunkt: „Im Zenit der Zeiten kam sein Sohn zur Welt" (Str. 4) formulierte Schulz nach Gal 4,4, wo es heißt „als aber die Zeit erfüllt war, sandte Gott seinen Sohn, geboren von einer Frau und unter das Gesetz getan". Das brachte Licht in unsere Dunkelheiten (Jes 9,2; 60,1 ff. u. ö.).

Als das Lied aber 1970 in der Arbeitsgemeinschaft Ökumenisches Liedgut (AÖL) diskutiert wurde, warf Otto Brodde die nicht ganz unberechtigte Frage auf, ob ein solches Bekenntnislied nicht auch eine Strophe über die Auferweckung Christi brauche, schließlich geht von Ostern das ganze Evangelium aus. Daraufhin fügte Schulz die heutige sechste Strophe ein: „In des Todesbanden keine Macht ihn hält, Christus ist erstanden.“ Formal steht das Gebäude des Liedes seitdem schief da, der „Zenit“ ist aus der Mitte gerutscht. Andreas Marti hat darum vorgeschlagen, auch im ersten alttestamentlichen Teil eine Strophe zu ergänzen und dichtete: „Gott liebt diese Welt, / Priester und Propheten / sagen an, was zählt, / mahnen, rufen, beten: Recht für alle Welt.“ Ich denke, es würde heute nicht nur der Optik gut tun, diese wichtige Ergänzung aus der hebräischen Bibel in das Bekenntnis aufzunehmen. Die Erinnerung, dass das Alte Testament mehr ist als die „Verheißung“ dessen, was das Neue an „Erfüllung“ bringt, tut auch unserm Christenglauben gut.

Im Übrigen versucht das Lied nur, ähnlich wie unser apostolisches Glaubensbekenntnis, die einzelnen „Themen“ des Credo ins Gedächtnis zu rufen. Hier wie dort sind wir aufgefordert, den Sätzen mit Bildern und Geschichten aus der Bibel und aus dem eigenen Leben Farbe und Anschauung zu geben.

## Den schiefen Turm ins Lot bringen

Strophe 2 spricht von der Schöpfung. Wir sind eingeladen, noch einmal die Schöpfungserzählungen auf den ersten Seiten der Bibel und in den Psalmen (Ps 104, Ps 136) nachzulesen und Satz für Satz zu durchdenken. Das soll uns helfen, einander zu erzählen, wie uns Erfahrungen mit der Natur für die Wirklichkeit Gottes geöffnet haben. Ganz verschiedene Erlebnisse werden da zur Sprache kommen: Einer wird sich an das Panorama der Bergwelt erinnern, die er im Urlaub durchwandert hat. Ein anderer wird erzählen, wie er einem Amselpaar beim Füttern ihrer Jungen zuschaute. Und ein dritter wird von Diskussionen und Argumenten erzählen, die ihn bei einem Seminar über Umweltthemen angerührt haben oder bei der Besichtigung eines biologisch geführten Bauernhofes.

Strophe 3 erinnert an die Wüstenwanderung Israels. Feuersäule und Wolke (2 Mose 13,21 f.; 4 Mose14, 14; Neh 9,12.19), aber auch das Zelt mit der Lade und den Gebotstafeln (2 Mose 25 ff.35–38 u. ö.; Hebr 9; Offb 15,5; 21,3) werden den Menschen auf ihrem mühsamen Weg zu Zeichen von Gottes Nähe und Wegweisung. Wir können darüber nachdenken, in welchen Wüsten uns Zweifel und Hoffnungslosigkeit angefallen haben und welche Boten, Zeichen und Worte uns zu neuem Mut befreiten. Was für ein Bild: Gott als Wolkensäule in der Wüste: Aussicht auf Regen in der hitzeflimmernden Dürre; und doch kaum zu unterscheiden von einem sich zusammenbrauenden Sandsturm. Und die Feuersäule bei Nacht: beunruhigendes Katastrophenzeichen oder Hinweis auf eine einladende Raststätte, erst zu entscheiden, wenn man nahe genug herantritt.

Aber wir werden auch zu besprechen haben, welche Zeichen Gottes uns heute in unserem Alltag begleiten und wie sich da Licht und Schatten oft schwer auseinander halten lassen: Gottes Wort in der Bibel beispielweise – manchmal eindrucksvoll in seiner Kraft und Klarheit und ein andermal wieder hölzern und unzugänglich, weil wir spüren, dass die Welt damals in vieler Hinsicht so anders war als unsere heutige. Oder die Kirche als ermutigendes Zeichen, dass Gott Menschen in seinen Dienst ruft, aber mitunter auch als verstörende Begegnung mit menschlicher Arroganz oder Dummheit. Oder Taufe und Abendmahl, spürbare Erlebnisse, dass Gott sich Menschen mitteilt, aber auch verwirrend unscheinbare Gesten, die die Worte, die sie begleiten, kaum zu tragen vermögen.

So viel ist klar: Gott gibt Zeichen. Wir sind nicht einem dunklen unpersönlichen Schicksal ausgeliefert oder allein auf unsere Cleverness angewiesen, Gott geht auf jeden Fall mit, verborgen in den Zeichen, die wir erkennen oder übersehen.

In Strophe 5 verknüpft Schulz die Botschaft des Karfreitags mit der biblischen Rede von den Erben (Eph 1,11; Tit 3,7). Ursprüngliche dichtete Walter Schulz: „sein Reich zu ererben". Die bereits genannte AÖL, die auch für die Hinzufügung der Osterstrophe sorgte, änderte diese Zeile in „zu des Reiches Erben". Dies fügt sich besser in den Rhythmus des Liedes, ist sprachlich aber eher blasser: Aus dem aktiven Vorgang des Ererbens ist ein Zustand des Erbbesitzens geworden. Das Neue Testament betont: In der Taufe schenkt uns Christus das Erbe seines Vaters. Für uns ist die Anrede Gottes als „Vater" oft schon so selbstverständlich, dass uns beim Stichwort „erben" nur noch die Frage einfällt, wer denn gestorben ist. Wir müssen nach Jahrhunderte langem Verdrängen und Verfolgen der Juden in Europa neu lernen, dass die Vaterschaft Gottes zuerst seinem erwählten Volk Israel gilt und nur durch Jesus und um seinetwillen dann auch uns.

## Die Blumen machen den Garten, nicht der Zaun

Die siebte Strophe schließlich spricht vom Jüngsten Tag, wenn Christus endgültig offenbar machen wird, dass er nicht nur für die da ist, die ihn „angenommen" haben. Aber wenn wir ernst nehmen, was die Evangelien uns von Jesus erzählen, werden wir uns den Christus des Jüngsten Tages auch nicht wie den KZ-Arzt Mengele vorstellen, der am Ende der Rampe steht und mit dem Daumen mal nach links und mal nach rechts zeigt. Das Bild von dem Hirten, der Mutterschafe und Böcke trennt (Mt 25,32), ist ja nicht als Drohung gemeint, die uns zu angepasstem Verhalten erziehen soll, sondern als Versprechen, dass einmal der erlösende Tag kommt, an dem wirklich nach richtig und falsch, nach gut und böse sortiert wird. Dann wird das verwirrende und deprimierende Durcheinander unserer Erfahrungen ein Ende haben und weder die Mächtigen noch die mit den weißen Westen werden in der ersten Reihe sitzen, sondern die, die Jesu Einladung annehmen. „Man fühlt sich an Bonhoeffers starke Aussage „ … stirbt für Christen und Heiden den Kreuzestod und vergibt ihnen beiden“ am Ende seines Gedichts „Christen und Heiden“ erinnert.“ (25, S. 22).

Gelegentlich wird kritisiert, dass Schulz in seinem Lied zu stark der Sprache kirchlicher Überlieferung verhaftet sei: Gott ruft ins Leben, er erhellt unsere Dunkelheiten, Christus ist erstanden aus den Todesbanden usw.; auch das schöne (ursprüngliche) Gipfelkreuz „im Zenit der Zeiten“ gehört wohl hierher. Aber ich denke: Wer heute kirchliche Gebrauchstexte schreibt, muss sich entscheiden: Er kann nur entweder mit wenigen dichten Worten auf die Auslegungskraft biblischer Überlieferung setzen oder mit neuen weltlichen Bildern und alltäglichen Redewendungen versuchen, seine Hörer und Leserinnen neugierig zu machen, so dass sie von sich aus Zeit für tieferes Verstehen einbringen. Walter Schulz hat sich für den ersten Weg entschieden und die Melodie, an die er seine Gedanken gebunden hat, ließ eigentlich auch nichts anderes zu.

Die klar strukturierte Form der einzelnen Strophen – jede beginnt mit dem Themasatz „Gott liebt diese Welt“ und endet mit einem Versprechen Gottes, das in das Schlusswort „Welt“ mündet, d. h. jede Strophe ist eingerahmt von den Worten „Gott“ und „Welt“ –, diese klare Struktur macht das Lied besonders geeignet für den kirchlichen Unterricht bzw. Kinder-, Familien- und Jugendgottesdienste. „Die Wiederaufnahme bestimmter Elemente, hier einer ganzen Zeile, verstärkt die Eindringlichkeit und die formale Geschlossenheit des Textes.“ (Ökumen. Liederkommentar z. St.)

Und in der betonten Verbindung von Gotteslob, Aufruf zum Bekenntnis und zum verantwortlichen Handeln – „Wohin er uns stellt, sollen wir es zeigen“ – ist es sich mit vielen neuen Kirchenliedern einig. „Das Unverfügbare – wir sind sein Eigen – und der Aufruf –„ … sollen wir es zeigen“ – fügen sich nicht zufällig zu einem Reim“ (ebda). Die klassische Veranstaltung auf jedem Kirchentag, die morgendliche Bibelarbeit verbindet ja auch das Moment des gemeinsamen Gotteslobs und der Feier in großer Gemeinschaft mit der hartnäckigen Frage: „Wozu ist das Christentum gut?".

Viele Menschen fragen heute danach und auch die unter uns, die meinen, auf diese Frage eine Antwort gefunden zu haben, sind immer wieder aufgerufen, ihre Antworten zur Diskussion zu stellen. „Gott liebt diese Welt" – ohne Weiteres einsichtig ist dieser Satz nicht. Die Geschichten der Götter erzählten schon immer davon, dass sie diese Welt nicht liebten und lieber in den himmlischen Gefilden unter sich blieben. Und unser heutiges Weltgefühl sagt uns auch nichts anderes: Die Unendlichkeit liebt nicht. Das Weltall schweigt und gibt keine Antwort auf die Rufe der Menschen; sie verhallen ungehört im Nichts, so scheint es.

Die Botschaft der Bibel setzt eine aufregende Neuigkeit dagegen: „Also hat Gott die Welt geliebt, dass er seinen eingeborenen Sohn gab, damit alle, die an ihn glauben, nicht verloren werden, sondern das ewige Leben haben", heißt es bei Johannes (3,16). An diesen zentralen Satz, der Weihnachten mit Karfreitag und Ostern zusammenbindet, knüpft das Lied an und hat deshalb seinen Platz als Wochenlied zum Sonntag Septuagesimae, der genau in der Mitte dieser Feste liegt, sicher verdient. Aber es eignet sich auch, neben EG 183 und 184, als gesungenes Glaubensbekenntnis im Sonntagsgottesdienst, besonders in Gottesdiensten, an denen Kinder teilnehmen.

## Gott gab uns Atem, damit wir leben (EG 432)

„Und was macht man damit?“ Der kleine Zeigefinger weist auf eine Ratsche. Wir stehen vor meiner Werkbank in der Garage und mein kleiner Enkel bestaunt die vielen Werkzeuge, die darüber an der Wand hängen. Ich soll eine klemmende Schranktür im Schlafzimmer reparieren. Aber nun muss ich erst einmal dem Vierjährigen eine Menge Fragen beantworten.

In dem Lied „Gott gab uns Atem“ schweift der Blick nicht, wie bei vielen Lobliedern unseres Gesangbuchs, über die wunderbaren Gaben der Schöpfung hin. Hier fällt er eher in den Spiegel und fragt: Wozu ist das gut, was ich da an mir entdecke – Augen und Ohren, Hände und Füße? Was mache ich aus den Worten, die ich höre? Und welche Folgen hat das, was ich tue?

„Wozu ist das Christentum gut?“, fragte Heinz Zahrnt vor vier Jahrzehnten in einem Aufsehen erregenden Buch. Die Christen seien es leid, in der Kirche immer nur Richtigkeiten über den Glauben zu hören, stellte er fest. Sie wollen wissen, wie man aus dem Glauben lebt und angemessen mit dem umgeht, was um uns herum passiert. Zahrnt hat sich viel Kritik anhören müssen. Man dürfe beim Glauben nicht nach dem Nutzen fragen, hielt man ihm entgegen. Daran ist sicher etwas Richtiges. Das, was unser Leben trägt, ist größer als die Kraft, mit der ich mich festhalte. Aber in einer Welt, in der viele die Botschaft des Evangeliums gar nicht wahrnehmen, weil sie von so vielen anderen Stimmen überwältigt sind, kommen wir um die Frage „Wozu ist das Christentum gut?“ nicht herum.

## Der Glaube weiß, wozu er gut ist

Wird es überhaupt noch gebraucht? fragen sich manche. Gebraucht, um unser Zusammenleben zu organisieren, um Konflikte zu überwinden oder um dem Einzelnen Lebenssinn und die unabdingbare Nestwärme für sein Überleben zu vermitteln? Wir können diese Fragen nur mit Ja beantworten, wenn wir den Menschen in unserer Umgebung auch zeigen können, wie das geht, wenigstens ansatzweise, wenigstens so, dass sie merken: Und ich kann das mit den mir zur Verfügung stehenden Möglichkeiten auch.

Eckart Bücken, der Dichter unseres Liedes, stellt darum das in den Mittelpunkt seines Liedes, was jede und jeder von sich selbst kennt: „Gott gab uns Atem, damit wir leben, er gab uns Augen, dass wir uns sehn. Gott hat uns diese Erde gegeben, dass wir auf ihr die Zeit bestehn.“ Geschrieben hat er das Lied für den Kirchentag 1983 in Hannover, der unter dem Motto stand „Umkehr zum Leben“. Schon damals war neben der Abrüstung die Umweltthematik ein zentraler Gesichtspunkt auf diesem Treffen. „Aber heute finde ich mein Lied fast noch aktueller“, schrieb mir Eckart Bücken, als ich ihn zur Vorbereitung dieses Textes auf sein Lied ansprach. „Wir dürfen unser Versagen auf diesem Gebiet nicht Gott hinschieben, sondern müssen es (verdammt noch mal) selber ändern, und zwar sofort.“ Deshalb die Folge „Atem – leben“, „Ohren – hören“ und „Hände – Handeln“. „Ich wollte auf dieses Handeln hinaus, um dann eben in der dritten Strophe auch sagen zu können: Gott will mit uns die Erde verwandeln und nicht einfach so, als ob das alles über uns reinbricht und wir gar nichts tun könnten, das war mein Hauptanliegen.“

Dass sich dieses Lied so schnell in die Herzen der Menschen gesungen hat, verdankt es neben seiner anschaulichen Sprache und seinem brisanten Thema auch der eingängigen Melodie von Fritz Baltruweit. „Ich weiß noch, dass wir 1982 einen Rundfunkgottesdienst vorhatten auf der schönen Insel Spiekeroog Da spielte das Thema Schöpfung die zentrale Rolle. Eckart Bücken schickte mir den Liedtext. Da haben wir in der Vorbereitungsgruppe gesagt: Mensch, das passt doch wunderbar zu dem, was wir da vorhaben. Und dann habe ich mich hingesetzt und eine Melodie dazu gemacht." Und weiter: „Es ist ja immer die Frage: Wie vertont man so ein Lied? Mir war besonders wichtig, dass die Atmosphäre des Textes in der Melodie lebendig wird, dass es eine positive Ausstrahlung entfaltet und sozusagen Zukunft eröffnet" (E-Mail an mich vom 13.4.2012).

## Schöpfung erleben – und schützen

Die Sinne noch einmal besonders öffnen – ich musste dabei an das Erfahrungsspiel „Fotoapparat" denken. Da tun sich immer zwei aus der Gruppe zusammen. Der eine schließt die Augen und der andere führt ihn behutsam herum. Und immer, wenn dieser dem „Blinden" an eigens dafür ausgewählten Stellen einen sanften Klaps auf die Schulter gibt, öffnet der für eine oder zwei Sekunden die Augen und „fotografiert", was gerade in seinem Blickfeld ist. Auf diese Weise entstünden auch in einer an sich vertrauten Umgebung ganz ungewohnte Eindrücke, berichten Teilnehmer später, die im anschließenden Gruppengespräch ausgewertet werden können.

In der zweiten Strophe verbindet Bücken die Worte, die wir uns sagen, mit dem Wort, das Gott spricht, ja, das er von Anfang an selbst ist (Joh 1,1). Aus diesem Wort, aus der Bibel, hören wir, dass Gott die Erde „sehr gut" geschaffen hat (1 Mo 1,31) und dass er sie nicht zerstören will (1Mo 8,21). Gerade vor diesem Hintergrund kann uns nicht gleichgültig sein, wie sehr wir seine gute Schöpfung schon beschädigt haben. Und wir können uns auch nicht damit herausreden, dass wir von solchen Dingen nicht genug verstehen. „Gott gab uns Worte, dass wir verstehn“, betont Bücken.

Ich habe schon sehr oft in meinem Leben Menschen getroffen, die kein Gymnasium, geschweige denn eine Universität besucht hatten; aber dank ihrer intensiven Beschäftigung mit der Bibel und ihrer Bemühung, die Heilige Schrift in ihrem alltäglichen Leben ernst zu nehmen, hatten sie vieles Lebenspraktische begriffen, was ich bei erfolgreichen Wissenschaftlern und Fachleuten vergeblich suchte.

Eckart Bücken hat mir auch erzählt, dass ihm ein Mitglied der Kommission, der er damals seinen Text für die Aufnahme in unser Evangelisches Gesangbuch vorlegen musste, in der dritten Strophe die Zeile ausreden wollte: „Gott will mit uns die Erde verwandeln.“ Der fand das wohl einen zu hohen Anspruch, schmunzelt Bücken heute; er habe ihm nahe gelegt, stattdessen zu schreiben: Gott gab uns Hände, damit wir teilen. „Nein“, sagt Bücken: „damit wir handeln. Es geht um mehr. Gott will mit uns die Erde verwandeln“

Ich denke, der Autor hat gut daran getan, hier nicht nachzugeben. In unserer Kirche ist immer noch die Meinung zu hören, unsere Sünde bestünde darin, dass wir zu weit gingen. Diese Vorstellung hat ihre Wurzeln in der Untertanenmoral alter feudalistischer Herrschaftsverhältnisse. Da galt der Grundsatz: Der gute Mensch ist der gehorsame Diener, der die ihm gesetzten Grenzen nicht überschreitet. Mit Recht hat der amerikanische Theologe Harvey Cox dagegen am Beispiel von Adam und Eva deutlich gemacht: Ihre Sünde besteht nicht darin, dass sie mit dem Essen der verbotenen Frucht zu weit gehen. Nein, sie verweigern den Auftrag, den weiten Garten mit seinen vielen Fruchtbäumen zu erkunden. Gott hat ihnen diesen großen Garten anvertraut, dass sie ihn bebauen und bewahren (1 Mose 2,15). Und sie greifen nach der Frucht am Baum mitten im Garten, für die sie nicht einmal aufstehen müssen.

Es geht nicht darum, dass wir das Paradies wieder herstellen oder den Himmel auf Erden schaffen. Das neue Leben ist und bleibt Gottes Gabe. Aber wir sollen uns darin bewähren. „Gott hat uns diese Erde gegeben, dass wir auf ihr die Zeit bestehn." Die uns zugeteilte Zeit „bestehen" wir aber so, dass wir sie nutzen, das wir sie „auskaufen" und „verstehen, was der Wille des Herrn ist" (Eph 5, 16 f.). So „können (wir) neu ins Leben gehn". „Oder, wie es in der englischen Übersetzung heißt: „God himself will with us change the world's face. We enter life in God's new light." (1, S. 174).

Es geht in diesem Lied um mehr als um einen religiös begründeten Einsatz für Umweltschutz. „Nur die Natur verherrlichen, das genügt nicht", sagt Bücken. „Mit Recht hat man schon vor Jahren den Menschen, die Gott nicht in der Kirche, sondern in der Natur suchen, vorgehalten, dann sollten sie sich auch vom Oberförster begraben lassen." Die Erde kann nur verwandelt werden, wenn Gott uns verwandelt. So spannt sich ein Bogen vom „beatmeten Leben" in Strophe 1 zum neuen Leben in Strophe 3, von der Schöpfung bis zur Erlösung. Schon der Atem, den der Mensch in der Schöpfung empfängt, ist der Atem Gottes (1 Mose 2,7); das neue Leben in Christus ist der Atem des Auferstandenen, Leben aus dem Heiligen Geist (Joh 3,8; Joh 20,22; Röm 6,4). Wir leben immer zugleich vom Atem des Schöpfers, vom Atem Christi und damit vom Heiligen Geist. Wir sind als Christen lebendige Zeugnisse des dreieinigen Gottes.

Man hat kritisiert, der „bewusste Verzicht auf Begriffe aus der kirchlich geprägten Sprache (verenge) … den Horizont. Es bleibt fraglich, ob neu ins Leben gehn (Str. 3) in ein anderes Leben führt als in ein verbessertes atembelebtes. (34 z.St.). Aber ich denke, diese Kritik unterliegt einem logischen Zirkel. Für Menschen, die in der kirchlichen Tradition zu Hause sind, haben kirchlich geprägte Begriffe Eindeutigkeit. Wer aber zu dieser Sprache keinen Zugang mehr hat, vermisst nicht nur Eindeutigkeit, sondern versteht oft gar nichts mehr.

Ich habe die Gelegenheit, dass ich beim Autor dieser Strophen nachfassen konnte, genutzt und ihn auch gefragt: „ Juckt es Sie heute manchmal in den Fingern, noch eine Strophe dazu zu dichten? Irgendetwas zu verschärfen oder zu ergänzen?“ Der Umweltschutz sei heute doch in aller Munde. Warum geschieht trotzdem viel zu wenig? – Nein, antwortete er mir, eine vierte Strophe werde er wohl nicht schreiben, eher ein neues Lied. Und darin würde er dann vielleicht „noch den Kopf, das Gewissen und den Mund zum Schreien erwähnen“, fügt er nachdenklich hinzu. Manchmal sind wir mit unsern Worten am Ende, höre ich daraus. Dann können wir nur noch schreien, weil wir nur so auf eine Fehlentwicklung aufmerksam machen können. Aber Kopf und Gewissen müssen im Spiel bleiben. Die Gewohnheiten, in denen wir stecken, sind ja nicht einfach abzuschütteln. Vieles ist zum selbstverständlichen Teil unseres Alltags geworden. Aber umso mehr gilt, was das Lied sagt: Hören, damit wir verstehen. Und handeln, damit sich etwas verändert. „Gott will mit uns die Erde verwandeln.“

Eine Konfirmandengruppe aus Ostfriesland hat sich in einer Unterrichtseinheit unter dem Titel „Gewalt – oder geht’s auch anders?“ unserem Lied über eine selbst erdachte Parodie, eine bewusste Umkehrung des Sinns, genähert. Darin heißt es u. a.:

Gott gab uns Kräfte, wir können schlagen;
wir haben Power und Aggression.
Und kommt uns einer mit blöden Fragen,
dann werden wir ihm Gewalt androhn.

Gott gab uns Stimmen, wir können grölen,
wir haben Worte, fies und gemein.
Wir halten nichts von zarten Gefühlen,
alles, was schwach ist, schrei’n wir klein.

Dieser Text wurde mit tanzenden Bewegungen und Gesten gesungen und dann behutsam durch Veränderung der Gesten wie der Worte in den Originaltext überführt. (Gefunden in: Für den Gottesdienst Heft 62, Sep. 2005 S. 38–40) Es könnte nicht nur Jugendlichen, sondern auch kritischen Erwachsenen gut tun, sich den feinen Andeutungen unseres Liedes auf dem Umweg über eine solche Parodie zu nähern. Manches scheinbar Naheliegende wird dann als gar nicht selbstverständlich erkennbar. Und der gelegentlich geäußerte Verdacht, hier nähme einer den Mund zu voll, verwandelt sich durch den Vergleich mit diesem gewaltverliebten Jargon in die Erkenntnis, dass Eckart Bücken die Seligpreisungen des Evangeliums sehr genau gelesen hat.

## 25 All Morgen ist ganz frisch und neu (EG 440)

ÜBER die Morgenstunde gibt es nach meiner Erfahrung fast ebenso viele sarkastisch-abfällige Bemerkungen, wie es Morgenmuffel gibt. Das hat seine Gründe. Zum einen hinkt bei einer großen Zahl von Menschen – Fachleute schätzen sie auf 30 % – die innere Uhr der Zeit ihres Weckers immer hinterher. Sie sind grundsätzlich morgens unausgeschlafen und entsprechend schlechter Laune – und können nichts dafür; denn die innere Uhr, so die Wissenschaft, sei dem Menschen so fest einprogrammiert wie den Zugvögeln das Wegfliegen. Dazu kommen die, die den vielerlei Versuchungen spätabendlicher Unterhaltung nicht widerstehen können. Und rechnet man noch hinzu, dass das morgendliche Aufstehen schon deshalb als Zumutung empfunden wird, weil unsere Betten gegenüber denen vor zwei-, drei- oder vierhundert Jahren um ein vielfaches komfortabler sind, so kann man sich nicht wundern, wenn so mancher erst mal nicht in der Stimmung ist, morgens munter und fröhlich anzustimmen: „All Morgen ist ganz frisch und neu des Herren Gnad und große Treu."

Aber der Verfasser unseres Chorals, Johannes Zwick, hätte dazu – oberflächlich gesehen – genauso wenig Grund gehabt wie der unbekannte Dichter seiner Vorlage: „Die Güte des

HERRN ist's, dass wir nicht gar aus sind, seine Barmherzigkeit hat noch kein Ende, sondern sie ist alle Morgen neu, und deine Treue ist groß", lesen wir in den Klageliedern (Klgl 3, 22 f.). Damals im Jahr 587 v. Chr., in alttestamentlicher Zeit, war die Katastrophe über den Judenstaat hereingebrochen: Die Truppen des Babylonierkönigs Nebukadnezar hatten Jerusalem erobert und zerstört, mit all den entsetzliche Folgen, die eine solche politische Niederlage für die Bevölkerung hat.

## Zuversicht heißt: mehr sehen

Und was Johannes Zwick betrifft, so hatte der vor 470 Jahren gerade erst in Bischofszell die Nachfolge eines Pfarrers angetreten, der an der Pest gestorben war, als er selbst an der Seuche erkrankte. Nach längerem Krankenlager ist er 46-jährig auch gestorben. In dieser Zeit schreibt er: „All Morgen ist ganz frisch und neu …". Kann man das? Glaubwürdig und aus ehrlicher Überzeugung?

Ich denke, Johannes Zwick würde darauf antworten: Eigentlich kann man es nur so. Nur, wenn du selbst nichts in der Hand hast, was dir einen angenehmen Tageslauf garantiert, bist du frei genug, alles von Gott zu erwarten. Nur dann begreifst du: Gott ist der Einzige, der in jedem Augenblick neu ist, weil er nicht von etwas zehren muss, was schon da ist. Und zugleich der Einzige, der zu keinem Zeitpunkt auf einen Geduldsfaden Rücksicht nehmen muss, der reißen könnte; denn sein Erbarmen ist grenzenlos und seine Gnade erschöpft sich nicht. So wie er sagen kann: Es werde eine Welt – und sie steht da, so kann er auch in jedem Augenblick neu sagen: Was gestern war, gilt nicht mehr. Du kannst neu anfangen, unbelastet und ohne Bewährungsauflagen.

So hat es Zwick von Martin Luther gelernt und dieses „allein aus Glauben" hat sein Leben verändert – wie auch die Leben vieler anderer, die von Luthers Wiederentdeckung des Evangeliums getroffen wurden.

Es ist ja nicht so, dass es die Bibel nicht gab, damals. Es wurde ja jeden Sonntag in den Kirchen aus ihr vorgelesen. Es gab theologische Fakultäten, an denen sie gelehrt wurde. Es gab zahllose Nonnen und Mönche, die Tag für Tag fast nichts anderes taten, als die Bibel abzuschreiben, sie zu meditieren oder sie schön zu dekorieren. Aber das alles hatte keine Mitte. Und wenn die Bibel nur ein Sammelsurium aus mehr oder minder interessanten Geschichten und bemerkenswerten Spruchweisheiten ist, dann kann man ihre Heiligkeit und Unvergleichlichkeit so oft betonen, wie man will: Im Endeffekt wird sich jeder das heraussuchen, was ihm passt; und wenn er nichts Passendes findet, wird er sie bei Seite legen und sich seine Maßstäbe woanders einsammeln. Johannes Zwick wusste: „Den Glauben aussprechen, schreiben, lesen, verstehen, auslegen und vergleichen dient wohl dem Christen, macht aber keinen. Aber den Glauben im Herzen haben, das macht einen Christen." (102, 2 S. 404)

Das müssen sich auch heute wieder all die sagen lassen, die beteuern, man müsse die Bibel wörtlich nehmen und als einheitliches Fundament anerkennen. Und wenn man anfinge, kritische Fragen an die Bibeltexte zuzulassen, dann sei das der Anfang vom Ende. Nein, es ist in Wahrheit genau umgekehrt. Wenn alle Aussagen der biblischen Bücher gleichgewichtig nebeneinander liegen, dann bleibt dem Lesenden ja nur die Möglichkeit, mal aus dieser und mal aus jener Blüte den Nektar zu saugen und schließlich bei der zu bleiben, die einem am besten schmeckt. Das heißt, die Bibel verliert so gerade ihre Kraft, Maßstab zu sein für meinen Glauben, weil ich so lange in ihr blättern kann, bis ich das gefunden habe, was zu meinen Maßstäben passt. So gesehen nehmen Fundamentalisten die Bibel nicht ernster als andere, sie geben sie im Gegenteil der Beliebigkeit preis und machen sie damit lächerlich. Nur wenn wir mit den Autoren der Bibel und Lesern wie Martin Luther bestimmte Aussagen als die Mitte des Evangeliums markieren und alles andere in konzentrischen Kreisen von hier aus beleuchten lassen, lesen wir die Bibel als Heilige Schrift und als Gottes Wort.

Diese Mitte des Evangeliums ist für evangelische Christen: „Wir werden ohne Verdienst gerecht aus seiner Gnade durch die Erlösung, die durch Jesus Christus geschehen ist." (Röm 3,24). Oder: „Gott hat seinen Sohn nicht in die Welt gesandt, dass er die Welt richte, sondern dass die Welt durch ihn gerettet werde." (Joh 3,17). Oder: „Zur Freiheit hat uns Christus befreit. So steht nun fest und lasst euch nicht wieder das Joch der Knechtschaft auflegen." (Gal 5,1).

Diesen Glauben hatte Zwick „im Herzen" und von daher konnte der Umgang mit der Bibel ihm „dienen" (s. o.). Im Wissen um diese Mitte hat Johannes Zwick unser Lied gedichtet und im Wissen um diese Mitte konnte er die Lasten seines Berufes und seiner Krankheit aushalten und sie getragen sein lassen von der unwiderruflichen Gnade Gottes: „All Morgen ist ganz frisch und neu des Herren Gnad und große Treu …".

Zwick ist das alles nicht in die Wiege gelegt worden. Es hat gedauert, bis er die wahre Mitte erkannte. Vielleicht spricht er deshalb Gott als „schöner Morgenstern" an, er musste erst einmal aus der Nacht ins Licht dieses geistlichen Morgens geführt werden. Am Anfang war er von der Strenge Ulrich Zwinglis geprägt, der für die Kirche die „Anbetung im Geist und in der Wahrheit ohne alles Geschrei vor den Menschen" verlangte und selbst „ein Gegner des Orgelspiels und des lateinischen Chorgesangs" war (36, S. 72). Aber schon 1536 gab Zwick zusammen mit Ambrosius Blaurer das erste Gesangbuch für die reformierten Gemeinden heraus, das 150 Lieder umfasste, viele von Martin Luther und auch von Ulrich Zwingli. So sah er wahr werden, was er in unserem Lied dichtete: „Zünd deine Lichter in uns an, lass uns an Gnad kein Mangel han."

Zwick wusste, genau wie Martin Luther, dass die Lieder das beste Transportmittel für die Entdeckung der Mitte des Evangeliums darstellten. Denn um singen zu können, muss man ordentlich atmen. Man muss die Luft – ganz so wie die Gnade

Gottes – tief in sich hineinfallen lassen, um dann eine Atemsäule aufzubauen, die die Melodie trägt und die verbrauchte Luft – sprich: das, was der Gnade bei uns im Weg ist – Stück für Stück aus uns herausbläst.

„Treib aus, o Licht, all Finsternis“, fährt Zwick mit seinem Gebet fort. Der Morgenstern, der bis in die frühe Dämmerung uns als Orientierung durch die Dunkelheit begleitet, soll nun die Finsternis endgültig verjagen. Die wird vom Dichter nicht nur als Blindheit gekennzeichnet – das leuchtet ja sofort ein: Für den Blinden liegt alles im Dunkeln. Schwerer verständlich sind für unser Ohr die Begriffe „Ärgernis“ und „Schande“. Sie drohen sofort einen moralischen Klang anzunehmen und damit die Mitte, die Gnade, zu verdunkeln. Aber vielleicht führt Zwick diese Begriffe gerade deshalb hier an. „Behüt uns, Herr, vor Ärgernis“, das würde dann nicht bedeuten: dass wir mit irgendeinem falschen Verhalten Ärger machen, sondern: Behüte uns davor, dass wir an deinem „allein aus Glauben“ Ärgernis nehmen, weil es unsere moralischen Sortierungsmaßstäbe stört. „Blinde sehen und Lahme gehen … und Armen wird das Evangelium gepredigt; und selig ist, wer sich nicht an mir ärgert“, sagt Jesus (Mt 11,5 f. / Lk 7,22 f.). Und Paulus schreibt an die Gemeinde in Korinth: „Wir aber predigen den gekreuzigten Christus, den Juden ein Ärgernis und den Griechen eine Torheit“ (1 Kor 1,23). Und im 69. Psalm, der von den Christen auf die Passion und das Kreuz Christi hin gedeutet wurde („Sie geben mir Galle zu essen und Essig zu trinken“ Vers 22), betet der Psalmist: „Mein Angesicht ist voller Schande“ und „Lass an mir nicht zuschanden werden, die deiner harren, Herr.“ Schande steht hier also sowohl für die verborgene Liebesmacht des Gekreuzigten wie für das Gegenbild der Kraft, die den Glaubenden von diesem Christus zuwächst.

Wenn Gott die Finsternis vertreibt, werden wir möglicherweise erst der Gefahr bewusst, in der wir uns befinden; deshalb endet die Strophe mit der Bitte: „Und reich uns Tag und Nacht dein Hand!“

Wer Erfahrung mit dem Beten und dem Nachdenken über seinen Glauben hat, spürt bei dieser Bitte, dass da sehr unterschiedliche Erlebnisse angesprochen sind: Bei Nacht brauchen wir Gottes Hand als Schutz, weil wir im Schlaf nicht auf uns selber aufpassen können. Bei Tag dagegen wird diese Hand mal begleitend, mal stützend, mal wegweisend und vielleicht auch einmal als Haltesignal erlebbar sein. Gut, wenn wir um sie wissen und auf sie achten.

## Happy End für Text und Melodie

Die letzte Strophe, die genau genommen die zweite Satzhälfte der dritten ist (und beim Singen entsprechend zügig angeschlossen werden sollte!), spricht nach Morgenstern und langsamem Hellwerden nun den „lichten Tag“ an. Vielleicht hatte Johannes Zwick bei dieser langsamen Steigerung das Jesuswort im Sinn: „Ich bin das Licht der Welt: Wer mir nachfolgt, der wird nicht wandeln in der Finsternis, sondern das Licht des Lebens haben“ (Joh 8,12); denn nun geht es um das Gehen und Stehen, also die aktive Bewältigung des Tages. Mit dem Stichwort „Glauben“ greift der Dichter auf die „Gnade“ von Strophe eins zurück: allein aus Gnade, allein der Glaube, das ist und bleibt die Mitte des Evangeliums.

Der Weg unseres Liedes zu seiner heutigen Melodie hat ein bisschen was von Dornröschen. Im Reformationszeitalter wurde dieser Text nämlich noch nach einer Melodie gesungen, auf die man im Evangelischen Kirchengesangbuch der Nachkriegszeit das Abendlied „Christe, der du bist Tag und Licht“ gesungen hat. Die jetzige Melodie entstand zwar im gleichen Jahr wie der Text, 1541, aber sie war nach einer vorübergehenden Nutzung für Luthers „Vom Himmel hoch“ genauso wie Johannes Zwicks Text in den berüchtigten Dornröschenschlaf gefallen und mehrere Jahrhunderte nicht in Gebrauch. Erst im Jahre 1926 wurde die heutige Kombination von Melodie und Text von Wilhelm Thomas und Konrad Ameln in ihrem „Morgenlied“ abgedruckt und erfreute sich dann sehr schnell vor allem in der neu erwachten Singbewegung großer Beliebtheit. Das haben wertvolle Schmuckstücke ja auch sonst so an sich, dass sie für längere Zeit in einer Schublade verschwinden und dann eines Tages überraschend neuen Glanz verbreiten. Gut, wenn wir beim Wegwerfen von „altem Kram“ entsprechende Sorgfalt und Vorsicht walten lassen, auch in der Kirche.

## 26 Lobet den Herren, alle die ihn ehren (EG 447)

Chorus laudentium, „Chor der Lobenden“, so nannte man im Altertum die christliche Gemeinde. Nicht eine besondere Auswahl von Sängerinnen und Sängern wurden mit diesem Ausdruck umschrieben, Menschen, die sich durch besondere Fähigkeiten oder Neigungen hervortaten und zu einer Gruppe zusammenschlossen – nein, die ganze Gemeinde hieß „Chor“, Chor der Lobenden. Man dachte wahrscheinlich an die knappe Beschreibung der christlichen Gemeinde, wie sie Lukas im 2. Kapitel der Apostelgeschichte festhielt: „Und sie waren täglich einmütig beieinander im Tempel und brachen das Brot in den Häusern…und lobten Gott“ (Apg 2,46 f.). Ist das heute noch ein Kennzeichen christlicher Gemeinde, dass sie Gott lobt?

Klar, im Gottesdienst hat das Gotteslob seinen Platz, nicht nur, wenn unser Lied angestimmt wird. Aber würden Sie das als Grund angeben, wenn Sie gefragt würden, warum Sie zur Kirche gehen? Fällt uns da nicht viel eher die Predigt ein und ob sie „gut“ war oder nicht. Oder wir stellen die Gemeinschaft heraus, die wir in der Kirche erleben und die uns im Glauben stärkt. Aber Gotteslob? Vielleicht, überlegt Fulbert Steffensky einmal, ist das Besondere des Gotteslobs seine „köstliche Zwecklosigkeit“ (94, S. 60). Und Helmut Barié fragte schon 1986 beim

Nachdenken über das gewaltige Bild vom Lobpreis der Völker vor dem Lamm aus Offb 7,9–12: „Braucht der Glaube auch zwecklose Texte? … Die meisten Worte, die wir im Gottesdienst machen, wollen direkt etwas erreichen; entweder möchten sie Menschen verändern oder als Fürbitte Gott bewegen, etwas zum Guten zu wenden … Hätten wir die Lieder nicht, wäre es übel bestellt um das Angebot an Textvorlagen für selbstvergessene Hingabe an das Gotteslob." (PrSt 87/88 S. 69). Weil uns offenbar nur einleuchtet, was einen Zweck hat, hat es das Gotteslob bei uns schwer.

Wer schon einmal Kinder erzogen hat, wer anderen Menschen etwas beibringen wollte oder für eine Gruppe eine Zeitlang verantwortlich war, der weiß: Man kann nicht ununterbrochen auf das Ziel losgehen und an der Verwirklichung eines Projektes arbeiten. Man braucht Pausen: um sich auszuruhen, um sich über die nächsten Schritte klar zu werden und – um ein Lob auszusprechen für das Erreichte. So wie Menschen nur lieben können, wenn sie selbst erfahren haben, dass sie geliebt werden, so können wir auch kein Selbstwertgefühl entwickeln, wenn uns keiner lobt. Und ohne Selbstwertgefühl trauen wir uns nichts zu, verlieren schnell die Lust und lassen uns durch die kleinsten Störungen ablenken. Eigentlich wissen wir das längst. Aber viele von uns tun sich schwer, einen anderen zu loben. Und nicht selten wehren wir uns auch, wenn andere an uns etwas gut finden.

## Zum Loben muss man sich Zeit nehmen

Ob zwischen dem einen und dem anderen, zwischen unserer Neigung, das Lob Gottes zu vergessen, und unserer unterentwickelten Fähigkeit, zu loben und Lob anzunehmen, ein Zusammenhang besteht? Eins ist sicher: Gott braucht unser Lob nicht, um Gott zu sein. Anders als man das in anderen Religionen dachte, verhungert Gott nicht, wenn unsere Opfer zu kümmerlich ausfallen. Aber nicht zu bestreiten scheint mir auch: Zum Loben muss man sich Zeit nehmen. Wenn man immer nur danach ausschaut, was es „mir bringt", wird das Loben zu kurz kommen: im Umgang mit meinen Mitmenschen wie im Aufblick zu Gott.

Paul Gerhardt lockt uns zu solchem Zeitnehmen – und Johann Crüger verstärkt das mit seiner Melodie meisterhaft – indem er uns zu einer Art morgendlichen Jogging oder Nordic Walking einlädt, am besten gleich nach dem Aufstehen, vor dem Frühstück. Für wen das nicht längst selbstverständlich ist, der wird auf ein solches Ansinnen wahrscheinlich mit „Keine Zeit!" oder „Keine Lust!" oder „Sport ist Mord!" reagieren. Aber wer das Lied singt, entdeckt bei sich wie von selbst, wie befreiend so ein morgendlicher Ausflug sein kann. Um die Einzelheiten der kunstvollen Sprache Paul Gerhardts braucht man sich dann gar nicht zu kümmern, man fühlt nur ihre wohltuende Wirkung. Nicht anders ist es mit Crügers Melodie und Satz. Was die Fachleute für Harmonielehre da alles aufzählen, erinnert mich an die vielen klugen Erklärungen von Medizinern und Physiotherapeuten über den Nutzen von Frühsport: Spezialisten finden da viel Nützliches, der Laie begnügt sich normalerweise damit, dass es ihm gut tut.

Und wenn man dann erst mal unterwegs ist und dem alltäglichen Stress oder Schlendrian für ein paar Minuten entkommen, dann fallen einem auch allerhand Gründe ein, so weiterzumachen. Der Dichter erinnert uns z. B. daran, dass wir – egal wie gut und lange wir geschlafen haben – auf jeden Fall eine Zeitlang ohne wirklichen Selbstschutz ausgekommen sind in der zurückliegenden Nacht: Wir haben auch im Tiefschlaf das Atmen nicht „vergessen" und uns ist nicht die Decke auf den Kopf gefallen. Wir können wieder genauso sehen, hören und sprechen wie vor dem Einschlafen und unsere Arme und Beine ermöglichen die Bewegung, die nicht nur unseren Kreislauf in Schwung bringt, sondern auch unseren Verstand und unsere Fantasie.

Das sind doch alltägliche Selbstverständlichkeiten, würde uns unsere Vernunft in die Parade fahren, wenn wir jetzt noch missmutig auf der Bettkante säßen oder grämlich im Badezimmer in den Spiegle schauten. Aber da sind wir ja nicht; wir sind draußen, im Freien, es ist herbstlich nasskalt oder wunderbar frühlinghaft, wir sind jedenfalls in Bewegung, ohne dass jeder Schritt einen bestimmten Zweck erfüllt oder jede Handbewegung „etwas bringt". Und da kann es einem dann plötzlich wie von selbst aufgehen, wie wunderbar es ist, Gott zu loben: „Lobet den Herren, alle die ihn ehren, lasst uns mit Freuden seinem Namen singen und Preis und Dank zu seinem Altar bringen. Lobet den Herren!" (Die etwas unerwartete Doppelung – loben und ehren – hat Gerhardt übrigens nachträglich des Binnenreimes wegen eingefügt. Anfangs hieß die Zeile gut lutherisch „alle, die ihn fürchten").

Und vielleicht geht es Ihnen dann so wie mir: Das Lied begleitet Sie die ganze Zeit, es wird zum Ohrwurm; und die beste Art, sich nicht darüber zu ärgern, ist, zu Hause bei passender Gelegenheit den Choral aufzuschlagen und die Strophen (wieder) auswendig zu lernen. Dann kann man sie nämlich beim Joggen oder Walken im Innern nacheinander singen; das ist weniger nervig und das Gehirn kommt auch nicht auf die Idee, sich zu langweilen.

In der vierten und fünften Strophe spricht Paul Gerhardt Gefahren an, die in unserm Leben – Gott sei Dank! – zu seltenen Ausnahmefällen geworden sind und uns normalerweise nicht sonderlich umtreiben. Aber im 17. Jahrhundert war das noch ganz anders; und in vielen Teilen unserer Erde leben die Menschen bis heute in noch viel größerer Unsicherheit. So können uns die Fernsehnachrichten zum Gebetbuch werden und manchmal schafft das auch unsere kleine Lokalzeitung.

Das katholische „Gotteslob" lässt diese beiden Strophen weg, „wohl aus theologischen Gründen", hat man gemutmaßt

(1, S. 233). Ich wüsste gern, welche theologischen Gründe man dafür anführen wollte. Schlichtweg beweisen, dass ein Ereignis Gottes Wille war, können wir doch genauso wenig wie, dass etwas von Gott verhindert wurde. Dass einer Gott dankt, weil er morgens wieder die Augen aufschlagen kann, ist genauso ein Wagnis wie das andere, dass er es tut. weil er nicht zum Mordopfer geworden ist. Man könnte, etwa mit Blick auf die erdbebengefährdeten Gebiete dieser Erde, wo bei Katastrophen die meisten Opfer immer unter den Armen zu suchen sind, vielleicht auf die unterschiedlichen Risiken verweisen, die ich eben schon ansprach: Arme sind auch in einer Wohlstandsgesellschaft wie der unseren öfter krank und sterben durchschnittlich früher. Und global gesehen ist das sicher erst recht so und das ist ganz gewiss nicht Gottes Wille. Aber es ist auch so kein „theologisches Argument". Bei fast allem, für das wir Gott danken, sind auf die eine oder andere Weise Menschen beteiligt. Denen zu danken, möchte ich nicht vergessen. Aber ihr Tun kann nie ein Grund sein, warum ich Gott nicht loben sollte.

## Wir schöpfen aus unsichtbaren Brunnen

Mit Strophe sechs wendet sich die Blickrichtung von der vergangenen Nacht zum vor uns liegenden Tag. Bei der Anrede „O treuer Hüter, Brunnen aller Güter" denke ich immer an den Bauernhof, auf dem wir mit unserer Mutter nach Kriegsende Zuflucht fanden. Da gab es den treuen Hüter in Gestalt eines großen Hundes, der uns zwar wohlgesonnen war, den wir aber doch mit einigem Respekt behandelten, weil wir immer wieder erlebten, mit welcher zähnefletschenden Wut er an seiner Kette riss, wenn ein Fremder sich näherte. Und der Brunnen im Hof war unsere einzige Wasserquelle, weil in den Räumen, die uns als Wohnung zugewiesen waren, keine Wasserleitungen vorhanden waren. Der Gang mit den Eimern zur Pumpe gehörte deshalb zu unsern alltäglichen Kinderpflichten. Und besonders unangenehm war uns, wenn wir dabei vorher bei unseren Vermietern um etwas Wasser bitten mussten, weil die Pumpe wieder einmal „trocken gefallen war" und erst durch das Einfüllen von einigen Litern Wasser zum Ansaugen verführt werden musste.

Diese Erinnerung bewirkt bei mir bis heute, dass der Glaube an Gottes Treue und Fürsorge das eigene Tun keineswegs ersetzt, auch nicht – siehe Hofhund – die eigene Sorgfalt. Ob man deshalb sagen darf, dass Gott als Wächter über meinem Leben zwar mächtig, aber nicht allmächtig sei, ist mir eine offene Frage. Sie sachgerecht zu erörtern, ist nur möglich, wenn man die biblische Klage über die „Leiden des Gerechten" ebenso wenig überspringt wie die notwendige Unterscheidung zwischen dem Tod, der der Sünde Sold ist (Röm 6,23) und dem, der zu unserer Geschöpflichkeit gehört.

Diese Spannung, die unser Christenleben immer durchzieht, bestimmt auch die beiden folgenden Strophen: „Auf unsern Wegen unverhindert gehen und überall in deiner Gnade stehen": Nimmt man das Bild ernst, will es ja zwei Bitten aussprechen: dass wir nicht durch irgendeine Störung dazu gezwungen werden, stehen zu bleiben, *und* dass uns auf unserem Gang keiner der vielen Schritte aus dem Lichtkegel der Gnade Gottes herausführen möge.

Und in Strophe acht und neun ist es die Spannung von gefühlter Schwachheit und geschenkter Stärke, die hinter der Ermahnung steht, nicht leichtsinnig zu sein. Ein Herz, das klar ausgerichtet ist auf den, der uns entgegenkommt, wird keine Lust zu Abwegen verspüren.

Damit blickt der Dichter voraus auf das Ende des Lebens, ja auf das Ende der Geschichte. Mir ist in diesem Zusammenhang zweierlei wichtig: Wir können das von Jesus angekündigte Reich Gottes nicht mehr – wie die Menschen früherer Jahrhunderte – mit den Farben absolutistischer Herrscherhäuser ausmalen; wir können und dürfen nicht mehr hinter unsere demokratischen Strukturen zurück. Wir nehmen Gott ernst, weil wir ihn lieben, nicht weil wir seine Strafe fürchten. Und wir können und dürfen uns den Hirten Jesus am Jüngsten Tag nicht anders vorstellen als den, der die 99 braven Schafe allein lässt, weil ihm das eine ausgerückte wichtiger ist (Mt 25,32; Lk 15,3). Wie anders sollten auch die Engel in der Ewigkeit „Lobet den Herren!“ singen!

# 27 Vom Aufgang der Sonne (EG 456)

DEN Sonnenaufgang verschlafen wir in der Regel, weil er im Sommer vor unserm üblichen Erwachen liegt und im Winter meistens dem Wetter zum Opfer fällt. Aber wenn es uns einmal gelingt, den Aufgang der Sonne bewusst zu erleben, dann ist das meistens ein eindrücklicher Moment, den man nicht so schnell vergisst.

Mit dem Sonnenuntergang haben wir in der Regel mehr Erfahrungen. Wer hat nicht schon einmal versucht, die eindrücklichen Farben auf ein Foto zu bannen, im Urlaub am Meer oder vielleicht sogar in der Wüste, wo das zum ganz besonderen Erlebnis wird. Auf jeden Fall gibt es dazu so viele Postkarten, dass es einem die Freude an diesen Farbenspielen schon fast wieder verderben kann.

Viel weniger bewusst sind uns die vielen Stufen, die die Sonne zwischen diesen beiden Polen Aufgang und Untergang jeden Tag hinauf- und hinunter steigt. Denn sie sind ja so alltäglich. Viele von ihnen sind zwar im Blick auf das, was wir in diesem Augenblick erleben, genauso denkwürdig wie die Morgen- und die Abendstunde. Aber weil wir sie nicht ohne weiteres mit der Erde in Beziehung setzen können wie Sonnenaufgang und -untergang, ergibt sich kein Bild für unsere Seele. Sie überschreiten buchstäblich unsern Horizont.

Das ist für mich das Erste, woran mich dieser Kanon erinnert: Unsere Erfahrungen müssen „geerdet" werden, sonst können wir nicht mit ihnen umgehen. Das gilt auch und ganz besonders für unsere Glaubenserfahrungen. Nach meinen Beobachtungen können viele Menschen mit biblischen Aussagen und Glaubenssätzen nichts anfangen, weil sie ihnen ohne Erdenbezug, ohne Lebensbezug angeboten werden. Da kann einer noch so gefühlsbetont und wortreich von seiner Jesusliebe – oder von Jesu Liebe zu uns – daherreden: Wenn er mir nicht sagt, wie das praktisch in seinem und dann vielleicht auch in meinem Leben aussieht, bleiben das für mich leere Worte. Entsprechendes gilt von zentralen Katechismus-Sätzen, wie denen von der erlösenden Wirkung des Kreuzes Christi, von der Taufe oder von der Dreieinigkeit Gottes. Und sicher werden wir, wenn wir versuchen, hilfreich darüber zu sprechen, die gleichen Erfahrungen machen wie mit der Sonne: Manches verbindet sich wie von selbst mit unserem „Horizont", bei anderen Fragen müssen wir uns mehr anstrengen, um eine Beziehung, eine Perspektive aufzuzeigen. Wir müssen vielleicht eine Art Sonnenuhr aufbauen, sodass wenigstens die Schattenlinien als Maßstäbe taugen. Aber wir sollten es wirklich nicht bei ein paar 08/15-Farbpostkarten belassen, auch beim Reden über den Glauben nicht.

## Nicht nur die auf der Sonnenseite

Eine andere Sicht ergibt sich, wenn wir Aufgang und Untergang der Sonne so verstehen wie Psalm 113, aus dem unser Liedtext entnommen ist. Da sind damit nämlich weniger die Tageszeiten als die entsprechenden Himmelsrichtungen gemeint: Vom Osten (also dem Morgen) bis zum Westen (dem Abend) soll der

Name Gottes gelobt werden, also ständig und überall, heute würden wir sagen „global". So wie es in einem anderen Lied aus dem Gesangbuch formuliert ist: „Denn unermüdlich, wie ein Schimmer des Morgens um die Erde geht, ist immer ein Gebet und immer ein Loblied wach, das vor dir steht. Die Sonne, die uns sinkt, bringt drüben den Menschen überm Meer das Licht: und immer wird ein Mund sich üben, der Dank für deine Taten spricht." (EG 266,3 und 4).

Auch diese Sicht hat ihren Horizont, ihre Erdung. Sie schwelgt nicht nur in der Unendlichkeit unseres Lobpreises – das können die Engel besser! Sie erinnert uns daran, dass unser Loblied nur dann nicht endet, wenn wir uns gegenseitig im Blick behalten, im Osten wie im Westen, und im Norden wie im Süden nicht weniger. Wir Älteren werden noch nicht vergessen haben, wie unsere Welt in Ost und West gespalten war, tief und lebensgefährlich gespalten. Und heute steht – längst überfällig und lange vom Ost-West-Denken verdeckt, aber nun umso dringlicher – das Nord-Süd-Gefälle im Vordergrund; weltweit allemal und in Europa noch einmal speziell. Wir Christen werden Gott nur glaubwürdig vom Aufgang der Sonne bis zu seinem Niedergang loben, wenn wir uns dabei für die Überwindung dieses nicht minder lebensgefährlichen Gefälles einsetzen.

Aber natürlich ist mit diesem Blick auf das Ganze der Erde auch unser spezielles christliches Zeugnis angesprochen, die Mission. Auf dem Wort liegt ein Schatten, seit uns bewusst geworden ist, wie oft christlicher Bekennermut und -einsatz von den Regierungen für kolonialistische Zwecke missbraucht worden ist. Und auch die Kirchen selbst haben Zeit gebraucht, bis sie verstanden: Es geht nicht darum, andern Völkern unsern Glauben an Jesus Christus überzustülpen, sondern ihren Glauben zu wecken und zu fördern.

Mir ist dabei die Formel hilfreich gewesen: Es geht für uns in Europa und den USA darum, so zu leben, dass man uns nach unserem Glauben fragt. Denn wenn wir gefragt werden – das weiß ich auch aus meinem Umgang mit Kindern –, kann man verständlich und glaubwürdig von seinem Glauben reden und ihn als Einladung weitergeben. Vom Aufgang der Sonne bis zu ihrem Niedergang – wir müssen nur lernen, über uns hinaus zu blicken, um die zu entdecken, die mit uns ins Gespräch kommen wollen.

## Beim Fahren kann einem nichts „aufgehen"

Wer von der Baptistenkirche in Einbek im südlichen Niedersachsen durch den Park und über den Zentralfriedhof nach Osten wandert, erreicht nach gut 3 km den Gipfel des Altendorfer Berges. Nach Auskunft des langjährigen Pfarrers der dortigen Freikirchlichen Gemeinde, Rolf Sturhahn, ist Paul Ernst Ruppel, der Erfinder unseres Kanons und selbst ein Angehöriger dieser Freikirche, oft und gern gewandert. Es sei gut vorstellbar, ja wahrscheinlich, dass er damals, 1938, als er sich zu einer Singwoche in Einbek aufhielt, dieses beliebte Ausflugsziel erwanderte und den herrlichen Ausblick von dort oben in seinem Kanon verarbeitete, teilte mir Sturhahn auf meine Anfrage mit. „Ich sollte in der evangelisch-freikirchlichen Gemeinde zu Einbeck mit Kindern innerhalb des Religionsunterrichts singen", erinnert sich Ruppel selbst, „und *flüchtete* zu diesem so bildhaften Text, der mit einfachen Mitteln sinnfällig nachzuzeichnen war: Aufgang – großer Dreiklang aufwärts; Niedergang – großer Dreiklang abwärts; darauf folgt in Teil 3 und 4 das Lob des Herrn. Die Kinder hatten sofort begriffen" (74, S. 200).

Vom Altendorfer Berg aus „kann man den Sonnenaufgang (Brockenblick / Harz) und den Sonnenuntergang .bei klarer Sicht Richtung Süden bis zu den Bergen oberhalb von Göttingen und zu den Kasseler Bergen" sehr eindrucksvoll erleben, weiß Rolf Sturhahn aus eigener Erfahrung.

Paul Ernst Ruppel war einer der herausragenden Vertreter der „Singbewegung" in den 1920er- und 30er-Jahren. Mit einer

Begeisterung und persönlichen Opferbereitschaft, die uns heute in manchem ziemlich fremd anmuten, kamen damals Menschen für ein Wochenende oder eine ganze Woche an unterschiedlichen Orten zusammen, um mit einander unter fachkundiger Anleitung zu singen. Die Quartiere waren oft sehr schlichte Freizeitheime mit rustikaler Ausstattung und zum Programm gehörten neben dem Singen auch das Wandern, die tägliche Gymnastik, das gemeinsame Zubereiten der Mahlzeiten und, nicht zuletzt, das Gespräch über Bibel und Glaube.

Angestoßen wurde das alles einerseits durch die Nachwirkungen der „Jugendbewegung", andererseits durch die zerstörerischen Erfahrungen des Ersten Weltkriegs. Und auch bestimmte Entwicklungen in der Kirche selbst spielten eine wichtige Rolle. So heißt es z. B. in einer Einladung zu einer solchen Veranstaltung aus dem Jahre 1931: „Das Wiedererwachen ... des Kirchenliedes früherer Jahrhunderte zusammen mit der Hinwendung der Theologie zum Bekenntnis und Zeugnis der Reformationszeit hat ... in grundsätzlicher Schärfe die Frage aufbrechen lassen: Wo und in welcher Weise sind Musik und Kirche aus ihrem Wesen heraus miteinander verbunden?... Weil wir glauben, dass ein fruchtbares Miteinander-Reden am ehesten aus gemeinsamem Arbeiten und Leben heraus entstehen kann, soll im Mittelpunkt der Woche das gemeinsame Chorsingen ... stehen ... Eine gemeinsame Tagesordnung ... (sieht) neben gemeinsamer Morgen- und Abendfeier und den Mahlzeiten auch die gemeinsame Morgengymnastik als ein köstliches Mittel zu natürlicher Entspannung und menschlicher Berührung (vor)."

## Rufen kann man nur, wessen Namen man kennt

Ein Teilnehmer einer solchen Veranstaltung im Jahre 1932 berichtet, dass ihm dabei aufgegangen sei: „Der Mensch von heute kann nicht mehr hören, ... nicht mehr staunen über die Wunder des Lebens. (Wir) leben deshalb am Leben vorbei ... *Schläft ein Lied in allen Dingen* … nur wenn wir so zum Leben stehen, finden wir den rechten Zugang zum musikalischen Hören (Zusammenhang von hören, horchen und Gehorsam!) … Rechtes Singen … schenkt uns eine Ahnung von der andern Welt, die unserem Leben erst seinen Wert gibt.“

Gelobt werden soll der Name Gottes, sagt der Psalm. Die Hörer und Sänger dieses Tempelliedes im alten Israel verstanden das auf Anhieb. Denn die Welt um sie herum war voll von Göttern und man wusste, wer sie waren und wofür sie standen; sie hatten ja Namen, lauter verschiedene Namen; und die deuteten an, was die Menschen von ihnen erwarteten. Demgegenüber prägte der Psalm seinen Betern ein: Der Name unseres Gottes soll gelobt werden vom Aufgang der Sonne bis zu ihrem Niedergang, also weltweit. Das war eine Kampfansage. Vielleicht hätten die Menschen in Israel noch nicht gesagt: Andere Götter gibt es nicht. Aber so viel war klar: Andere Götter verdienen kein Lob. Das, wofür sie standen, war das Lob nicht wert. Nur der Gott Israels, der Gott Abrahams und Isaaks und Jakobs, der Gott, der sie aus der Sklaverei in Ägypten befreit hatte, nur der verdiente es, gelobt zu werden.

Mit seinem Namen war das allerdings so eine Sache. Den durfte man nämlich – wegen seiner Heiligkeit – nicht aussprechen. Und wer fragte, was er bedeute, wurde auf die Antwort verwiesen, die Mose auf diese Frage beim brennenden Dornbusch in der Wüste zuteil wurde. „Was soll ich den Menschen sagen, wenn sie wissen wollen, wer mich beauftragt hat?“, fragt er Gott. „Ich werde sein, der ich sein werde“, lautet die rätselhafte Antwort. Man könnte auch übersetzen: „Ich werde da sein als der, der ich bin.“ Die Juden hat das an ihrem Gott nicht irre gemacht, bis heute nicht. Sie wissen, wer gemeint ist, wenn es heißt „sei gelobet der Name des Herrn.“

Wir leben heute in einer Welt, in der im Blick auf Gott Namen keine Rolle mehr spielen. Zumindest überall da, wo die Aufklärung ihre Spuren hinterlassen hat, geht es nur noch um die Frage, ob man an einen Gott glaubt oder nicht. Und doch bleiben wir mit Gott ähnlich ratselhaft dran wie Israel. „Wir nennen Gott, das Unmöglichste und das Weitreichendste, was man sagen kann. Mit diesem Wort schnellen wir aus unserer Sprache und sagen, was wir nicht verantworten können und was unerlässlich ist", hat Fulbert Steffensky einmal formuliert (93, S.251).

Und von Martin Buber stammt der Ausspruch: „Gott: Es ist das beladenste aller Menschenworte! … Menschen haben die Last ihres geängstigten Lebens auf dieses Wort gewälzt und es zu Boden gedrückt; es liegt im Staub und trägt ihrer aller Last." Gut, dass wir die Psalmen, die Lieder und die Gebete haben, die uns helfen, mit dieser Rätselhaftigkeit – nein, nicht fertig zu werden, aber immer wieder neu anzufangen.

## 28 Der Mond ist aufgegangen (EG 482)

Wandsbek ist nicht erst durch seinen berühmten „Wandsbecker Bothen“ Matthias Claudius, den Dichter unseres Liedes, bekannt geworden. Der kleine Ort, heute ein Stadtteil Hamburgs, hatte schon vorher international einen Namen; denn hier im Wandsbeker Wasserschloss von Heinrich Rantzau, der von 1556 bis 1598 Statthalter des dänischen Königs für den königlichen Anteil von Schleswig-Holstein war, fand der in jener Zeit weltbekannte Kopenhagener Astronom Tycho Brahe für eine Zeit lang gastliche Aufnahme und machte den Turm des Schlosses, eigentlich das Treppenhaus, zu seiner Beobachtungsstation. Das gab diesem Gemäuer eine solche Weihe, dass es bei späteren Modernisierungen des Schlosses bewusst in seiner altertümlichen Gestalt erhalten blieb. So erlebte es auch Matthias Claudius noch gut 150 Jahre später, vermutlich schon durch Besuche von seinem Elternhaus in benachbarten Reinfeld aus, und dichtete 1774:

Und Tycho Brah’ – bald hätt ich gar
Herrn Tycho Brah’ vergessen –
der hier vor mehr als hundert Jahr’
den Himmel hat vermessen.

Er selber ist zwar nicht mehr hier,
er hat längst ausgemessen,
doch sieht man noch zu seiner Ehr'
den Turm, wo er gesessen.
Der Turm ist uns ein Heiligtum,
vor dem uns abends grauet.
Er war von vielem Alter krumm,
nun aber neu erbauet. (21, S. 264)

Während seines Aufenthaltes in Kopenhagen 1764/65 wird Claudius den Spuren des berühmten Wissenschaftlers wieder begegnet sein und später, nach 1771 als Redakteur in Wandsbek, erst recht. So liegt es nahe, dass Mond und Sterne und die Kunst, sie zu betrachten, Claudius immer wieder beschäftigten, und man versteht auch, dass er die traditionelle kirchliche Sicht der Nacht als das Reich des Bösen und Leidbringenden nicht in sein Denken übernahm, sondern dichtete: „Wie ist die Welt so stille und in der Dämmrung Hülle so traulich und so hold als eine stille Kammer, wo ihr des Tages Jammer verschlafen und vergessen sollt."

Ein junger Priester, der eine Zeit lang im Hause Claudius zu Gast war, berichtet: „Vor oder nach dem Abendessen nimmt Claudius seinen oben gekrümmten Stecken, und wir durchstreifen das angrenzende angenehme Wäldchen, das er so schön und wahr besungen hat, wo das Kühle der Luft und der schön glänzende Mond, der durch geteilte Blätter scheint, öfters in unsere Gespräche einfließt und uns in höhere Regionen zu führen scheint." (90, S. 29). Der Besucher schätzt Claudius als Vermittler von Glaube und Aufklärung, die in Deutschland Einzug gehalten hat, auch in der Kirche. Die neue Freiheit, sich „seines Verstandes ohne Leitung anderer zu bedienen" (Immanuel Kant) ist in aller Munde. Wir haben gute Gründe, ihre Auswirkungen auf Kirche und Glauben heute kritisch zu sehen, nicht zuletzt angeregt durch Matthias Claudius. Aber aus der Welt vertreiben können und wollen wir sie seither nicht mehr.

Mit ihr gehen auch ganz andere Entwicklungen Hand in Hand. Die Arbeit des Menschen ist nicht mehr an familiäre Bande gebunden, sie wird fremdbestimmter, lauter, belastender. Sie endet nicht mehr automatisch mit dem Tageslicht, die Sehnsucht nach Nachtruhe wächst. Gleichzeitig gibt es weniger Grund, sich vor der Nacht zu fürchten: Es gibt bessere künstliche Beleuchtung, mehr Schutz vor Feuer, Flut und Verbrechen.

Wenn ich mich heute umschaue und sehe, wie da beide Erlebnisebenen oft ganz nahe beieinander liegen – Abend und Nacht als ersehnte Ruhe und Entspannung vom Stress des Tages und oft ganz dicht dabei die Nacht, die schlaflos blieb, in der mich Albträume jagten oder ganz reale Angstvorstellungen – dann spürt man: Wir haben gute Gründe, uns vor einfachen Erklärungen zu hüten. Aber es gibt eine neue Sicht auf die Welt, die uns umgibt. Und die verändert, wie unser Lied zeigt, auch die religiöse Sprache.

Matthias Claudius, der Dichter dieser Strophen, trug diese beiden Erlebnisebenen gleichsam in sich: Er war ein Kind seiner Zeit, geprägt von der Aufklärung, hoch gebildet; Goethe, Herder, Lessing und andere Größen standen mit ihm in Kontakt. Gleichzeitig blieb er Zeit seines Lebens vom Geist des elterlichen Pastorenhauses in Reinfeld geprägt, der bescheidene „Wandsbecker Bothe", Herausgeber einer kleinen Lokalzeitung, auf deren letzter Seite er auch seine Gedanken über den Glauben veröffentlichte: In einer schlichten, einfachen Menschen zugänglichen Sprache, wie sie sich auch in unserm Lied spiegelt: „Seht ihr den Mond dort stehen? Er ist nur halb zu sehen und ist doch rund und schön. So gibt es manche Sachen, die wir getrost belachen, weil unsere Augen sie nicht sehn." So einfältig in des Wortes wahrer Bedeutung konnte er vom Glauben her die Überschätzung der Vernunft in der gebildeten Hamburger Gesellschaft kritisieren. „Ich glaube nur, was ich sehe", sagt sie und will sich damit arrogant über den Glauben hinwegsetzen. „Vorsicht!“, hält Matthias Claudius dagegen. „Sonst lachen bald die ABC-Schützen über dich; denn sie wissen spätestens seit Tycho Brahe, dass die Mondsichel nicht das Ganze ist, der Rest ist nur vor dem Hintergrund des schwarzen Himmels nicht zu sehen.“

Und das ist ja nicht nur eine Wahrheit über den Mond, es ist auch eine Wahrheit über uns. Auch an uns sehen und begreifen wir längst nicht alles. Besonders gern täuschen wir uns über das, was uns gut tut. Was zielführend ist – nicht im Blick auf Ziele, die wir uns setzen, sondern auf das eine, das uns gesetzt ist. Claudius kennt seine Bibel: „Ich sah an alles Tun, das unter der Sonne geschieht, und siehe, es war alles eitel und Haschen nach Wind“ (Pred 1,14) Und: „Schau, allein das hab ich gefunden: Gott hat den Menschen aufrichtig gemacht, aber sie suchen viele Künste“ (Pred 7,29).

Auch der Verfasser des Predigerbuches war ein Kind der Aufklärung, nur knapp 2000 Jahre früher als der Wandsbeker Bote. In Israel hatte Salomo die Nachfolge Davids auf dem Thron angetreten. Das Land blühte nach den vielen Kriegen auf, ein reger kultureller Austausch mit den Nachbarländern brachte viel neues Gedankengut ins Land. Das führte, ähnlich wie im Europa des 17. Jahrhunderts, zu einem Zerbrechen überkommener Werte, auch und nicht zuletzt in der Religion. Deshalb schätzte Claudius diese späten Bücher des Alten Testaments wie den Prediger und die Sprüche Salomos, weil er dort auf verwandte Probleme stieß. In seinem Lied wird aus den eben zitierten Versen der Bibel: „Wir spinnen Luftgespinste und suchen viele Künste und kommen weiter von dem Ziel“ (Str. 4).

## Sünde: Haltung, nicht Handlung

In der Sprache der kirchlichen Überlieferung heißt das: „Wir stolzen Menschenkinder sind eitel arme Sünder“. „Eitel“ ist hier im Sinne von Pred 1 gemeint, nämlich egozentrisch und vergeblich zugleich. Wer sich selbst in die Mitte stellt, dem fehlt eigentlich die Mitte, die seinem Leben Sinn verleiht. Aber während sich in der üblichen Kirchenlehre dieses Sünder-Sein im falschen Tun ausdrückt (vgl EG 299,3; 341,2 und 3), bezieht Claudius die Auswirkungen der Sünde auf unser begrenztes Wissen: „und wissen gar nicht viel". „Wer die Vernunft kennt, der verachtet sie nicht", sagt er einmal. „Sie ist ein Strahl Gottes, und nur das radikale Böse hat ihr das himmelblaue Auge verderbt." (102, 2 S. 488). Vernunft ist an sich nichts, was sich gegen Gott richtet, höre ich daraus. Aber „das radikal Böse" kann sie, wie ein Virus im Computer, falsch programmieren. Sünde ist nicht ein vermeidbares Fehlverhalten, sondern falsches Denken – „und wissen gar nicht viel."

Das traf damals den Nerv der Menschen mehr als Luthers Frage nach den „guten Werken". Das Hochgefühl der Aufgeklärten speiste sich ja nicht zuletzt daraus, dass man endlich herausgefunden zu haben meinte, was einem die Kirche jahrhundertelang vorenthalten habe. Die neue Freiheit war die Freiheit von jeder Form der Bevormundung, die Freiheit, alles zu wissen. In dieser Freiheit wird Gott nicht mehr gebraucht, der Mensch tritt an seine Stelle. Die Frage, ob der Mensch überhaupt für diese völlige Freiheit „ausgelegt" ist, als Einzelner wie in der Gemeinschaft, diese Frage wurde nicht gestellt.

In der Kirche mochte man die Kritik des Claudius-Liedes nicht einfach stehen lassen. Das Glaucha-Hallesche Gesangbuch von 1790 nahm das Abendlied zwar als Erstes in seinen Bestand auf, aber die Zeile „sind eitel arme Sünder" wurde „ebenso unpoetisch wie bekenntnisscheu in *Wir fehlen mehr und minder* um(ge)dichtet". (83, S. 94)

Dabei macht der Wechsel vom „ihr" in der dritten Strophe zum „wir" in der vierten Strophe unüberhörbar deutlich, dass Claudius nicht nur falsche Besserwisserei der Aufgeklärten kritisiert, sondern wirklich von der Sünde des Menschen redet. Auch er selbst, der Dichter, der die Arroganz der Neunmalklugen entlarvt, kann sich aus dem Wir der Sünder nicht ausnehmen.

Auch in unseren Tagen trifft man immer wieder auf solche Bescheidwissenschaft, wie Claudius sie bespöttelt. Wer weder die Religion noch die Wissenschaft genügend kennt, neigt hier zu raschen Urteilen. Hört man dagegen namhaften Wissenschaftlern zu, begegnet man meist einer großen Bescheidenheit. Sie wissen aus ihrer Arbeit, dass jede neue Erkenntnis sofort mindestens zwei neue Fragen aufwirft, die man noch nicht beantworten kann. Und sie sagen uns, dass mehr wissen nicht einfach mehr Freiheit bedeuten kann, sondern vor allem mehr Verantwortung. Denn in dem Maße, in dem uns Zusammenhänge – auf welchem Gebiet auch immer – durchschaubar werden, sind wir herausgefordert, unser Tun und Lassen darauf auszurichten, dass diese Zusammenhänge zum Wohl des Ganzen gelenkt oder in Ruhe gelassen werden.

## Kalt ist der Abendhauch

Es dürfte kein Zufall sein, dass ausgerechnet ein kritischer Geist wie Karl Kraus, der Zeit seines Lebens die „Journaille" der Halbgebildeten geißelte, Matthias Claudius unter die „allergrößten deutschen Dichter" rechnete und mitten im Ersten Weltkrieg in der „Fackel" einen Zyklus von Claudius-Gedichten als „eine Stimme gegen das dröhnend-hohle Pathos der untergehenden Donaumonarchie" abdruckte. Goethe dagegen fand, der Wandsbeker Bote sei „ein Narr […] voller Einfaltsprätensionen" (an Herder, 1787) und für Wilhelm von Humboldt war er eine „völlige Null" (7, S. 381 f.).

In der sechsten Strophe seines Liedes spricht Claudius das an, was von der scheinbar selbstsicheren, in Wahrheit zutiefst ängstlichen Freiheit der Aufgeklärten meist verdrängt wird, Sterben und Tod: „Wollst endlich sonder Grämen aus dieser Welt uns nehmen …". Als Glaubende schauen wir unserm Ende zwar nicht einfach gelassen oder unerschütterlich ins Auge – „kalt ist der Abendhauch"! Aber wir wissen, an wen wir uns in unserm Frösteln wenden können: „Und wenn du uns genommen, lass uns in' Himmel kommen, du unser Herr und unser Gott." Und wir wissen, wem wir die anvertrauen können, die wir allein lassen müssen, unsern kranken Nachbarn eingeschlossen. „Das ist wohl der ungewöhnlichste Schluss, den sich ein Gedicht im 18. Jahrhundert erlaubt, ein Ausklang im Pianissimo ... Und das alles ist so selbstverständlich, als könnte es gar nicht anders sein" (56, S. 27). Dieses stille, bescheidene Auftreten seiner tief empfundenen Glaubenswahrheiten verdankt das Gedicht von Claudius am Ende natürlich auch der Melodie von Johann Abraham Peter Schulz. Für ihn war unter dem Einfluss Herders das einfache Volkslied das große Vorbild bei aller Arbeit des Komponierens. Im Vorwort zu seinen „Liedern im Volkston, bey dem Claviere zu singen" schreibt Schulz: „Zu dem Ende habe ich nur solche Texte aus unsern besten Liederdichtern gewählt, die mir zu diesem Volksgesange gemacht zu seyn schienen, und mich in den Melodien selbst der höchsten Simplicität und Faßlichkeit beflissen, ja auf alle Weisen den Schein des Bekannten darinzubringen gesucht ..." (Becker S. 387).

Vielen Theologen seiner Zeit war Claudius zu lyrisch und zu schlicht, den aufgeklärten Geistern dagegen zu fromm. Aber wie sollte das Urteil über einen Mann weniger widersprüchlich sein, der in einer genial schlichten Sprache dem Zeitgeist den Teppich unter den Füßen weg zieht und ihn zwingt, der Einfalt des Glaubens mehr Einsicht zuzubilligen als der Vielfalt der Entdeckungen?

Für Matthias Claudius ist das Wissen, dass ich viel zu wenig weiß, nur auszuhalten im Angesicht Gottes. Deshalb betet er in der fünften Strophe: „Gott, lass uns dein Heil schauen, auf nichts Vergänglichs trauen, nicht Eitelkeit uns freun; lass uns einfältig werden und vor dir hier auf Erden wie Kinder fromm und fröhlich sein." Das entspricht dem, was Jesus meinte, als er seinen Zuhörern die Kinder als Vorbild hinstellte (Mt 18,3; Röm 8,23).

Als Vater von zwölf Kindern wusste Matthias Claudius natürlich, dass Kinder keineswegs immer „fromm und fröhlich“ sind. Aber er hatte auch täglich vor Augen, dass Kinder in ihren beschränkten Fähigkeiten und Rechten rundherum darauf angewiesen sind, dass man ihnen gibt, was sie brauchen. Sie machen uns anschaulich, dass wir das Wesentliche im Leben nicht leisten oder verdienen, sondern empfangen. Der Blick auf den Mond kann uns daran erinnern, mit oder ohne Tycho Brahes Hilfe.

## 29 Herr, bleibe bei uns (EG 483)

Den Abendkanon „Herr bleibe bei uns“ kann man nach meiner Erfahrung fast in jeder Gruppe voraussetzen, die überhaupt etwas von christlicher Überlieferung weiß. Seine Entstehung verdankt er der Singbewegung in den dreißiger Jahren des vorigen Jahrhunderts. Die Menschen suchten damals nach dem Ende des Ersten Weltkrieges und dem Zerbrechen vieler scheinbar bewährter Überlieferungen und Maßstäbe Schutz in der Gemeinschaft Gleichgesinnter. Dabei spielte das gemeinsame Singen eine ähnliche Rolle wie heute etwa auf den Kirchentagen oder in den Fangruppen bei Fußballspielen. Die interessante Frage, welche Bedeutung dabei die Texte der gesungenen Lieder haben, ist hier wie dort schwer zu beantworten.

Bei den Fußballern enthalten sie nicht selten abfällige Bemerkungen über die gegnerische Mannschaft, die die meisten Sänger abseits des Stadiums und der Gruppe nicht in den Mund nehmen würden. Und populäre Kirchentagslieder bestehen mitunter aus Texten, die – für sich genommen – wenig Hilfe zum Verständnis des Glaubens zu bieten scheinen. Das Erleben der Gemeinschaft im Singen überspielt hier wie dort die Probleme.

Zum Glauben gehört aber immer das Verstehen. Wir sind nicht nur Empfindung, wir sind auch Begreifen. Und natürlich

Fantasie, die über das hinausfühlt und -denkt, was ist. Und: Zum Leben gehört immer das Verantworten. Wir sind nicht nur Erleben, wir sind auch Entscheiden. Und natürlich Vertrauen, dass wir in beidem getragen sind.

Auch beim gemeinsamen Singen von Kirchenliedern geschieht immer mehr, als wir aus dem Text heraushören. Viele Choräle sind in unsern Gemeinden und Gruppen sehr beliebt, obwohl sie gespickt sind mit Begriffen, die uns kaum noch etwas sagen. Aber dabei wollen und dürfen wir nicht stehen bleiben. Das Erschließen der Worte ist ebenso wichtig für unsern Glauben wie das Erleben der Gemeinschaft und das Vertrauen, das aus lang Vertrautem erwächst.

In unserm Kanon macht sich diese Spannung einerseits fest an einer Bitte, die sich uns sofort erschließt – „Herr, bleibe bei uns!" – und andererseits der Tatsache, dass der Wortlaut ein Zitat aus der bekannten Ostergeschichte von den Emmausjüngern ist. Der eine von ihnen hat einen Namen, Kleopas, der andere ist namenlos. Ich verstehe das so, dass Lukas sagen will: Der andere bist du. Setz deinen Namen hier ein und lies weiter. Dann verstehst du die Geschichte richtig. Du bist mit dabei, mitten drin.

## Freundliches Angebot oder flehentliche Bitte?

Die beiden Jünger sagen zu dem Fremden, der sich ihrer Wanderung – genauer gesagt: ihrer Flucht – aus Jerusalem angeschlossen hat, als ihre Ziele sich zu trennen scheinen: „Bleib doch bei uns". Sie meinen es als Einladung zum Abendessen und vermutlich auch zur Übernachtung. Wir können den Mann doch hier nicht einfach ins Ungewisse weiter laufen lassen, mögen sie gedacht haben. Aber vielleicht ist auch ein bisschen Neugier dabei und der Wunsch, mehr zu hören von seinen interessanten Ansichten und Erklärungen, die er ihnen unterwegs gegeben hatte. Es ist jedenfalls kein Hilferuf, sondern eher ein Hilfsangebot: „Bleibe bei uns. Wir haben dir was zu bieten."

Wer die wunderbare Ostergeschichte des Lukas liest oder hört, weiß an dieser Stelle längst, dass die beiden Jünger sich irren. Nicht ihr Begleiter braucht Hilfe, sondern sie selbst. Sie in ihrer Verzweiflung und in ihrem Unglauben – sie haben es nur immer noch nicht begriffen. Später, beim Abendessen, wird das offenbar werden, wenn er, der fremde Gast, das Brot bricht beim Tischgebet. „Da erkannten sie ihn und er verschwand vor ihnen", erzählt Lukas.

Eigentlich, von außen betrachtet, war das eine Regelverletzung. Denn das Brotbrechen, das zu Beginn des Essens mit einem Segenswort verbunden war und in etwa die Bedeutung eines Tischgebetes bei uns hatte, stand dem Familienoberhaupt bzw. dem Gastgeber zu, hier also eigentlich dem Älteren der beiden Jünger, die hier zu Hause waren. Aber mit der Auferweckung des Gekreuzigten ist ja noch viel mehr durcheinander geraten als solche Tischsitten. Oder sage ich's gleich richtig: Ist endlich in Ordnung gekommen, was Tod und Teufel durcheinander gebracht hatten. Von jetzt an ist das Brotbrechen für alle Zeit das Zeichen für die lebendige Gegenwart des Gekreuzigten. Und so haben es die Jünger Jesu alsbald auch verstanden und praktiziert:

Das Brotbrechen war in der Urgemeinde in Jerusalem das „Alleinstellungsmerkmal" der Christen gegenüber den Juden. Deshalb heißt es in dem zusammenfassenden Bericht über die erste Gemeinde in Apg 2, 46: „Und sie waren täglich einmütig beieinander im Tempel und brachen das Brot hier und dort in den Häusern", d.h. sie feierten gemeinsam mit den jüdischen Glaubensbrüdern den Tempelgottesdienst; aber die Abendmahlsfeier war das spezifische Kennzeichen der Jesusjünger. Dazu trafen sie sich in ihren Privatwohnungen. Die Emmausgeschichte ist als „Urgeschichte" dieser Entwicklung erzählt. Der Gekreuzigte erweist sich unter den Seinen als der Auferweckte in ihrer Mitte.

Vor diesem Hintergrund bringt uns der Text des Kanons in eine gewisse Verlegenheit. Hören wir die Worte als Zitat aus der Erzählung des Lukas, dann ist sozusagen der Irrtum bereits eingebaut. Dann singen wir: „Bleibe bei uns" und wissen doch schon, dass er nicht „bleiben" wird, jedenfalls nicht so, wie die beiden Jünger es meinten, da an der Weggabelung, als er „sich stellte, als wollte er weitergehen". Oder wir erkennen, anders als die beiden, schon hier den Auferstandenen, den von Gott in seine Allgegenwart Erweckten, in der er nun für immer bei seinen Jüngern bleiben wird, überall und zu allen Zeiten. Aber hat dann die Bitte „Herr, bleibe bei uns!" überhaupt noch Sinn? Wird sie nicht zum Ausdruck des Zweifels, ob das, was die Jünger wenig später in ihrem Hause beim Brotbrechen erfahren, wirklich wahr ist?

## Aufbrechen aus dem, wo wir uns sicher fühlen

Ich bin mir nicht sicher, ob Albert Thate all das bedacht hat, als er den Worten der Jünger „Bleibe bei uns" für seinen Kanon ein „Herr" voranstellte. Das hat ja auch ganz äußere, nämlich rhythmische Gründe. Ein Satz, der mit der betonten Silbe „*Blei* – be" begänne, verlangt nach einem ganz anderen musikalischen Einstieg. Denken wir an den Kanon „Ausgang und Eingang" (EG 175) oder das Lied „Lass mich dein sein und bleiben" (EG 157). Beginnt der Satz dagegen mit „Herr", kann in der Zeile ein anderer Akzent gesetzt werden, wie z. B. in EG 277 zu sehen: „Herr, deine Güte reicht, soweit der Himmel ist" oder in EG 154 „Herr, mach uns stark". Entsprechendes geschieht auch hier: Der inhaltliche Akzent der ersten Zeile verschiebt sich vom Bleiben auf das „bei uns" und gibt so der Bitte „bleib" etwas Flehentliches. Das wird ja auch dadurch unterstrichen, dass der Kanon auf dem hohen Quintton einsetzt und am Ende der Zeile sogar noch einen Ganzton höher steigt, ehe er in den Zeilen zwei und drei in Terzschritten abwärts geht.

Aber ich könnte mir denken, dass Thate über diese musikalischen Gründe hinaus zumindest im Nachherein auch gemerkt hat, welche Spannung er damit in den angeblich so kleinen Kanontext gelegt hat. Und er würde uns vielleicht noch an den Satz der Emmausjünger erinnern: „Brannte nicht unser Herz in uns, als er mit uns redete auf dem Wege und uns die Schrift öffnete?“ (V. 32). Damit bringen die beiden ja auf den Punkt, was wir, die Hörer der Geschichte, schon die ganze Zeit empfunden haben: Sie wollen mit Jerusalem die ganze Jesusgeschichte und alles, was sie ihnen bedeutet hatte, hinter sich lassen und ahnen doch, dass er sie längst eingeholt hat und ganz nahe bei ihnen ist, indem er ihnen die Schrift auslegt und ihnen zeigt, dass eigentlich alles ganz anders ist. Und so ist es in Wirklichkeit unser Herz, das brennt, und im Singen dieses Kanons wird uns dieses Brennen bewusst und spürbar.

„Ach bleib bei uns, Herr Jesu Christ, weil es nun Abend worden ist“ singen wir evangelischen Christen nach Worten von Philipp Melanchthon in einem andern Choral. (EG 246). In einer kleinen Anmerkung werden wir belehrt, dass der Reformator mit „Abend“ den Weltabend, „die letzte Zeit“ meinte. Die Übertragung des Bibelwortes auf eine geistliche Deutungsebene hat also Albert Thate nicht erfunden, sie hatte schon Tradition in der Kirche. Johann Sebastian Bach hat ihr in seiner Kantate Nr.6 „Bleib bei uns, Herr“ eine eindrückliche Stimme gegeben. Die ganze Kantate lebt von dieser Spannung zwischen dem Bleiben Christi und der Dunkelheit der Menschen. In der Arie für Alt – „Hochgelobter Gottesssohn, bleib, ach bleibe unser Licht, weil die Finsternis einbricht!“ – malt Bach das Einbrechen der Finsternis durch absinkende Ganztonschritte aus. Aber das ist nur die dunkle Folie, die das Evangelium umso leuchtender erscheinen lässt: „Jesu, lass das Licht deines Worts uns helle scheinen“, antwortet die Tenor-Arie. Die Finsternis der Nacht, die für die Finsternis von Schuld und Tod steht und damit an Karfreitag erinnert, wird durch das Licht des Auferstanden besiegt, dessen Nähe wir im Brotbrechen, im Abendmahl erfahren.

Licht kann man nicht einfangen und konservieren – der lächerliche Versuch der Schildbürger ist uns ein warnendes Beispiel. Und das Abendmahl weist in die gleiche Richtung. Die Energiezufuhr von Brot und Wein kann man auch nicht konservieren, sie muss und will immer wieder erneuert werden. Aber sie gibt neue Kraft und neue Orientierung. Die Geschichte der Emmausjünger endet – anders als fromme Vereinahmung das oft darstellt – nicht damit, dass sie Jesus „in ihr Leben aufnehmen". Sie endet damit, dass sie – Abend hin oder her – aufstehen und den Weg nach Jerusalem zurück laufen. Vielleicht darf man so weit gehen, darauf hinzuweisen, dass man Brot wie Licht brechen kann, und folgern: Am Brotbrechen erkennen sie die lebendige Gegenwart des Auferstanden. Und im gebrochenen Licht überwinden sie die Dunkelheit und Orientierungslosigkeit der Nacht und „fanden die Elf (in Jerusalem) versammelt und die bei ihnen waren, und sie erzählten ihnen, was auf dem Weg geschehen war und wie er von ihnen erkannt wurde, als er das Brot brach" (Lk 24, 33–35).

Unser Glaube, unser Erkennen und Verstehen darf nicht „zu Hause" bleiben, in der sicheren Geborgenheit unseres „Dorfes Emmaus", unserer Kirchenmauern, Gottesdienste und eigenen Gewissheiten. Das gebrochene Brot drängt nach dem gebrochenen Licht, drängt nach draußen, in das Zwielicht der Welt, in den Alltag. Da ist es schwieriger, den Glauben gelten zu lassen. Da klingen Worte und Formeln, die uns drinnen vertraut und irgendwie selbstverständlich klangen, auf einmal ganz fremd. Wir merken, dass unser Nachbar an der Wohnungstür nichts versteht, wenn wir die Liedstrophe zitieren, die wir eben noch mit Freude in der Kirche gesungen haben. Die Worte des Glaubensbekenntnisses fühlen sich auf einmal hölzern und sperrig an, der Sinn, den sie eben noch getragen haben, kippt von ihnen herunter, als wäre ein Stützgeländer weggebrochen. Und trotzdem: Da will der Glaube hin, in den Alltag. Um sich dort immer wieder neue Gemeinschaftserlebnisse zu bauen. Das heißt Kirche.

# 30 Geh aus, mein Herz (EG 503)

„Wir gehen aus!“, ruft mir mein Nachbar lachend zu, als er meinen erstaunten Blick sieht. Die beiden haben sich schick gemacht und sind offensichtlich bester Laune. „Na, dann viel Spaß“, antworte ich ihm. „Danke, werden wir bestimmt haben“, nickt seine Frau und verschwindet hinter dem Steuer ihres Autos.

Was passiert, wenn wir unserm Herzen mit Paul Gerhardt Ausgang geben? „Geh aus, mein Herz, und suche Freud!“ Ist da auch ein Vergnügen wie das eines festlichen Abends gemeint? Wer nur ein wenig Bescheid weiß über das Leben dieses Dichters, der ahnt, dass hier jemand wirklich auf der Suche ist, auf der Suche nach einer Freude, die Alltag und Traurigkeit nicht nur für kurze Zeit vergessen machen soll, sondern kraftvoll überwindet.

1653 gibt unser Gesangbuch als Entstehungsjahr an. Da lag das Ende des Dreißigjährigen Krieges erst fünf Jahre zurück und seine Folgen waren noch überall sichtbar. Die Vermutung, Paul Gerhardt habe das Lied für seine Frau geschrieben, als sie gerade eins ihrer Kinder verloren hatte, ist zwar unrichtig – er hat erst 1655 geheiratet –, aber dem Tod ist er in Gestalt der Pest schon in seiner Schulzeit in Grimma und dann später immer wieder begegnet. In Mittenwalde etwa, wo er seit 1651 als Propst tätig ist, waren Dreiviertel aller Bewohner an der Seuche gestorben. Da muss das Herz schon auf die Suche gehen nach der Freude, die liegt nicht auf der Hand oder vor den Füßen.

Ich kann darum verstehen, dass sich die Evangelische Kirche lange gegen die unbeschwert fröhliche Melodie von August Harder gewehrt hat – noch im Evangelischen Kirchengesangbuch (EKG) von 1963 wurde unser Lied mit einer sehr viel strengeren Melodie aus dem 16. Jahrhundert unterlegt. Aber der mitreißende Text des Liedes, der Strophe für Strophe deutlich macht, wie sehr das Herz bei seiner Suche fündig werden kann, ließ sich auf die Dauer Harders volkstümliche Melodie nicht verbieten.

## Die „richtige" Melodie ließ auf sich warten

Ob es dadurch seinen Anspruch als Kirchenlied einbüßt, ist heute keine Frage mehr, im Gegenteil: Mit der Melodie unseres gegenwärtigen Gesangbuchs findet es nach meinem Eindruck viel öfter in Gottesdiensten Verwendung als früher.

Im 19. und beginnenden 20. Jahrhundert sah man das ganz anders: Man wollte unterscheiden zwischen Chorälen und geistlichen Volksliedern. Zu diesen zählte man „religiösen Dichtungen, die im Gesang der christlichen Gemeinde lebendig sind oder gewesen sind, um ihres Inhalts oder ihrer Form willen aber zu ihren Gemeindegottesdiensten sich nicht eignen" (83, S. 3). Da gehöre auch unser Lied hin, meinte man.

Heute sieht man das zum Glück anders: „Mit einer einzigen Melodie ist diesem Lied offenbar nicht beizukommen, zu groß ist das Spannungsfeld, in dem es sich entfaltet: zwischen Volkslied und Spiritualität, zwischen Bewegung und Kontemplation, zwischen einer Lebensfreude, die zu eher unbefangenem Mitsingen einlädt, und einer Himmelssehnsucht, die eher den Bereich des sehr Persönlichen berührt", kommentiert Christa Reich die Tatsache, dass sich im Laufe der Geschichte viele Komponisten an unserm Lied versucht haben (7, S. 275). Aber ich denke, wichtiger als eine „angemessene" Melodie ist letztendlich, dass Paul Gerhardts Lied gesungen wird, und zwar mit allen Strophen. Es kann ja nicht schaden, wenn wir dabei neu das Staunen lernen darüber, dass unser Glaube mehr Spannung aushält als unser normales Lebensgefühl.

Wieweit die Menschen damals in „der schönen Gärten Zier" den üppigen Lustgarten wieder erkannten, den der Kurfürst Friedrich Wilhelm seit 1645 in Berlin bauen ließ, ist nicht nachzuweisen. Da wurden aber natürlich neben vielem anderen auch Tulpen- und Narzissenzwiebeln gesetzt sowie Volieren für zahlreiche Vogelarten angelegt. So erklärt sich vielleicht die scheinbare Gleichzeitigkeit von „Bäumen voller Laub" und „Narzissus und Tulipan" in der zweiten Strophe, die mir als leidenschaftlichem Hobbygärtner, solange ich zurückdenken kann, Kopfzerbrechen bereitet hat.

Doch Paul Gerhardt führt seine Zeitgenossen ganz eindeutig über diesen Lustgarten hinaus. Das „schau an" und „siehe" in der ersten Strophe weist ebenso wie das „dir und mir" auf den „Garten in Eden" hin, den Gott in der Schöpfung für den Menschen angelegt hat (1 Mose 2, 8). Von ihr heißt es: „Und Gott sah an alles, was er gemacht hatte, und siehe, es war sehr gut." (1 Mose 1,31). Die Erde an sich kann auch als Tohuwabohu erscheinen (1 Mose 1,1), erst unter den Augen Gottes und durch seine segnende Hand wird sie „ausgeschmückt" zu einer Gabe für uns, die immer eine Aufgabe einschließt. Garten und Paradies – beide Worte umschreiben in ihrer Wurzel einen umzäunten Bereich, in dem Mensch, Tier und Pflanze unter besonderem Schutz stehen. Dazu gehört auch, anders als im Urwald, eine gewisse Reglementierung; aber wenn sie richtig geschieht, unterliegt sie ihrerseits dem Schutzgedanken und zielt nicht auf rücksichtslose Produktionssteigerung ab.

## Suchen kann man nicht im Sitzen

Der lange Spaziergang durch die Natur, auf den der Dichter uns Sängerinnen und Sänger mitnimmt, macht deutlich, dass die Enge von Hektik, Angst und Traurigkeit, die uns häufig einschließt, nicht mit einem schnellen Blick aus dem Fenster überwunden wird. Man muss sich schon sorgfältig draußen umschauen und seine Gedanken und Sinne von den Bildern und Tönen mitnehmen lassen, die uns dabei erreichen. Je nach Temperament und Lebenslage wird so manche(r) im Geist die Gärten *sehen,* an den Blumen rie*chen,* die Vogelstimmen *hören,* die Schafe streicheln und den Honig schon auf der Zunge *schmecken* (1, S. 184). Dazu gehört aber auch, die zahlreichen Anspielungen im Text auf biblische Bildworte zu entziffern, wenn das Herz die Freude finden soll, die es sucht (Mt 6,28 f.; Hohes Lied 2,14; Mt 23,37; Jer 8,7; Ps. 84,4; 1 Mose 49,21; 1 Chr 12,8; Sirach 11,3; Ps 147,14).

Dass es dabei gerade nicht darum geht, „selbstvergessen" zu leben und „ganz im gegenwärtigen Augenblick" der Naturanschauung „zu Hause" zu sein (so 78, S. 123 f.), zeigt die siebte Strophe, die, entgegen üblicher Singpraxis, nicht das Ende des Liedes, sondern seine Mitte bildet: „Ich selber kann und mag nicht ruhn". Von hier ab wendet sich der Dichter der Deutung des Gesehenen zu und legt das Fundament frei, auf dem die gesuchte Freude erst ihren festen Halt findet. Der durchwanderte Garten mit seinen vielen Hinweisen auf die Güte und Größe des Schöpfers ist nämlich nur die eine Seite unserer Wirklichkeit: die andere ist der „Garten Christi", in dem die Schönheit der Farben und Klänge in ewiger Vollendung zu erleben sein wird. „Wie muss es da wohl klingen, da so viel tausend Seraphim mit unverdrossnem Mund und Stimm ihr Halleluja singen."

An dieser Stelle fragen sich allerdings wohl viele von uns mehr oder minder erschrocken: Will ich das wirklich: Mit Paul Gerhardt singen „O wäre ich da! O stünd ich schon, ach süßer Gott vor deinem Thron!"? Gibt es gegen die Erfahrung von Leid und Bedrängnis tatsächlich nur den Trost, dass es nach dem Tode, in Gottes Ewigkeit, einmal anders sein wird?

Wir müssen der Tatsache ins Auge schauen, dass wir im Durchschnitt erheblich länger leben als unsere Vorfahren und dass wir über sehr viel mehr Möglichkeiten verfügen, dieses Leben zu beeinflussen, also Verantwortung dafür zu übernehmen. Deshalb ist es richtig, dass wir nach Gott in dieser Welt fragen, und zwar nach beidem: nach seinem Willen und nach seiner Herrlichkeit. Und es ist folgerichtig, dass unser Reden über Jesus nicht nur um sein Kreuz und seine Auferweckung kreist, sondern sich auch mit seinem irdischen Tun und Predigen beschäftigt. Wir sind nicht mehr in der Rolle der afrikanischen Sklaven in Amerika, die sich aus ihrer unmenschlichen und ausweglosen Lage nur noch auf das andere Ufer des Jordan freuen konnten.

## Das Vollkommene hoffen, das Mögliche tun

Aber ich denke, Paul Gerhardt wäre auch missverstanden, wenn wir ihn in diese Schublade steckten. In den Strophen 12 bis 15 führt er vielmehr aus, dass ihn dieser Ausblick auf den Garten Christi gerade nicht gleichgültig oder resigniert macht für den Garten dieser irdischen Welt. Im Gegenteil: „Mach in mir deinem Geiste Raum, dass ich dir werd ein guter Baum und lass mich Wurzel treiben!“, betet er. Erst seit er sich durch die „Bäume voller Laub“ an den Baum des Lebens in Gottes Garten hat erinnern lassen, weiß er wirklich, wie man ein guter Baum in diesem Leben wird. Dazu gehört nämlich beides: Dass man den vom Schöpfer erhaltenen Verstand einsetzt, um Gottes Garten zu bebauen und zu bewahren; und dass man sich von dem durch Christus geschenkten Glauben sagen lässt, wo die Grenze verläuft, hinter der wir nichts mehr tun müssen und tun dürfen, weil hier gilt: allein aus Gnade.

„Für den Pfarrer und Dichter Paul Gerhardt gibt es zwei verschiedene Sichtweisen von Leben und Wirklichkeit: das Sehen

mit den Augen und das Sehen mit dem Herzen. Ein anderer Dichter, Antoine de Saint-Exupéry veranschaulicht diesen Unterschied in der Geschichte vom „Kleinen Prinzen": „Die Menschen bei dir zu Hause", sagte der kleine Prinz, „züchten 5000 Rosen in ein- und demselben Garten ... und sie finden doch nicht, was sie suchen." – „Sie finden es nicht", sagte ich ... „Und dabei kann man das, was sie suchen, in einer einzigen Rose finden." – „Ganz gewiss", antwortete ich. Und der kleine Prinz fügte hinzu: „Aber die Augen sind blind. Man muss mit dem Herzen suchen." (35, S. 101)

Was die beiden Bereiche von Tun und Glauben, von diesem irdischen Leben und von Gottes Ewigkeit, auf die wir hoffen, miteinander verbindet und zusammenhält, ist das Singen zu Gottes Lob. Wir verlieren uns an unsere Alltagsaufgaben und in unsere Mühen und Sorgen, wenn wir uns von der Lerche, dem Bächlein, den Bienen und allen ihren Geschwistern nicht mehr aufmerksam machen lassen auf das unendliche Halleluja der Cherubim. Und wir ersticken an unserer Angst, heute vor dem Leben und morgen vor dem Tod, wenn wir den Ruf in die Freiheit nicht mehr hören, der aus dem „güldenen Schloss" in „Christi Garten" zu uns herüber klingt; dort nämlich wird die unwiderrufliche Zusage „Dir sind deine Sünden vergeben" aufbewahrt, damit keiner von uns auf die Idee kommt, er könnte sie sich verdienen oder er könnte sie anderen vorenthalten.

Da ist dann unser Herz auch befreit von der unermüdlichen Suche nach der Freude, da kann es sich einfach öffnen und herausrinnen lassen, „was dem Höchsten klingt". Wir wissen, wie gut das tut, wenn uns jemand die Möglichkeit gibt, ihm unser Herz auszuschütten. Wenn Gott uns einlädt, in seinen Gaben und Geschöpfen dankbar seine Größe zu entdecken und zu loben, dann können wir dabei alles fahren lassen, was uns beschwert und belastet. Denn in seinen Händen wird alles zusammengehalten und bewahrt: das Beglückende wie das Beunruhigende, das, was uns erschreckt und traurig macht wie das, was uns zum jubelnden Lobpreis einlädt.

# 31 Weißt du, wie viel Sternlein stehen (EG 511)

Wenn sie hundert Freunde und Bekannte auf die Beine bringen würde, wäre es schon ein Erfolg. So hatte die norwegische Studentin Lill Hjønnevåg kalkuliert, als sie im Frühjahr 2012 während der Gerichtsverhandlung in Oslo gegen den Terroristen Anders Behring Breivik und seine rechtsextremen Thesen spontan zu einer musikalischen Demonstration aufrief. Nicht hundert, sondern rund 40.000 Menschen folgten nach Schätzungen der Polizei ihrem Appell. Gemeinsam sangen sie auf dem Youngsplatz im Zentrum der norwegischen Hauptstadt im Nieselregen ein Kinderlied. „Wir werden zusammenleben wie Brüder und Schwestern, kleine Kinder des Regenbogens und einer fruchtbaren Erde", lautet der Refrain des Liedes. Seit den siebziger Jahren wird es überall in den Kindergärten und Grundschulen Norwegens gesungen. Breivik, der am 22. Juli 2011 eine Autobombe in Oslo gezündet und danach ein Massaker unter den meist minderjährigen Teilnehmern eines Zeltlagers der norwegischen Jungsozialisten verübte, hatte das Lied Monate später vor Gericht abfällig als Beispiel für die von ihm angeprangerte „marxistische Indoktrinierung" des Kulturlebens in Norwegen zitiert.

Als ich von dieser machtvollen Demonstration der Norweger in der Zeitung las, habe ich mich unwillkürlich gefragt: Wäre etwas Ähnliches auch bei uns in Deutschland möglich? Und wenn ja, was würde die Menge bei uns singen? Könnte es das Lied „Weißt du, wie viel Sternlein stehen" sein? Es sind immer noch viele, die es als Kinder gesungen und nicht vergessen haben. Und es werden hoffentlich in Zukunft noch mehr sein, weil es nun wieder in unseren Gesangbüchern steht.

Das Lied spricht eine Erfahrung an, die jeder Mensch irgendwann einmal bei einem nachdenklich-staunenden Blick in den nächtlichen Himmel macht. Da überkommt einen die Frage: Wie viele Sterne mögen das sein? Aber im nächsten Augenblick versagt man sich den kindischen Versuch nachzuzählen; denn man verliert sofort die Übersicht, und viele Sterne scheinen auch nur in unregelmäßigen Abständen aufzublinken, so dass man selbst bei einem systematischen Abtasten des Himmelsgewölbes niemals sicher sein könnte.

## Wenn unsere Zahlen versagen

Wilhelm Hey, der Dichter dieses Kinderliedes, spielt bewusst mit dieser flüchtigen Unsicherheit und dem darin verborgenen Staunen und ruft es für einen kleinen Augenblick ins Bewusstsein. Zu den Sternen am Nachthimmel gesellen sich bei Tag die Wolken, die sich in ihrer Bewegung ständig teilen und neu vereinigen und sich so ebenfalls einem exakten Registrieren entziehen. Und mit den Mücken an einem windstillen Sommertag ist es nicht anders, wenn sie in großen und kleinen Schwärmen auf und nieder tanzen, sich zusammenballen und wieder voneinander trennen. Die Fische schließlich, im klaren Bachwasser dahin schießend oder im dunkel-trüben Teich träge sich treiben lassend, sie erscheinen zwar nur in Ausnahmefällen als unüberschaubar große Menge; aber durch die Lichtbrechung im Wasser und die zahllosen Verstecke, in denen sie im nächsten Augenblick verschwinden, hinterlassen auch sie das Gefühl: Zählen, nein zählen kann man sie nicht.

In dieses vage Gefühl von Unvollkommenheit, ja, vielleicht sogar Demut, weil es unsere Fähigkeit zu zählen übersteigt, stellt Hey dann ganz unvermittelt den Satz: Gott hat sie gezählt. Er kennt jedes Einzelne mit Namen. Er rief sie alle ins Leben und er sorgt sich darum, wenn eins verloren ging. Und das, betont die dritte Strophe, auf die der Gedankengang folgerichtig zuläuft, das gilt erst recht und noch viel mehr von jedem einzelnen Kind, also auch von dir. Gott kennt dich und hat dich lieb. Vergiss das nie und lass es dir von niemandem ausreden.

Wilhelm Hey hatte ein Herz für Kinder, vielleicht gerade deshalb, weil eigene ihm lange Zeit versagt blieben. Und ganz sicher spielte dabei die schwere eigene Kindheit eine wichtige Rolle. Schon als Wilhelm das Internat verlässt, ist er Vollwaise und mittellos. Mit eiserner Energie und geliehenem Geld studiert der körperlich zarte junge Mann Theologie. Nach dem Examen muss er sich jahrelang als Hauslehrer durchschlagen, denn die Pfarrstellen sind rar. An einen Studienfreund schreibt er in dieser Zeit über seine ersten Erfahrungen als Lehrer: „Wer etwas Ordentliches leisten will, wer Kraft und Vertrauen auf dieselbe (nämlich die Kraft) haben will, bei dem muss sie kräftig entwickelt werden … So lernt er“ (gemeint ist der ihm anvertraute 14-jährige Grafensohn) durch straffe Disziplin „mehr und mehr sich anstrengen. Eigentlichen Religionsunterricht habe ich noch nicht begonnen, aber ich heilige ihm den Sonntag durch eine Erzählung, gewöhnlich eine biblische, und vorzüglich durch eine stillere, mit ihm zufriedene Stimmung.“ (68, S. 18 f.)

Als Wilhelm Hey später eine Pfarre übernehmen kann und heiratet, nehmen die kinderlosen Eheleute zahlreiche Waisen bei sich auf und Hey erweist sich dabei als strenger, aber sehr liebevoller Erzieher. Vor allem mit seinen zahllosen Gedichten kann er die Kinder für sich einnehmen. Ein einflussreicher Studienfreund, Karl Josias von Bunsen, vermittelt ihm einen Verleger in Berlin, der einen Band mit Heys Gedichten herausbringt. Aber das Buch wird kein Erfolg. Die Gebildeten jener Zeit bevorzugen liberales Gedankengut, Hey ist ihnen zu fromm. Und die Kinder, an die sich seine Verse richten, sind noch nicht als pädagogische Zielgruppe entdeckt.

## Kinder können glauben, wenn sie uns glauben

Am 4. Advent 1828 – Hey ist inzwischen Hofprediger in Gotha – schärft er anhand des Predigttextes Joh 1,29–28 seiner Gemeinde ein:

„Ja, bereitet ihm den Weg … am ersten sollt ihr es bei den Jüngeren eurer Angehörigen (tun), bei euren Kindern, für deren Wohl oder Wehe ihr zunächst verantwortlich seid, deren Herz und Geist noch sehr empfänglich ist … Bei ihnen bereitet den Weg Christi durch sorgsamen Unterricht, durch euer Beispiel … O meint nicht, das sei zu frühe für sie; dazu gehöre ein reiferes Alter, eine größere Fassungsgabe, ein ernsterer Sinn. Eben darum ist das Göttliche in Christo menschlich geworden, dass es allen Menschen, auch den Schwächeren, den Unmündigen nahe kommt…. Zweifelt nicht; sie verstehen euch, wenn ihr von ihm sie unterrichtet… Sie werden euch glauben, auch das glauben, was wir Menschen unbegreiflich nennen. Sie leben ja in der Welt der Wunder … Wir erst, die wir ein gewisses größeres oder kleineres Maß von Erkenntnis erlangt haben, legen dieses an alles, was uns begegnet, und wenn das sich daran passen will, so meinen wir, es zu verstehen.“ (68, S. 60)

Als Hindernis, das Lied „Weißt du, wie viel Sternlein stehen“ heute mit Kindern zu singen, könnten sich die zahllosen Verkleinerungen im Text erweisen: Sternlein, Mücklein, Fischlein, Bettlein – im 19. Jahrhundert galt das als Ausweis dafür, dass man sich bewusst an Kinder wendete. Heute empfinden wir solche Verniedlichungen eher als kindisch denn als kindgemäß. Man soll zwar ihren Verstehenshorizont berücksichtigen, aber nicht in der Babysprache mit ihnen reden, lassen uns die Pädagogen wissen. Ich halte es deshalb für vertretbar, von Sternen, Mücken, Fischen und Betten zu singen; das Lied verliert dadurch nichts von seiner Verständlichkeit, gewinnt eher – Wilhelm Hey dichtete übrigens noch „Weißt du, wie viel *Sterne* stehen“, Sternlein wurde daraus erst durch Angleichung an die folgenden Verkleinerungen (43, S. 273 f).

Wichtiger scheint mir indes, dass wir den Kindern vermitteln: Was sie in Bilderbüchern über Sterne und Wolken, Mücken und Fische lesen, steht nicht im Widerspruch zu der Aussage des Liedes: Gott hat sie gezählt; er rief sie mit Namen. Wir dürfen angstfrei neue Entdeckungen der Naturwissenschaften zur Kenntnis nehmen. Unser Vertrauen darauf, dass alles aus Gottes Hand kommt, wird davon nicht berührt. Die Biologie kann mir erklären, wie ein Kind entsteht und geboren wird. Unser Glaube sagt uns, wozu wir auf der Welt sind und warum wir uns nie allein fühlen müssen: „Gott im Himmel hat an allen seine Lust, sein Wohlgefallen; kennt auch dich und hat dich lieb.“

## Evangelium darf nicht zum Verwöhnaroma werden

Mit 38 Jahren verliert Hey seine Frau, die immer kränklich war und deshalb auch keine Schwangerschaft riskieren durfte. Fünf Jahre später heiratet er zum zweiten Mal. 49-jährig wird Wilhelm Hey dann zum ersten und einzigen Mal leiblicher Vater. In der Zwischenzeit hat er durch Freunde Bekanntschaft mit dem großen Verleger Friedrich Perthes gemacht. Perthes wird einmal Zeuge, wie Hey sich mit einem netten Kindergedicht für ein kleines Missgeschick entschuldigt und ermuntert ihn, solche Gedichte zu veröffentlichen. Dieses Mal wird das Buch ein großer Erfolg, dem bald andere folgen. Bis zur Schwelle zum 20. Jahrhundert gehören die „Fünfzig Fabeln für Kinder mit einem ernsthaften Anhang“, die zunächst nur unter dem Namen des Illustrators Otto Spekter erscheinen („die Spekter-Fabeln“) – Hey wollte anfangs anonym bleiben – zum Standardwerk in der Grundschule. Sie werden auch in verschiedene andere Sprachen übersetzt.

In einer Predigt am Sonntag Kantate 1828 über Joh 16,5–15 lässt Hey erkennen, was die innere Leitschnur seiner Bemühungen ist: „Jede Zeit hat ihre eigene Sitte und Weise. Es kann auch nicht anders sein. Denn die Menschheit ist einmal dem Wechsel, der Vergänglichkeit unterworfen.“ Aber nicht alle Änderungen seien gut! Man müsse sorgfältig prüfen. Und dann nennt Hey ein Beispiel, das merkwürdig modern in unsern Ohren klingt: „Jetzt muss das Wort der Wahrheit … suchen, sich den Ohren der Hörer gefällig zu machen“. Den „Donner des Gesetzes“ wolle man jetzt nicht hören. „Jetzt ist die Milde des Evangeliums an seine Stelle getreten. Es ist der Gott der Liebe und Gnade, den wir verkünden, das Unvollkommene, … die Sünde mit ihrer furchtbaren Gewalt … wagen wir nur mit schonender Hand … anzudeuten. Denn das Ohr unserer Zuhörer ist verwöhnt, verzärtelt, kann so harte Rede nicht gut hören“. (68, S. 128) Schon damals gab es offenbar in der Kirche die Neigung, aus dem zweischneidigen Schwert des Wortes Gottes (Offb 1,16) eine sanfte Wohlfühlmassage zu machen. Dagegen betont Hey: „Auch jetzt noch bedarf unser Geschlecht, dass es ermahnt, gewarnt, dass ihm die Fehler und Sünden offen geschildert werden.“ Christus sagt seinen Jüngern: „Er scheidet, aber er sendet ihnen seinen Geist, der … sie in alle Wahrheit führen, ihnen alle Zweifel lösen soll.“ (68, S. 129 f.)

Von den vielen Kinderliedern Wilhelm Heys sind nur noch wenige in Gebrauch. Neben „Weißt du, wie viel Sternlein stehen“ noch „Alle Jahre wieder kommt das Christuskind“ und von dem Lied: „Aus dem Himmel ferne, wo die Englein sind“ vor allem die letzte Strophe: „Sagt’s den Kindern allen / dass ein Vater ist, / dem sie wohl gefallen, / der sie nie vergisst.“ Wegen der gleichen Reimstruktur wird diese Strophe auch öfter an „Alle Jahre wieder“ angehängt.

1. Alle Jahre wieder / Kommt das Christuskind / Auf die Erde nieder / Wo wir Menschen sind.
2. Kehrt mit seinem Segen / Ein in jedes Haus, / Geht auf allen Wegen / Mit uns ein und aus.
3. Ist auch mir zur Seite / Still und unerkannt, / Dass es treu mich leite / An der lieben Hand. (Hey 1837)

1. Aus dem Himmel ferne, / Wo die Englein sind, / Schaut doch Gott so gerne / Her auf jedes Kind.
2. Höret seine Bitte / Treu bei Tag und Nacht, / Nimmt's bei jedem Schritte / Väterlich in Acht.
3. Gibt mit Vaterhänden / Ihm sein täglich Brot, / Hilft an allen Ende / Ihm aus Angst und Not.
4. Sagt's den Kindern allen, / Dass ein Vater ist, / Dem sie wohl gefallen, / Der sie nie vergisst. (Hey 1837)

## 32 Wir haben Gottes Spuren festgestellt (EG W 656)

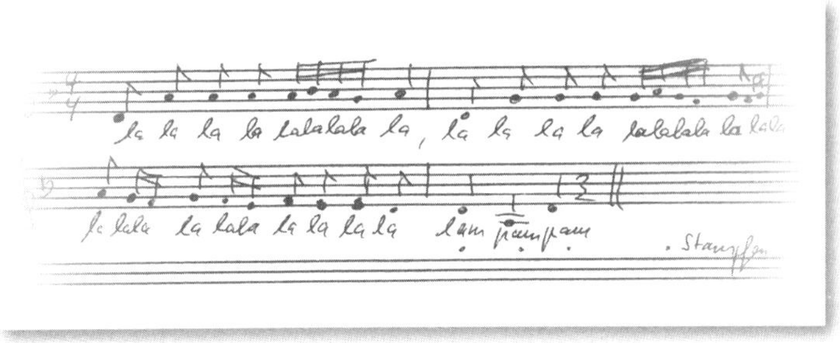

SPUREN lesen – in unserer Kinderzeit war das beliebt, nicht zuletzt deshalb, weil man sich dabei so herrlich streiten konnte. Stammten die zierlichen Abdrücke im Schnee rund um das Vogelhäuschen nun von Spatzen, Buchfinken oder Drosseln? Und im Sommer im Wald war derjenige der Größte, der mit Bestimmtheit behaupten konnte, dass diese Hufabdrücke nicht von einem Reh, sondern von einem Damwild oder von einem Wildschwein stammten.

„Wir haben Gottes Spuren festgestellt auf unsern Menschenstraßen", beginnt das Lied von Diethard Zils. Eine aufregende Entdeckung. Nicht zu glauben, der war wirklich hier! „Reste von Wärme in der kalten Welt", dichtete der Benediktinerpater damals, Ende der siebziger Jahre, wie er mir jetzt schrieb (Brief vom 10.02.2012). Im Laufe der Jahre wurde daraus: „Liebe und Wärme in der kalten Welt". Verständlich, aber doch schade. Denn in dem „Reste von Wärme" steckt zum einen noch ein Stückchen Winnetou, der konnte ja bekanntlich Spuren nicht nur sehen, sondern auch riechen. Vor allem aber deutet diese Formulierung an, dass unser Christentum, gemessen an Jesus Christus, oft nur noch wie die Glut unter der Asche ist. Und die

Jugendlichen, für die Zils damals als Referent im Jugendhaus Düsseldorf bundesweit unterwegs war, empfanden die Frömmigkeit ihrer Eltern und Lehrer allemal so – als Glut unter der Asche, in die dringend ein frischer Wind hineinblasen musste, um das Feuer neu zu entfachen. Schließlich war Jesus gekommen, um „ein Feuer anzuzünden auf Erden; was wollte ich lieber, als dass es schon brennte!“ (Lk 12,49). Die Mitglieder der KSJ (Kath. Studierende Jugend) verfolgten „damals im Rahmen des Bundes der deutschen katholischen Jugend wohl am konsequentesten eine herrschafts- und ideologiekritische, Blockdenken infrage stellende Linie“, erinnert sich Diethard Zils mit nicht zu überhörender innerer Zustimmung. „Die Bilder, die uns inspirierten, waren verwurzelt in der Exodus-Tradition des Auszugs aus dem Sklavenhaus.“ Befreiung war das Zauberwort und als Befreiung ließ sich auch zusammenfassen, was das Evangelium von Jesus Christus erzählt. Die biblischen Zeichen und Wunder waren zwar einerseits befremdliche Berichte aus „längst vergangnen Tagen“, aber unter dem Oberbegriff Befreiung „sahen wir (sie) geschehn“, als wären wir dabei. Und das ließ uns fragen: „Wird Gott auch unsre Wege mit uns gehn, uns durch die Fluten tragen?“, formulierte Diethard Zils damals unter Anspielung auf den Durchzug Israels durchs Schilfmeer (2 Mose 14; Jes 43,2). Er versuchte, mit diesem Bild die Intention der französischen Vorlage von Michel Scouarnec nachzuempfinden, dessen ursprünglicher Refrain lautete: „Wird er auch wiederkommen, um auf unseren Wegen zu gehen, unsere Herzen aus Stein zu verwandeln? Wird er wiederkommen, um aus der hohlen Hand die Liebe und das Licht zu säen?“

## Befreiung – eine verwehte Spur?

Dieser Text wurde schon in Frankreich von der Frageform in eine Aussage umgewandelt, ließ mich der Verfasser durch seinen Freund wissen, den Komponisten Jo Akepsimas, mit dem ich einen Briefwechsel führen konnte. „Meine Absicht bei der Wahl der Frageform war, mich hineinzuversetzen in eine Perspektive der Erweckung und Verwandlung der Christen zu einer Sendung hin, die Christus seinen Jüngern vor und nach seiner Auferstehung anvertraut hat (vgl. das Ende von Markus). Er hat sie ausgesandt, sein Werk fortzusetzen, indem sie dieselben Worte und Zeichen von Freiheit und Heilung verwirklichen wie er, indem er ihnen verspricht, dass sein Geist in ihnen handelt, sie inspiriert und sie in ihren Prüfungen unterstützt." Der Refrain sei „inspiriert durch Jer 31 und Ez 36 und zeigte genug auf, so erschien es mir, dass es sich nicht darum handelte, die Wiederkunft Christ am Ende der Zeiten in Zweifeln zu ziehen, sondern die Dynamik des Evangeliums bei den Christen in ihrem heutigen Leben zu wecken" (Michel Scouarnec). Aber vor allem in charismatischen Gruppen habe man diese offene Frage nicht verstanden und den Text geändert; sie hätten aus seinem Lied „ein Lied des Endes und der spirituellen Seelenruhe gemacht … und nicht mehr ein Lied der Offenheit für die Aussendung oder der Wachsamkeit in der Erwartung der Wiederkehr des Meisters, damit er nicht seine Diener eingeschlafen findet", kritisiert Scouarnec.

Auch die deutschen Fassung wurde aus ganz ähnlichen theologischen Gründen korrigiert; Zils hatte bei aller Freiheit, die er sich bei der deutschen Fassung nahm, zu genau die Absicht Scouarnecs nachempfunden: Freiheit, in diesem Ziel waren sich beide einig. Aus der Anspielung auf den Zug durchs Schilfmeer wurde im Zuge der Verbreitung des Liedes in Deutschland das blassere „uns durch das Leben tragen". Vor allem aber die Verwandlung der Frage in eine Aussage empfindet auch der deutsche Autor als unsachgemäßen Eingriff in seine Dichtung, weil dadurch aus dem hoffenden Tasten ein selbstgewisses Behaupten wird, das dem christlichen Glauben nicht entspräche. In der erweiterten Neuauflage des Liedes im nächsten „Gotteslob" (dem katholischen Gesangbuch) wird darum nach Auskunft Zils' zumindest die Frageform im Lied wieder hergestellt werden.

Pater Diethard ist dem französischen Original dieses Liedes erstmals bei einem ökumenischen deutsch-französischen Treffen über die Kar- und Ostertage im Hedwig-Dransfeld-Haus in Bendorf am Rhein begegnet. Französische Pfadfinderinnen brachten es mit und sangen und tanzten es mit den übrigen TeilnehmerInnen. „Es gefiel mir wegen der volkstümlichen Ernsthaftigkeit seiner Melodie und der Bildhaftigkeit seines Textes", erinnert sich Zils. Deshalb entschloss er sich, das Lied ins Deutsche zu übertragen. „Es ging mir nicht um eine wortwörtliche Übersetzung, sondern um ein Hinübertragen des französischen *ésprit* in die Glaubenswelt der Jugendlichen." Zum Tanzen des Liedes hat Jo Akepsimas übrigens noch eine kleine Zwischenmelodie komponiert, die auf „la-la-la" gesungen wurde und zugleich eine Denkpause zwischen den Strophen anbot. Sie verschwand später leider aus den Liedabdrucken. Diethard Zils hat sie mir aber aus dem Gedächtnis aufgeschrieben, so dass ich sie bei Interesse weitergeben kann.

## Nicht an die Wüste gewöhnen

„Blühende Bäume haben wir gesehen, wo niemand sie vermutet", fährt die zweite Strophe fort und greift noch einmal auf den Durchzug durchs Rote Meer zurück: „Sklaven, die durch das Wasser gehn, das die Herren überflutet." Die erste Zeile spricht in der französischen Vorlage von Blumen in der Wüste. Vielleicht wird hier auf die Geschichte vom wunderbaren Ausschlagen des Aaronstabes angespielt (4 Mose 17,6–28) mit der die göttliche Vollmacht der Priester zu sühnendem Handeln begründet wird. Vielleicht wird aber mit diesem Bild auch nur allgemein auf die wunderbare Errettung Israels in der Wüste Bezug genommen (Ps 78,15 u. ö.). Zils dachte bei seinem Text nach eigenen Worten an den „Baum, gepflanzt an den Wasserbächen"(Ps 1,3) bzw. an den „Baum des Lebens, der im Paradies Gottes ist" (Offb 2,7).

In der dritten Strophe werden neutestamentliche Bilder skizziert, die das Anbrechen des Reiches Gottes durch Jesus andeuten: „Blinde sehen und Lahme gehen, Aussätzige werden rein und Taube hören, Tote stehen auf und Armen wird das Evangelium gepredigt“, heißt ein Jesuswort in Mt 11,5. „ Die „toten Fensterhöhlen“ sind (laut Zils) eine Erinnerung an die Nachkriegsruinen, von denen mit Hinweis auf die Zukunft auch die Becher-Hymne der DDR spricht.

Man mag sich fragen, worüber man sich mehr wundern soll: Darüber, dass solche Sätze es in den kleinen Kreis der Kernlieder in unserer Kirche geschafft haben, oder darüber, dass uns Evangelischen solche beunruhigenden biblischen Impulse ausgerechnet von einem katholischen Priester zugespielt werden. Zils ist sich jedenfalls sicher, dass sein Lied in beiden Kirchen „wohl einigen auf Sicherheit (trügerische Sicherheit) bedachten Glaubenden missfiel“ und sie das Anstößige durch Korrekturen abzumildern suchten. Aber das kann nur gelingen, wenn wir – anders als Jesus – der Versuchung nachgeben und „aus Steinen Brot machen“ (Mt 4,3): Scheinbar wird so auf wunderbare Weise dem Hunger gewehrt. In Wahrheit wird dadurch nur der „Stein des Anstoßes“ (Röm 9,33) zur weichen Masse gemacht, die sich breittreten und so abschaffen lässt.

Ich habe Diethard Zils in meinem ersten Brief gefragt, warum er die sechs Strophen der französischen Vorlage damals durch nur drei deutsche Strophen ersetzt habe. Er gab unumwunden zu: Mehr habe er damals einfach nicht geschafft. Aber das sollte nicht sein letztes Wort sein. Schließlich gibt es bereits seit den 90er Jahren eine sechstrophige Übertragung der französischen Vorlage von Dieter Trautwein (in Thuma mina, internet. ökumen. Liederbuch München 1995 Nr. 244). Die Herausgeber des neuen „Gotteslob“ hatten deshalb jüngst schon bei Zils angefragt, ob er sich eventuell mit der Übernahme der Strophen 4 bis 6 von dieser Fassung einverstanden erkläre. Aber dazu habe er sich nicht verstehen können, schrieb er mir, „nicht etwa wegen mangelnder literarischer Qualität, sondern weil sie im Vergleich mit meinem Text einen anderen literarischen Dialekt spricht."

## Drei neue Strophen – ein Vorabdruck

So hat er sich noch einmal hingesetzt und weitere Strophen übertragen, „was nach so vielen Jahren, die inzwischen vergangen waren, gar nicht so leicht war. Ob es ein gelungener Versuch war, ich weiß es nicht", sagt er bescheiden. Die LeserInnen mögen es selbst beurteilen. Hier sind seine neuen Strophen:

4. Wir sah'n die Reichen traurig und verstört
fortgehn mit leeren Händen,
wussten: der Schrei der Armen ist erhört,
ihre Nacht wird endlich enden.

5. Sättigen sah'n wir sich mit Brot und Wein,
die immer Hunger litten,
sah'n, wie die Armen singend zogen ein
in den Festsaal: Gott ließ bitten.

6. Wir sahen den Verlornen, der sich fand
in seines Vaters Armen,
sah'n, was uns trägt, ein Herz und eine Hand,
eine Liebe, ein Erbarmen. (Diethard Zils 2012)

Man sieht sofort: Zils ist seinem Prinzip treu geblieben, biblische Bilder sprechen zu lassen: Den Reichen, der traurig fortgeht, kennen wir aus Mk 10,22. Die Einladung an die Armen ergeht immer wieder in den Worten und Gleichnissen Jesu (Lk 14,13, Mt 22,1 ff.; Lk 6, 20 f. u. ö.). Und in der sechsten Strophe begegnet uns das Gleichnis vom verlorenen Sohn wieder (Lk 15,11 ff.).

Zusammenfassend antwortet Diethard Zils auf meine Frage, was ihn zum Liederdichten angestiftet habe: „Letztlich ist das

Dichten von Liedern meine Form des Betens, mein Versuch inmitten der immerfort wiederholten Selbsttor-Praxis der Kirche(n) Antworten auf meine Fragen zu suchen, den Glauben als befreiende Gabe Gottes nicht aufzugeben, es ist für mich als Dominikaner (das ist ein Predigerorden) auch eine Predigt, die Gottes leiser Stimme einen Weg zu den Menschen zeigen will (und kann)."

Inmitten der immerfort wiederholten Selbsttor-Praxis der Kirche(n) – ich denke, das gilt nicht nur für dieses Lied und diesen Autor: Die Lieder unseres Gesangbuchs sind voll von tüchtigen Verteidigern, die sich unserer Selbsttor-Praxis in den Weg stellen und den Ball nach vorn spielen, damit die Tore dort geschossen werden, wo sie uns weiterbringen.

# Literaturverzeichnis

Arnold, Jochen u. a. (Hg.), Kirche klingt – 77 Lieder für das Kirchenjahr, gemeinsam Gottesdienst gestalten 19, Hannover 2011

Auel, Hans Helmar u. a. (Hg.), Bibel im Kirchenlied – eine Konkordanz zum EG, Göttingen 2001

Axmacher, Elke, Johann Arndt und Paul Gerhardt, Tübingen/Basel 2001

Axmacher, Elke, Lebenswege – Fluchtwege. Kantaten- und Liedpredigten an der Universität Bielefeld 1995–2006, Berlin 2008

Baldermann, Ingo, Ich glaube – Erfahrungen mit dem Apostolischen Glaubensbekenntnis, Neukirchen-Vluyn 2004

Baltruweit, Fritz u. a. (Hg.), Laudate omnes gentes – Was uns eint – Gemeinsam beten und singen in der Ökumene, Gütersloh 2010

Becker, Hansjakob u. a., Geistliches Wunderhorn – Große deutsche Kirchenlieder, München 2001

Berg, Horst Klaus, Der Himmel geht über allen auf – Bibl. Reden und Meditationen, Stuttgart 2005

Berner, Wolf Dietrich, Liedgottesdienste im Kirchenjahr, Göttingen 2010

Bethge, Eberhard, Osterpredigt in Bonn am 17. April 1987, in: Erstes Gebot und Zeitgeschichte, Aufsätze und Reden 1980–1990, München 1991, 231–234

Bethge, Eberhard, Liedpredigt zu „Von guten Mächten" am 17. Januar 1988, in: Erstes Gebot und Zeitgeschichte, Aufsätze und Reden 1980–1990, München 1991, 143–151

Betz-Otto, Elementare Symbole – Die Zeichensprache der Seele, Freiburg 2009

Betz, Susanne u. a. (Hg.), Unsere Kernlieder, München 2011

Beutel, Albrecht, „Jenseits des Monds ist alles unvergänglich" – Das Abendlied von Matthias Claudius, in: Protestantische Konkretionen, Tübingen 1998, 192–225

Beutel, Albrecht u. a. (Hg.), Unverzagt und ohne Grauen – Paul Gerhardt, der „andere" Luther, Berlin 2008

Block, Detlev (Hg.), Arno Pötzsch – Sagt, dass die Liebe alle Jammer heilt, Stuttgart 2000

Böttler, Winfried, Paul Gerhardt in Kirche, Kultur u. Lebensalltag, Berlin 2007

Bonhoeffer, Dietrich, Widerstand und Ergebung, München 1951

Brecht, Martin (Hg.), Philipp Friedrich Hiller – Gott ist mein Lobgesang, Metzingen 1999

Bubmann, Peter u. a. (Hg.), Davon ich singen und sagen will, Leipzig 2012

Ceynowa, Tatjana, Das Wandsbeker Herrenhaus des Heinrich Rantzau: zur Geschichte eines Adligen Gutes in Holstein, Kiel 2004

Deichgräber, Reinhard, Nichts nimmt mir meinen Mut, Göttingen 2006

Denecke, Axel, Die Debatte um das Kreuz, in: Evangelische Zeitung Hannover 7, 2012, 24
Dressler, Bernhard u. a. (Hg.), Trost? – Begegnungen mit Psalmen und Liedern – Liturgie und Kultur, Zeitschrift der Liturgischen Konferenz für Gottesdienst, Musik u. Kunst Hannover 03, 2010
Egerer, Ernst-Dietrich, … dass meine Seele singe – Lieder aus dem EG ausgewählt und vorgestellt, Neukirchen-Vluyn 2000
Eigenwald, Rolf, Matthias Claudius und sein Abendlied – in: Projekt Deutschunterricht 9 – Literatur der Klassik II – hg. v. Bodo Lecke u. a., Stuttgart 1975, S. 177–201
Fehrs, Kirsten, O komm du Geist der Wahrheit – Vortrag zur Bischofskandidatur am 7.6.2011 in Hamburg
Fix, Ulla, In Traurigkeit mein Lachen … in Einsamkeit mein Sprachgesell – Das evangelische Kirchenlied am Beispiel Paul Gerhardts aus interdisziplinärer Perspektive, Beiträge der Paul Gerhardt Gesellschaft 3, Berlin 2008
Freund, Winfried, „Seht ihr den Mond dort stehen" – Matthias Claudius und die religiöse Selbsterfahrung im Zeitalter der Vernunft, in: Evangelische Theologie 50, Heft 5, München 1990, 375–390
Fuchs, Guido, Unsere Weihnachtslieder und ihre Geschichte, Freiburg i. Br. 2009
Görisch, Reinhard, Das „Abendlied" von Matthias Claudius im Kirchengesangbuch. Skizze einer zwiespältigen Karriere, in: Jahrbuch der deutschen Schillergesellschaft 26, 1982, 125–143
Görisch, Reinhard, Wie Claudius sein „Abendlied" wolle gesungen haben. Zu einem hartnäckigen Irrtum, in: Jahresschriften der Claudius-Gesellschaft 11, 2002, 50–54
Gremels, Georg, Leuchtfeuer des Glaubens, Meditationen zu Liedern von Paul Gerhardt, Marburg 2007
Handt, Hartmut/Armin Jetter, Voller Freude – Liedandachten zu den Sonntagen und Festen des Kirchenjahres und zu besonderen Anlässen, München 2004
Hahn, Gerhard/Herbst, Wolfgang u. a., Handbuch zum EG, Liederkunde Göttingen ab 2000 bis Heft 17
Hartmann, Richard (Hg.), Wer singt, betet doppelt. Liedpredigten und Betrachtungen zum „Geistlichen Wunderhorn", Münster/Hamburg/London 2003
Heiner, Wolfgang, Bekannte Lieder – wie sie entstanden. Telos-Bücher Nr. 2116, Neuhausen-Stuttgart 1989, 4
Henkys, Jürgen, Geheimnis der Freiheit – Die Gedichte Dietrich Bonhoeffers aus der Haft – Biographie, Poesie, Theologie, Gütersloh 2005
Henkys, Jürgen, Dietrich Bonhoeffers Gefängnisgedichte – Beiträge zu ihrer Interpretation Chr. Kaiser, München 1986
Herbst, Wolfgang (Hg.), Wer ist wer im Gesangbuch, Göttingen 2001
Hesselbacher, Karl, Der Wandsbeker Bote – Leben und Schaffen von Matthias Claudius, Hamburg 1948
Hesselbacher, Karl, Paul Gerhardt – Sein Leben, seine Lieder, Neuffen 1969².

Hey, Wilhelm, 50 Fabeln für Kinder, Projekt Gutenberg_DE, E-book
Heydrich, Jürgen, Untersuchungen zum geistlichen Lied der Erweckungsbewegung, Berlin 1961
Heymel, Michael, In der Nacht ist sein Lied bei mir – Seelsorge und Musik, Waltrup 2004
Höft, Gerd (Hg.), Befiehl du deine Wege – Radioandachten, Neukirchen 2009
Höft, Gerd (Hg.), Mit Harfen und mit Zimbeln schön – zehn bewegende Choräle – Zehn berührende Impulse, Neukirchen 2008
Hohenberger, Thomas, Du führst uns in des Himmels Haus – Erinnerungen an Paul Gerhardt, Kiel 2008
Huber, Wolfgang, Hoff und sei unverzagt – Liedpredigten zu Paul Gerhardt, Berlin 2007
Huber, Wolfgang, Schubumkehr – Predigt über Rom 8, 18–26 – Pfingstsonntag, 23. Mai 2010, in: Schöpfung: glauben – loben – handeln. Predigten und Reflexionen zu Natur und Schöpfung, Heidelberg 2010
Hummel, Karl-Joseph/Christoph Strohm (Hg.), Zeugen einer besseren Welt – Christliche Märtyrer des 20. Jahrhunderts, im Auftrag der Deutschen Bischofskonferenz und der EKD, Leipzig 2000
Jenny, Markus, Luther, Zwingli, Calvin in ihren Liedern, Zürich 1983
John, Eckhard (Hg.), Populäre und traditionelle Lieder. Historisch-kritisches Liederlexikon. Eine Veröffentlichung des Deutschen Volksliedarchivs. URL: <http://www.liederlexikon.de/>
Darin: Fischer, Michael mit Beiträgen zu „Christ ist erstanden“, „Ein feste Burg ist unser Gott“, „Geh aus mein Herz und suche Freud“, „ Großer Gott wir loben dich“, „Lobe den Herren, den mächtigen König der Ehren“, „Macht hoch die Tür, die Tor macht weit“, „Nun danket alle Gott“ sowie Frauke Schmitz-Gropengiesser „Vom Himmel hoch, da komm ich her“
Käßmann, Margot, Drei Ausrufezeichen, Das Glaubensbekenntnis, Hannover 2010
Keil, Siegmar, Nun danket alle Gott – Martin Rinckarts Lied im Wandel der Zeiten, München 2009
Klahr, Detlef, Glaubensheiterkeit – Carl Johann Philipp Spitta, Göttingen 1999
Kleßmann, Eckart: Der kranke Nachbar, in Marcel Reich-Ranicki (Hg.), Frankfurter Anthologie. Gedichte und Interpretationen. 14. Bd. Frankfurt/M. 1991, 25–27
Koch, Traugott, „Du meine Seele singe“: Lieder Paul Gerhardts, Stuttgart 2010
Koerrenz, Ralf/Remy, Jochen (Hg.), Mit Liedern predigen, Theorie und Praxis der Liedpredigt, Rheinbach-Merzbach 1994
Kulp, Johannes, Handbuch zum Evangelischen Kirchengesangbuch, Sonderband, Göttingen 1958
Kunstmann, Joachim, Rückkehr der Religion – Glaube, Gott und Kirche neu verstehen, Gütersloh 2010
Kurtzke, Hermann, Hymnen und Lieder der Deutschen, Mainz 1990
Kurzke, Hermann, Kirchenlied und Kultur, Tübingen 2010
Lähnemann, Johannes, Liedpredigten I. Mit Kunstwerken von Rika Unger, Nürnberg 1996

Lähnemann, Johannes, Liedpredigten II, Nürnberg 1996
Leube, Bernhard, Die Kernliederliste – eine Erinnerung, in: Liturgie und Kultur 1. Jahrgang 01-2010 Hannover 2010, 64–67
Lindemann, Andreas, Auferstehung – Gedanken zur biblischen Überlieferung, Göttingen 2009
Lübking, Hans-Martin, Kursbuch christlicher Glaube – evangelische Perspektiven, Gütersloh 2009
Maess, Karlheinz, … kennt auch dich und hat dich lieb – Das Leben des Pfarrers und Freundes der Kinder Wilhelm Hey, Berlin 1989
Mahrenholz, Christhard u. a., Handbuch zum Evangelischen Kirchengesangbuch – Liederkunde II, Göttingen 1953
Marti, Andreas, O komm, du Geist der Wahrheit, in: Musik und Gottesdienst 3, Zürich 1985, 101–104
Matthes, Sonja, In Gottes Hand – Arno Pötzsch, ein Lebensbild, Hannover 2002
Mering, Klaus von, Mit dem Herzen verstehen, Die Wochensprüche, Hamburg 2010
Mering, Klaus von, Vom Hören-Sagen, Predigten über Lutherlieder, Langeoog 1983
Meyer, Dietrich (Hg.), Das neue Lied im EG: Lieddichter und Komponisten berichten – Arbeitshilfen des Archivs der Ev. Kirche im Rheinland Nr. 3, Düsseldorf 1996
Möller, Christian (Hg.), Ich singe dir mit Herz und Mund – Liedauslegungen, Liedmeditationen, Liedpredigten – ein Arbeitsbuch zum Evangelischen Gesangbuch – Heinrich Riehm zum 70. Geburtstag, Stuttgart 1997
Möller, Christian (Hg.), Kirchenlied und Gesangbuch – Quellen zu ihrer Geschichte, Tübingen/Basel 2000
Morgner, Christopher, O du fröhliche – Gedanken zu einem Weihnachtslied, Lahr 1998
Nitschke, Horst (Hg.), Aus dem Gesangbuch gepredigt, Gütersloh 1981
Nordhues, Paul/Wagner, Alois, Predigten zum Gotteslob 1–3, Graz/Wien/Köln 1976 ff.
Oberthür, Rainer, Das Buch der Symbole – Auf Entdeckungsreise durch die Welt der Religion, München 2009
Odin, Karl-Alfred, Die Antwort der Feste, Sinnzeichen durch das Jahr, Freiburg 1990
Ökumenischer Liederkommentar zum Katholischen, Reformierten u. Christkatholischen Gesangbuch der Schweiz, Freiburg/CH/Basel/Zürich 2001 ff.
Petrich, Hermann, Unser Geistliches Volkslied, Berlin 1923
Raischl, Konrad, Mehr als Worte sagt ein Lied – Ökumenische Kirchenlieder – ein Werkbuch für Gottesdienst und Gemeinde, Freiburg 2004
Ratzmann, Wolfgang (Hg.), Übersetzungsversuche – Predigten über das Vaterunser und das Apostolische Glaubensbekenntnis, Leipzig 2001
Rüegger, Heinz, Das Apostolische Glaubensbekenntnis, Berg am Irchel 2002
Rößler, Martin, Liedermacher im Gesangbuch 1–3, Stuttgart 1991

Schlisske, Otto, Handbuch der Lutherlieder, Göttingen 1948
Scheider, Martin Gotthard u. a. (Hg.), Alte Choräle – neu erlebt. Kreativer Umgang mit Kirchenliedern in Schule und Gemeinde, Lahr 1993
Seebaß, Friedrich/Matthias Claudius, „Ich bin ein Bote und nichts mehr" – ABC-Team 3805, Gießen/Basel $^{3}$1986
Seeberg, Bengt (Hg.), Singen und Sagen – Eine Sammlung von Predigten aus der Evangelischen Kirche von Kurhessen-Waldeck über Lieder des Evangelischen Gesangbuches, Kassel 2000
Staats, Reinhart, Zur politischen Wirkung von Luthers Lied „Ein feste Burg" und eine mögliche Versumstellung, in: Gott dem Herrn Dank sagen – Festschrift für Gerhard Heintze, Wuppertal 2002, 193–199
Steffensky, Fulbert, Löse die Fesseln der Ungerechtigkeit, Stuttgart 2004
Steffensky, Fulbert, Schwarzbrot Spiritualität, Stuttgart 2005
Stegemann, Wolfgang, O komm, du Geist der Wahrheit, in: Predigtstudien für das Kirchenjahr 1998/1999 III,2, Stuttgart 1998
Stolze, Hans Dieter (Hg.), Weihnachten. Verkündigung, Liturgie, Feier, Göttingen 1989
Storz, Harald (Hg.), Liedpredigten zu den Gottesdiensten im Kirchenjahr, Hannover 2007
Stuhlmann, Rainer, Auf die Täter fixiert, in: Zeitzeichen 12, April 2011, 35–37
Thust, Karl Christian, Das Kirchen-Lied der Gegenwart, Göttingen 1976
Thust, Karl Christian, Dietrich Bonhoeffers „Von guten Mächten", Schönberger Hefte 1/1988, 8–15
Waschelitz, Udo, Gott mit neuen Liedern loben, Bielefeld 1997
Weismann, Eberhard/Stalmann, Joachim u. a. (Hg.), Liederkunde zum EKG 1 (Nr. 1–175), Göttingen 1970 und 2 (Nr. 176 ff.), Göttingen 1990
Windhorst, Christof, Gott ist im Kommen – Predigten zu Adventslieder, Bielefeld 2011
Winkes, Otto, Unsere Kirchenlieder – Zeugnisse des Glaubens, Aachen 1996
Winzer, Friedrich, Lebendiger Glaube – Liedpredigten zu alten und neuen Liedern, Göttingen 1997
Wyss-Jenny, Mit Kindern singen, Zürich 1998
Zippert, Christian, Liedpredigten, Kassel 1984

Im laufenden Text werden Zitate wegen der besseren Lesbarkeit lediglich mit der hier vorangestellten Nummer des jeweiligen Werkes und der Seitenzahl gekennzeichnet.